琉球王権と太陽の王

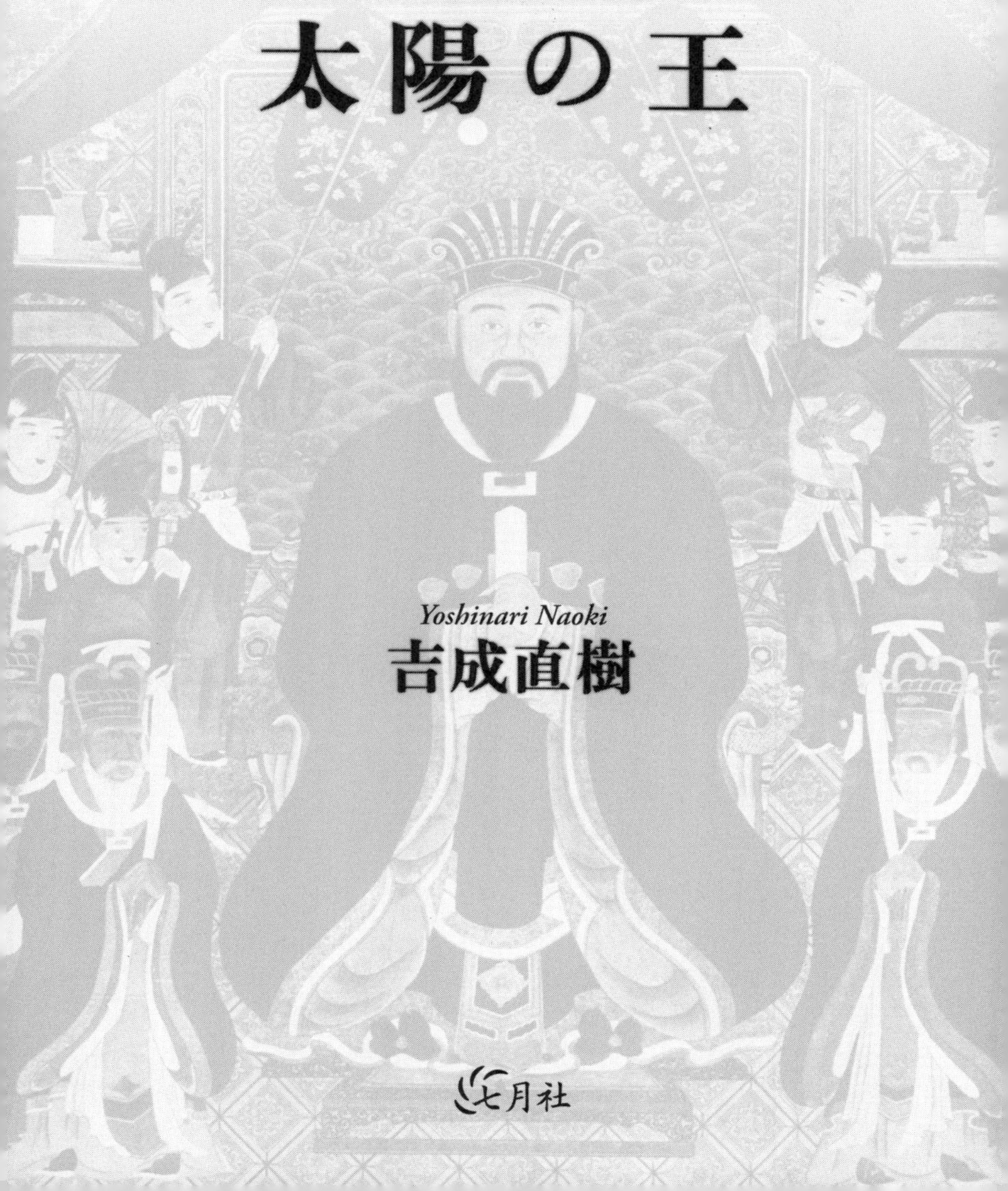

Yoshinari Naoki

吉成直樹

七月社

［カバー写真］園比屋武御嶽（沖縄県那覇市首里真和志町、江口司撮影）
［扉図版］尚真王御後絵

琉球王権と太陽の王

目次

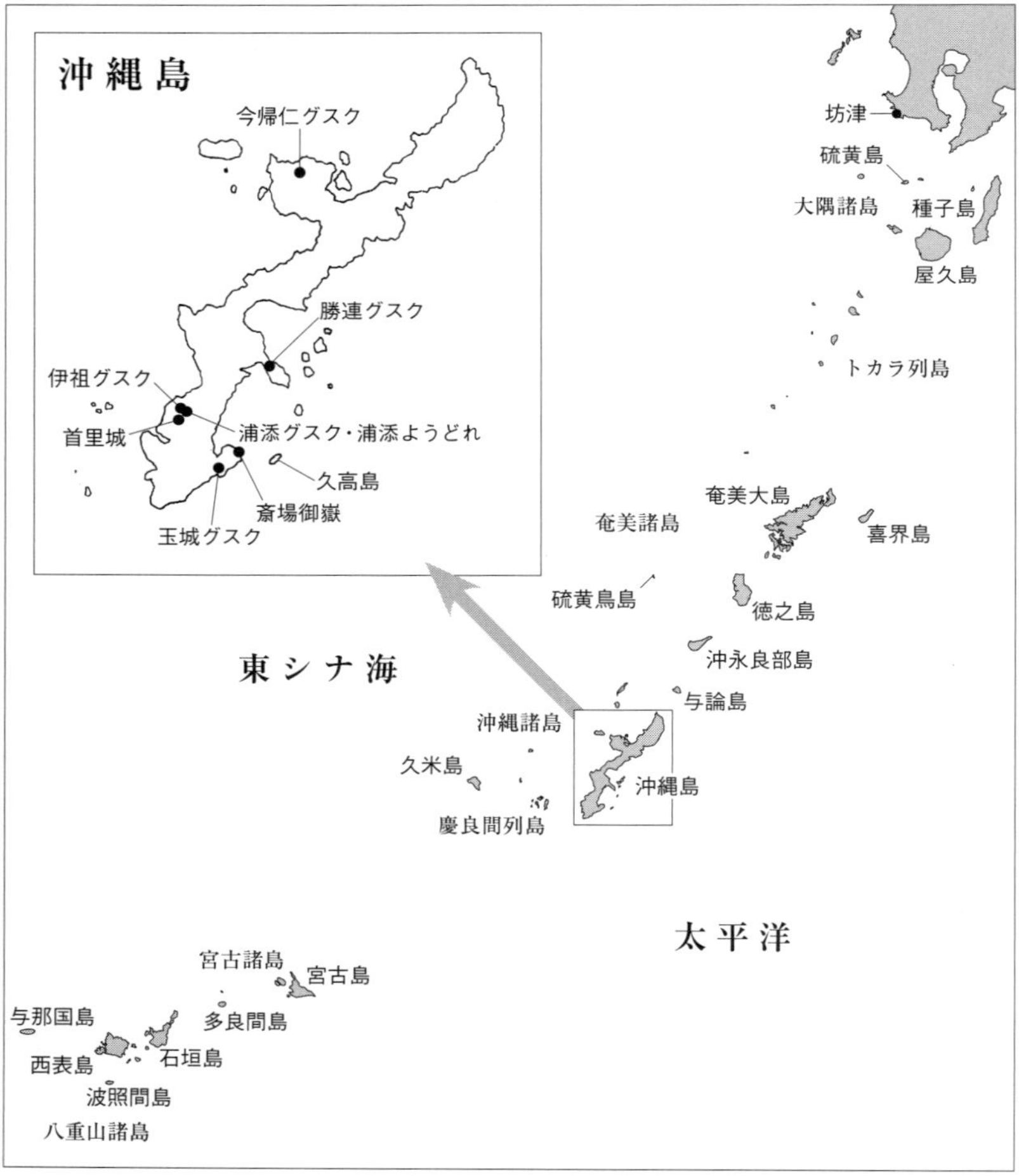
沖縄島
今帰仁グスク
勝連グスク
伊祖グスク
首里城
浦添グスク・浦添ようどれ
久高島
斎場御嶽
玉城グスク
坊津
硫黄島
大隅諸島
種子島
屋久島
トカラ列島
奄美大島
奄美諸島
喜界島
硫黄鳥島
徳之島
東シナ海
沖永良部島
与論島
沖縄諸島
久米島
沖縄島
慶良間列島
太平洋
宮古諸島
宮古島
与那国島
多良間島
西表島
石垣島
波照間島
八重山諸島

はしがき

本書は二部構成である。

第Ⅰ部では、貝塚時代からグスク時代（十一世紀〜）を経て、第一尚氏による「三山統一」あたりまでのおおまかな歴史像を記述する。その中心はグスク時代開始期から、明の皇帝に琉球の「王たち」が朝貢貿易を盛んに行うようになる「三山時代」までである。

ここでの記述は主に考古学と歴史学の成果によっているが、これは第Ⅱ部で検討する琉球の王権の成立の問題を考えるための前提である。また、琉球の「初期王権」の問題を考えるためには、『中山世鑑』『中山世譜』『球陽』などの正史の記述が正しいかどうかを検討する必要があり、そのための前提ということにもなる。

このような課題を設定したのは、浦添《うらそえ》グスクの造営開始期は十三世紀末〜十四世紀初であったとされるが（池田、二〇一五）、正史の記述する英祖《えいそ》王の在位期間（一二六〇〜一二九九年）とは時期的にズレが生じてしまい、英祖王は本当に浦添グスクを居城としていたのだろうかという疑いが生じるからである。また、正史では一二六一年に英祖王が造営したとされる「浦添ようどれ」から出土する「癸酉《みずのととり》年高麗瓦匠造」の銘の「癸酉年」が一三三三年説で確定しており（池田、二〇一二）、少なくとも浦添ようどれの中に建築された高麗瓦を使用した瓦葺きの建物は英祖王代のものではないという事実もあった。

こうした時期的な食い違いをどのように考えるべきかという課題は、英祖王統の実在性の問題、さらにはグスク時代開始期から琉球国形成にいたるまでの正史の記述の信憑性を、考古学の成果と対応させて検討するという課題に発展することになった。正史の記述の中で、琉球の王統としてその存在が間違いないのは、『明実録』の朝貢記事に名前を残す察度《さつと》王を鼻祖とする察度王統以降である。それ以前の天孫氏が虚構であることは言うまでもないが、舜天《しゆんてん》王統にしても、英祖王統にしても、その実在を裏づける史料は存在しないのである。

また、英祖王については、正史に「英祖日子《てだこ》」という神号が記載されていることから太陽と同一視される王であったとする見解があり、その点も課題として視野に入ることになった。

こうした課題は、結局、王権を支える社会的、政治的な基盤が形成されていたのかという課題に帰結することになり、第Ⅰ部での考古学や歴史学を基盤とした記述と対応させて考えなければならないのである。

十四世紀後半にいたるまでの時期は、『明実録』や『朝鮮王朝実録』などに琉球関係の記事が出てくるまで同時代史料はない。したがって、考古学の成果に頼らざるを得ないが、これまでのところ考古資料に人名が記載されたものは発見されておらず、ここでは『おもろさうし』研究、民俗学、民族学の成果も援用している。

当初、第Ⅰ部は第Ⅱ部の「本論」に当たる部分に組み込まれていたが、文章の流れが分断されるため、第Ⅰ部として独立させることにした。これまでの文章（吉成、二〇一一・二〇一五）をまとめ直したもので、大筋では変わらないが、若干の新しい知見を書き加え、修正を行っている。既読の方は、第Ⅰ部は読み飛ばしていただいても構わない。

Ⅰ　古琉球時代の歴史像

第一章　グスク時代以前の琉球弧

一　グスク時代以前の南部琉球

1　オーストロネシア的世界

十一世紀に始まるグスク時代以前の北部琉球（奄美・沖縄）は九州の土器文化、とくに縄文時代の曾畑《そばた》式土器や市来《いちき》式土器の影響を強く受けているが、南部琉球（宮古・八重山）は事情が異なり、少なくとも土器を指標とする限り、九州の文化の影響はほとんどないとされる。

では、グスク時代以前の南部琉球には、どのような文化が存在したのだろうか。それは、オーストロネシア的な文化であり、さらにその文化は北部琉球のみならず、少なくとも九州西岸地域にまで及んでいたのではないかというのが、本書での立場である。

新石器時代以降に台湾、フィリピン、インドネシア付近から琉球弧に北上する文化があったことを示す資料をいくつかあげることができるが、その文化の担い手の言語はオーストロネシア語族であった可能性が高い。

オーストロネシア語族は、台湾先住民、フィリピン、インドネシア、ニューギニア島嶼部、メラネシア、ミクロネシア、ポリネシア（東端はイースター島）、さらにアフリカのマダガスカル島にまで広がる一大語族である。この言語的な広がりは、この語族の担い手が移動性の強い海洋民であったことを示している。

オーストロネシア語族の原郷を台湾とみなすのは、現在では有力な仮説である。たとえば、ドイツのマックスプランク研究所などを中心とする研究グループが、ピロリ菌の遺伝子を人類集団ごとに分析し、その変異からオセアニアへの人類の拡散を復元した結果によれば、約五〇〇〇年前、台湾から出発した人類集団が、フィリピンを経てポリネシアに渡ったことが明らかになったという。また、ニュージーランドの研究グループによれば、オセアニアの言語の特徴分析から、南太平洋への人類集団の言語の拡散は、やはり約五〇〇〇年前に台湾を起点とする移住によるとされる。[1]

ただ、このような台湾起源説とは異なる仮説を唱える研究者も少なくない。後藤明もそのひとりであり、台湾を含みつつも、より広い地域をオーストロネシア語族の原郷として想定している。ここでは後藤明（後藤、二〇〇三・二〇一〇）の考えを紹介することにしたい。

台湾起源説で有力であったのは「ブラスト＝ベルウッド」仮説である。中国の新石器文化の影響を受けて台湾西部で七〇〇〇年前頃、大坌坑《タフエンクン》文化が生まれる。この前段には、揚子江下流域で、八〇〇〇年前頃に発展した河姆渡《カボト》文化や馬家浜《バカホウ》文化の存在があり、これらの文化の担い手は農民というより、水人的な性格であった。台湾の大坌坑文化の特徴的な遺物は、箆《へら》に縄を巻きつけた道具で叩いて整形した土器、網の錘《おもり》とされる打ち欠いた石器、樹皮布打ち、断面四角形の石器などである。樹皮布はポリネシアまで広がるタパの起源と関係する。その生活は農耕、狩猟、漁撈の混合経済であった。この大坌坑文化がオーストロネシア語族を担う文化を生み出したというのが「ブラスト＝ベルウッド」仮説（R・ブラスト、P・ベルウッド）である。そして、その一部がフィリピン北部に移住したところで、マレー・ポリネシア語が分岐した。台湾より若干遅れて五〇〇〇年前頃の土器文化がフィリピンやインドネシア方面に派生するが、これはオーストロネシア系文化の南下を示す（後藤、二〇〇三、八〇〜八二）。

こうした仮説に対して、W・ソルハイム（Solheim, 1996）による「ヌーサンタオ」仮説（ヌーサンタオとはインドネシアを指す現地語的な表現）がある。七〇〇〇年前頃にインドネシアあたりでオーストロネシア系民族の形成が始まり、その一派が北上してミンダナオ島とビサヤ海を通ってルソン島、そして台湾へと到来する。台湾とフィリピンの間は、北上は簡単だが、南下は難しい。その証拠の一例として、オーストロネシア系民族に広くみられる「死体化生神話」（原古少女の死体からイモやバナナなどの有用植物が生えるとする神話）があるが、この神話は台湾に存在しない。インドネシア方面から台湾に一派が移動した後にフィリピンやインドネシアなどで形成されたために、ニューギニア以東にはもたらされたが、台湾には存在しないことになった。このヌーサンタオ文化は中国や日本にも影響を及ぼし、また彼らの系譜を引くのが東南アジアの漂海民である。七〇〇〇年前頃に日本列島を含む地域に壮大な海人文化が存在したと考えるのが、「ヌーサンタオ」仮説である（後藤、二〇〇三、八三）。

このヌーサンタオ仮説を再評価し、七〇〇〇年前頃に、沈みゆくスンダランド（氷河期に海水準が低下した時に陸化していたタイランド湾から南シナ海にいたる地域）から徐々に北の日本へ、南のオセアニアへと人類が移動していったと考えるのがS・オッペンハイマー（Oppenheimer, 1998）である。つまり、スンダランドの消失が海人文化の形成を促したとするのである（後藤、二〇〇三、八四）。

また、W・ミッチャム（Meacham, 1996）は七〇〇〇年前頃の、中国南岸からベトナムにかけての海浜文化の展開を重視する。「東海《トンハイ》ランド」（東シナ海の陸化した大陸棚）と「南海《ナンハイ》ランド」（南シナ海の陸化した大陸棚）が海進によって水没したことが、この文化形成の背景にあり、この地域からインドネシアの三角地帯にオーストロネシアの原郷があったとする。そのような人びとの末裔が中国南部からベトナムにかけて存在していた蛋民《たんみん》と呼ばれる漂海民である（後藤、二〇〇三、八四）。

こうした研究史を踏まえたうえで、後藤明はミトコンドリアDNA（以下、mtDNA）とY染色体DNAに注目する。mtDNAは母親から子どもに継承され、性染色体であるY染色体は、父から息子に継承される。

mtDNAの九塩基対欠損（アジア人に特有な遺伝子）には、三ヶ所に置換が起こっており、三つの置換すべてが起きているグループはポリネシアにしかない（ポリネシア・モチーフ）。オッペンハイマーは、一ヶ所だけ置換が起こっているタイプを「祖母」、二ヶ所に置換の起きているタイプを「母」、そしてポリネシア・モチーフを「娘」と呼ぶ。「祖母」は台湾先住民を含む東アジアから南アジアに広くみられ、「母」は南中国、東南アジア、オセアニア、南インドに、「娘」はポリネシアにみられる。このように、mtDNAの九塩基対欠損は、置換の箇所を増やしながら、台湾先住民からポリネシアまで延々と繋がっている。

これに対して、Y染色体では、台湾先住民にみられるほとんどのタイプはミクロネシアやポリネシアでは見つからず、逆にポリネシア、ミクロネシア、台湾でみられるすべてのタイプは東南アジアに存在する。こうしたDNAの資料から、後藤は、九塩基対欠損の台湾からオセアニアにかけての連綿とした流れは、長期間にわたるスンダランドからニューギニア方面への人類の拡散によってもたらされうるが、Y染色体の場合、東南アジア島嶼部、特にボルネオ、フィリピン付近から一部の男性集団が台湾に行き、妻を娶り、妻を連れて帰ったため台湾にはY染色体の影響は残らず、他方、mtDNAは台湾から南へと流れることになると考える。こうした人びとの動きの背景には、交易を行う海人文化が、スンダランド北岸における海進による陸地の消滅にともなって台頭したことがあり、これがオーストロネシア形成の契機になったとするのである。そして、海人の原点として、島と海がごちゃごちゃしたところ、たとえばフィリピンのビサヤ海やスールー海を想定する

（後藤、二〇〇三、一一八〜一二二）。

このように後藤は、台湾、フィリピン、ベトナムを結ぶ地帯にオーストロネシア語族の原郷を想定し（トゥンハイランド＝ナンハイランド＝大フィリピン・トライアングル）、中国南部→台湾→フィリピンのように単純ではなかったとする（後藤、二〇〇三、一二二）。後に、オーストロネシア的海人文化の揺籃の地として南部琉球の八重山地方をも含めて考えている（後藤、二〇一〇、二三〇）。

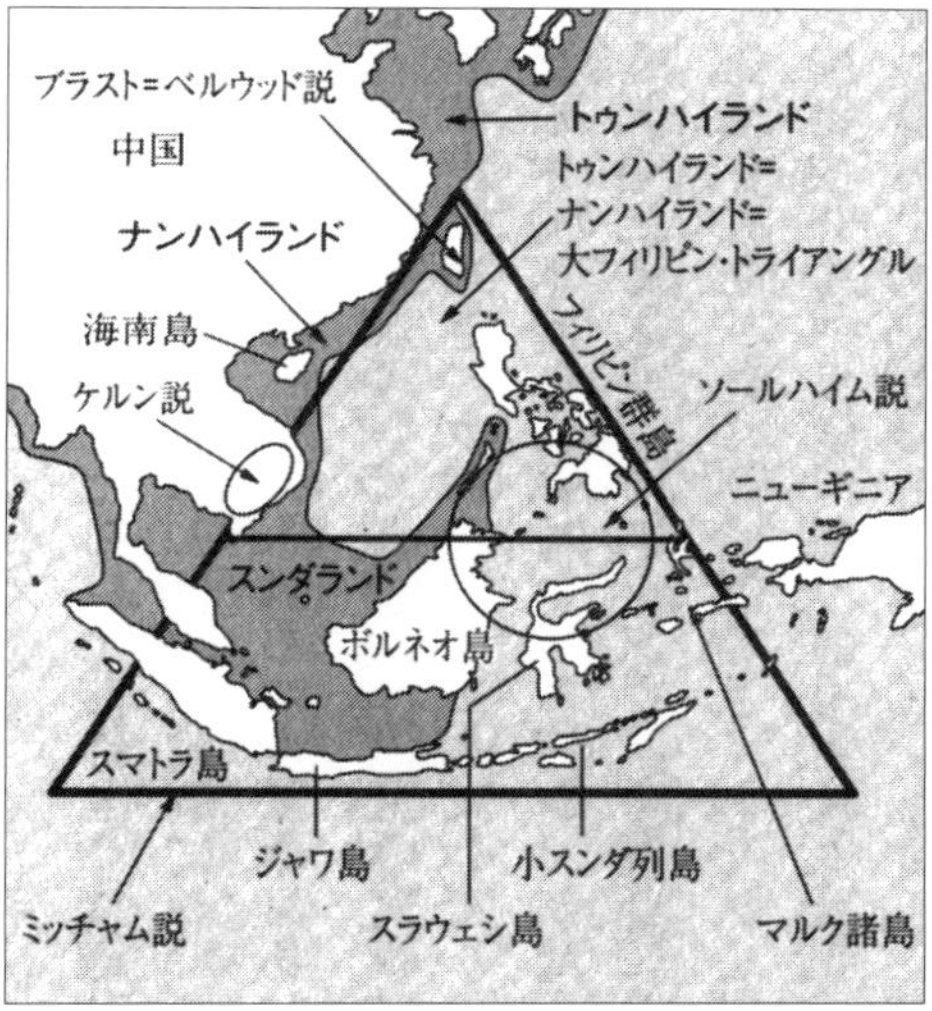

図①　オーストロネシア語族の揺籃の地。内側の三角形が後藤の仮説（後藤、2003）

台湾、フィリピン、ベトナムを含む地域をオーストロネシア語の揺籃の地とし、それが後氷期における海進による陸地の消滅によって交易を行う海人によってもたらされたとすれば、琉球弧へ北上する文化の担い手が使用していた言語はオーストロネシア系の言語だったはずである。

もっとも後藤は、オーストロネシア語族自体を、人びとが活発に移動し、交易を行うようになった結果、生み出された一種の共通語であったと考えている。母語とは別の、交易のために使用する言語ということである（後藤、二〇〇三、一二三～一二六）。

2 南部琉球とオーストロネシア的世界

貝器

グスク時代開始期までの琉球弧は、本土地域の縄文文化の影響を強く受けながらも、南方島嶼世界、ことにフィリピン、インドネシアなどを源流とする文化の影響も断続的に受けていた。

グスク時代開始期まで、北部琉球と南部琉球の交流はなかったとするのが考古学の定説である。たしかに土器を指標としてみれば、本土縄文文化の影響は北部琉球にまでしか及んでおらず、南部琉球には到達していない。しかし、それはあくまでも土器を指標として考えた場合のことであり、土器以外の指標に目を向けると、南部琉球の文化は北部琉球を経て、さらに九州にも達していると考えることができる痕跡がある。

ここでは、グスク時代に入り、土器が製作されるようになるまで南部琉球で利用されていた貝器の問題を考えてみたい。

貝器でまず問題になるのは、大型の二枚貝であるシャコガイ製の貝斧《かいふ》である［写真①］。刃部の成形状況から片刃の手斧（チョウナ）として利用されたと考えられている。南部琉球で出土している貝斧はシャコガイのうちでもオオジャコを使用したものである。オオジャコは一メートルを超える巨大な二枚貝であり、フィリピン南部のスールー海を中心に多産し、南部琉球はその生息分布の北限とされる（小田、二〇〇〇、二〇五）。南部琉球の無土器文化時代の遺物の代表である。シャコガイの貝斧は貝殻のどの部分を利用しているかによって二種に分類される。

Ⅰ型　蝶番部利用型

Ⅱ型　腹縁部利用型

Ａ　腹縁部を放射肋にそって利用

Ｂ　腹縁部を斜めや横方向に利用

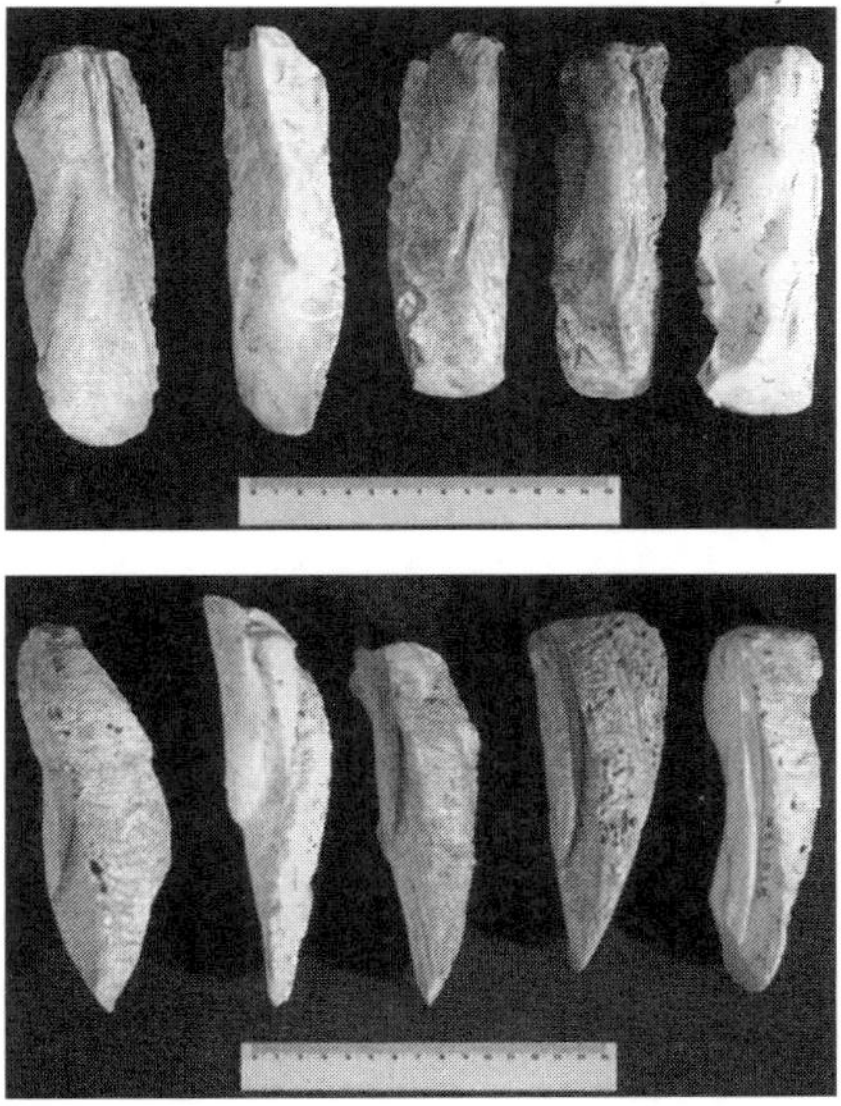

写真①　オオジャコ製貝斧（宮古・浦底遺跡出土）（沖縄県教育委員会編、2003）

これらのタイプのうち、Ⅰ型はフィリピン南部島嶼地域、Ⅰ型とⅡＡ型は宮古・八重山諸島に分布している。ⅡＢ型はマリアナ諸島に分布するが、マリアナ諸島には中型のシャコガイしか生息していないことによる。南部琉球の貝斧はⅠ型を伴っており、Ⅰ型は黒潮源流域のフィリピン南部島嶼地域に集中的に分布することから、フィリピ

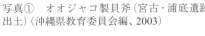

ン先史文化との関係が示唆される[2]（小田、二〇〇〇、二〇六～二〇七）。宮古では、城辺町《ぐすくべ》浦底《うらそこ》遺跡から製作途中の資料も含めて二〇〇点以上に及ぶ大量の出土があり、その大部分は蝶番部利用型（I型）である。貝斧は長さ三〇センチを超す大型のものから五センチ未満の小型のものまであり、貝斧の使用目的に応じた機能分化が進んでいたことを示しているという（岸本、二〇〇四、三三一～三三二）。

このシャコガイ製の貝斧は、南部琉球にとどまらず、北部琉球の沖縄島や久米島に到達している。沖縄島の地荒原《ちあらばる》貝塚（旧・具志川市）、中川原貝塚（読谷村）、久米島の清水貝塚、大原貝塚などから、オオジャコやヒレジャコを用いた貝斧が出土しており、地荒原貝塚の貝斧は貝塚時代前期（縄文後期並行期）後半に遡り、そのほかのシャコガイの貝斧は貝塚時代後期（弥生時代並行期～平安時代前期）前葉～中葉のものとされる（島袋、二〇〇四、二二九）。これらの貝斧の出土例は数量のうえではかなり限定的であり、宮古の例に比べるとはるかに少ない。しかし数量の少ないことが文化の北上がなかったことを意味するとは限らない。

たとえば、貝斧の材料になるオオジャコの生息域の問題があろう。北部琉球ではオオジャコの捕獲が南部琉球よりも困難であったとすれば、北部琉球に到達した人びとは、それまで製作していた多彩な貝斧をつくることはできなかったはずである。また、沖縄諸島が生存のための魅力的な空間でなかったとすれば、通過点になっても居住地にはならなかったとも考えられる。

貝器には貝斧のほかにも、シェルディスク（貝盤）がある。大きさは三～五センチであり、表裏面とも丁寧に磨き、中央に小孔を穿《うが》ったもので、装身具の一種と考えられている。この種の製品はフィリピンとの関係を示す資料とされる（岸本、二〇〇四、三三三）。

石器

南方島嶼世界に起源を持つ石器としては「有稜石器」（石斧）がある。石斧の長軸にそって中央に稜線があり、断面三角形を成す。この有稜石器の刃部磨製例が八重山に特徴的に分布する。有稜石器は東南アジアのマレー半島からジャワ、スマトラ地域に分布するが、石斧の長軸にそって中央に稜線のある断面三角形の有稜石器はピック・アッズ（pick adze）と呼ばれ、インドネシア内にしか分布しないとされる。琉球弧では八重山、奄美に分布し、さらに種子島に及ぶ。琉球弧における分布は、西表島の上原村、同島の仲間貝塚、波照間島の下田原《しもたばる》貝塚、石垣島の石垣市内、徳之島の神之嶺《かみのみね》、同島の伊仙町面縄《おもなわ》であり、それに種子島の中種子《なかたね》町田島《たしま》字平嵐《ひらあらし》が加わる（小田、二〇〇〇、一九九〜二〇二）。インドネシアの有稜石器と琉球弧のそれとの間に関連があるとすれば、縄文後期並行期頃の北上を想定できることになる。八重山に特徴的な有稜石器は、九州西北の島原半島の縄文後期層でもその例がおさえられている（国分、一九八〇、二八四）。

この「有稜石器」に先行する石器として「丸ノミ型石斧」がある。

南九州の縄文草創期の栫ノ原《かこいのはら》遺跡から、「丸ノミ形石斧」（断面円形）と呼ばれる刃部の片面に抉り込みがあり、抉り刃と反対面の背の方の基部に亀頭部のような突起のある特徴的な石斧（一万二〇〇〇年前頃）が出土しており、これは丸木舟を製作する際に使用されたと考えられている。これと同種の石斧は奄美、沖縄の各諸島でも発見されており、特に奄美は集中的に分布する地域のひとつであるという（小田、二〇〇〇、一八九）。この丸ノミ形石斧の担い手について、小田静夫は「東南アジア島嶼部か、東シナ海の大陸部沿岸部あたりから、黒潮海域に船出し台湾島、琉球列島に一時生活した後、トカラ海峡（七島灘）を越えて南九州に上陸した海洋に適応した海人集団であった」（小田、二〇〇〇、二一五）と述べる。

また、加藤晋平は、この丸ノミ形石斧の南九州から沖縄諸島にいたる分布は一万一〇〇〇年前[3]の縄文草創期段階の文化の存在を確かに示していると同時に、小田静夫の言葉を借りればとしながら「おそらく丸木舟を製作する工具と考えられ」、これに類似した石斧は「黒潮海流の流れる地域に広く分布し」、それゆえ「黒潮圏を舞台にした海の縄文人の軌跡を証明することになる重要な石器」とする。そして、一万一〇〇〇年前に、すでに丸木舟を操って沖縄島から九州の島々を渡り歩く海洋民の姿が浮かび上がってくると述べる（加藤、一九九六、三八二）。

また、加藤によれば、沖縄島の国頭《くにがみ》村辺戸《へど》石山《いしやま》遺跡から出土している断面方形の丸ノミ形石斧（縄文晩期から弥生時代並行期）は、東南アジア各地に分布しており、間違いなく東南アジアの一角からもたされたものであるという。そして、今のところ東南アジアで例はないが、縄文草創期の丸ノミ形石斧も東南アジアから丸木舟の製作技術の一環としてもたされた可能性がきわめて高いとする（加藤、一九九六、三八二）。

ここでは、縄文草創期の丸ノミ型石斧の事例は措くとしても、断面方形の丸ノミ型石斧は、縄文晩期から弥生時代並行期にかけての時期に、東南アジアの一角から琉球弧を北上した人びとが使用した石器であることを確認しておきたい。

このほかにも「双刃斧」があり、これは基部（頭部）がなく、身の両端が刃になっている石器である。琉球弧では波照間島の下田原貝塚ではじめて確認された石斧である。宮古（貝製）、八重山諸島で出土しているほか、種子島の中種子町油久小袋《ゆくこぶくろ》、高知県の旧・大正町の木屋《こや》ケ内《がうち》遺跡でも確認されている（小田、二〇〇〇、二〇〇三～二〇〇四）。

地名

オーストロネシア的な文化が琉球弧を北上し、さらに九州に到っていることは、地名からも知ることができる。

日本列島南部、特に沖縄、鹿児島の地名には「イ（i）」で始まる地名が多い。この「イ」はオーストロネシア語の場所の指示詞*i に対応する接頭辞i-に由来する。

こうしたオーストロネシア語的な地名の問題は、すでに金関丈夫が古くから指摘していたことであった。

金関によれば、語頭に「イ」のつく地名は、八重山諸島の池間《いけま》、沖縄諸島の伊江《いえ》、伊平屋《いへや》、伊是《いぜ》名《な》、伊計《いけい》、伊奇麻《いきま》、伊良部《いらぶ》など多くの島名があり、島内の地名にも伊原間《いばるま》（石垣島）があり、糸満《いとまん》もそうしたひとつにあげることができるという。こうした「イ」を冠する地名は大隅・薩摩地方に多く、しかも日本語では解釈できない地名である。大隅の伊佐《いさ》、姶良《あいら》、伊佐敷《いさしき》、市成《いちなり》、薩摩の入佐《いりさ》、入来《いりき》、伊集院《いじゆういん》、納薩《いりさ》、伊作《いざく》、揖宿《いぶすき》、伊敷《いしき》などがあり、頴娃《えい》もこれに含まれるかとする（金関、一九七八、一〇三）。

楠原佑介他『古代地名語源辞典』（東京堂出版、一九八一年）による九州の古地名で、「イ」のつく地名には以下のようなものがある（崎山、一九九三b、八三）。

イーキサ（生佐『和名抄』肥前）、イークハ（生葉『和名抄』肥後）、イーサク（伊作『和名抄』薩摩）、イータヒキ（板曳『和名抄』筑前）、イータヒーツ（板櫃『続日本紀』豊前）、イーチク（市来『延喜兵部省式』薩摩）、イーフスーキ（揖宿『和名抄』薩摩）。

同辞典で『和名抄』のほか『風土記』『日本書紀』『続日本紀』『延喜兵部省式』などの記載例から、語頭のイを接頭辞または発語のために添えたと推定しているものをみると、東北から薩摩にいたるまで分布している。これに琉球列島が加わる。もちろん、崎山理が指摘しているように、これらのすべてが、オーストロネシア語の接頭辞 i- によるものではない可能性も十分にあること（崎山、一九九三b、八四）を差し引いても、相当に広い分布をとっていることを知ることができる。

『隋書』流求国伝には倭国の使者（小野妹子らの遣隋使）が布甲（布製の鎧）を見て「夷邪久国」

のものだと答えたとの記述がある。この語頭の「夷」もまたオーストロネシア語の場所の指示詞である *i に相当する可能性がある。

一方、フィリピンのバタン群島の主島であるバタンはイバタンとも呼ばれ、それは火焼島のタナサイがイタナサイと呼ばれるのと同様である。インドネシアにはこの接頭辞が非常に濃密に分布し、またフィリピンの地名や種族名にも夥しく残っているという。紅頭嶼ではイタライ、イラライ、イワタス、イワギヌ、イモウルド、イラヌミルクのようにすべての部落名にこれを冠している（金関、一九七八、一〇一二）。

グアム島では、現在の **I-narajan**、一七五二年の古地図には **I-napsam** があり、これらのほかにもメラネシアのソロモン諸島からニューヘブリデス諸島に及んでいるという（崎山、一九九三b、八三）。

このほかにもオーストロネシア語地名がある。金関はかつて宮良当壮との論争のなかで、波照間《はてるま》、慶良間《けらま》、加計呂麻《かけろま》、多良間《たらま》、来間《くりま》など、ラマ、ロマ、ル（リ）マのような音で終わる島名の最後の「マ」を「シマ（島）」に由来するとした宮良の考えを否定し、次のような議論を展開した。マの前に、ラ、ロ、ル（リ）のように一音で終わるものが多く、ラマ、ルマ、ロマのような共通の語尾で固有名の一部を構成していたと考えられる。与論《よろん》、瑞慶覧《ずけらん》、勝連《かつれん》、阿波連《あはれん》のロン、ラン、レンで終わる地名も、これらの地名と共通語尾を持つ一類と考えられる。永良部《えらぶ》、伊良部《いらぶ》、屋良部《やらぶ》、久良部《くらぶ》などの地名の「ラブ」の「ブ」は **mu** ＞ **bu** と変化したと考えられるが、**-an** の **n** が **mu** あるいは **ma**

（この段階で「ハテルマ」などの地名になる）へと変化したのではないか（金関、一九七八、九八〜九九）。そして、台湾の東海岸には南北を通じてラン、ルアン、ロンなどの語尾を有する地名が非常に多く、それがフィリピンからスールー群島を経て、ボルネオ、ナトゥナ、アナムバス群島にかけての、夥しいラン、ルアン語尾を有する地名へと繋がっていることを指摘し、それはオーストロネシア語の地名に慣用される -an の語尾の一つであると述べる（金関、一九七八、一〇一〜一〇二）。

地名語尾の -an の問題は、『続日本紀』などに現れる南島地名にもみられる。たとえば、六九九年には奄美、多祢、夜久、度感などの人びとが朝宰（朝廷の使者）にしたがって方物を貢ぎ、王権は朝貢して来た人びとに位階を授け、物を賜わった（『続日本紀』）。七一五年の元日には奄美、夜久、度感、信覚、求美などが朝貢し、朝賀に参列した（『続日本紀』）。こうした記事の後の時期にあたる八世紀（天平年間頃）の木簡二点が大宰府跡から発見され、「椈美嶋」「伊藍嶋」の記載があり、「椈美嶋」は奄美大島、「伊藍嶋」は沖永良部島とされる。「伊藍（島）」の語尾は -an であり、オーストロネシア語地名と考えられる。[4]「伊藍」の場合、金関が想定しているように -ran の語形から -rabu（「―良部」）へと変化したと考えられる。

奄美大島と加計呂麻島にかけての海域は入り組んだ海岸線を成しており、両島間の海域は内海である。加計呂麻島の奄美大島側には土連《どれん》があり、また喜界島の南西部にも赤連《あがれん》という地名がある。これらもオーストロネシア語の地名であろう。

『続日本紀』記事中の「信覚」は石垣島に比定されてきたが、「イシガキ」の「イ」がオーストロネシア語の接頭辞の「イ」であるとすれば、「シガキ」が地名の本体ということになり、「信覚」の読みにかなり近づく。もし、「信覚」が石垣島に比定できるとすれば、グスク時代開始期まで北琉球と南琉球の交流はなかったとされてきたが、恒常的なものではなかったとしても、南部琉球から北上するルートでの交流はあったと考えなければならない。

こうしてみると、「伊藍」などの地名が残る八世紀半ば頃には間違いなく、琉球弧にはオーストロネシア語地名が存在していたことを知ることができるのである。

オーストロネシア語の地名が存在していたことが、その当時、オーストロネシア語が使用されていた証拠になるとは限らないが、遣唐使の使節一行のなかに新羅訳語とともに奄美訳語が存在していたことを照らし合わせれば（『延喜式』大蔵省式入諸蕃使条）、少なくとも奄美群島ではオーストロネシア語の色彩を濃厚に帯びた言語を使用していたとしても不思議ではない。

3　東シナ海東縁地域とオーストロネシア語族

九州西部の肥人の問題に関連し、小島瓔禮は対馬、壱岐、五島、長崎の半島部、天草、島原、甑島《こしきしま》、薩摩半島から、さらに南の沖縄にいたる地域を肥人の仲間[5]が住んでいた地域と想定している（小島、一九九一、五六～五八）。

少なくとも五島列島の値賀嶋の白水郎《あま》と隼人《はやと》の類似は『肥前国風土記』の次の一節から明らかで

ある。

この嶋の白水郎《あま》は、容貌《かたち》、隼人《はやと》に似て、恒《つね》に騎射《うまゆみ》を好み、その言語《ことば》は俗人《くにびと》に異なり。

金関丈夫は、『国造本紀』『続日本紀』によれば、少なくとも八世紀の隼人に対して通訳官の官制が存在していることから、単なる方言の差ではなく異系の言語が存在していたこと、したがって大和語がこの地方に完全に浸潤したのは八世紀以後のこととしなければならないと述べる（金関、一九七八、一二三六〜一二三八）。したがって、「日本語」が九州南部を経由して琉球弧に到達したとすれば、八世紀以降のことであり、宮古・八重山地域はさらに遅れると考えなければならない。

大林太良は、熊襲《くまそ》・肥人と隼人は文化的に近い関係にあったことを指摘するとともに、その種族名の違いについて、憶測であるとしながら、それらの名称を与えた主体が異なるのではないかとする。つまり、熊襲は九州東北部の住民が西部の住民を指して呼んだ古い名称であるのに対し、隼人は大和朝廷の側で南九州の住民を呼んだ、比較的新しい名称であること、そして熊襲と肥人が同一種族であるとした場合、肥人のほうは中央の側でつけた名称ではないかとする（大林、一九九一、三六四）。そして、熊襲・肥人と隼人の言語はオーストロネシア語族、あるいはオーストロネシア語族的構成要素を多く含んだものであったと想定する。熊襲の人名にしばしばあらわれる厚鹿文《あつかや》、作《さ》鹿文《かや》、市乾鹿文《いちふかや》などの「(一) 鹿文《カヤ》」（『日本書紀』）は、呪力や資産を持つことを示す、オーストロ

ネシア語祖語の *kaja に比すべきものであることなどが、その理由である（大林、一九九一、三六四）。

小島瓔禮が述べるように、肥人が対馬、九州西海岸から琉球弧までを居住地域としていたとすれば、その言語はオーストロネシア語的要素を含む言語だったと考えられる。地名の語頭の付く「イ」、語尾に付く「-an」の分布を考えれば、小島の想定は十分な根拠があることになる。

朝鮮半島まで伸びるかどうかは別にしても、九州西岸地域から琉球弧にかけての地域が、古くから緊密な交流を持っていたのは、同一の文化、言語を持つという背景があったことも一因であったと考えられる。

オーストロネシア語族のなかのパラオ語やサンギル語（東部へスペロネシア語派）にみられる余剰の語末 -ng は八重山諸島の波照間島の「月」sïkï-ng、「鳩」pato-ng などの単語にも認められる（崎山、一九九一、二四六）。また、形容詞語幹の繰り返しの強調的用法――「アカ-アカ（とても高い）」「ナガ-ナガ（とても長い）」など――は宮古諸島に認められるが、オーストロネシア系言語の造語法に類型論的に似ているとされる（崎山、二〇〇六、四二〇）。こうした事実も日本語と同系の言語とオーストロネシア語が接触したことを物語るものであろう。

ヒトの人類学的形質と文化は、別の次元の問題であるが、沖縄先史人（貝塚時代）の形質的特徴は、オーストロネシア的世界の北上の問題を考えるうえで参考になる。土肥直美は次のように指摘する。

頭蓋計測値（女性）によって類似度を示した樹状図［図②］によれば、グスク時代の波照間島の

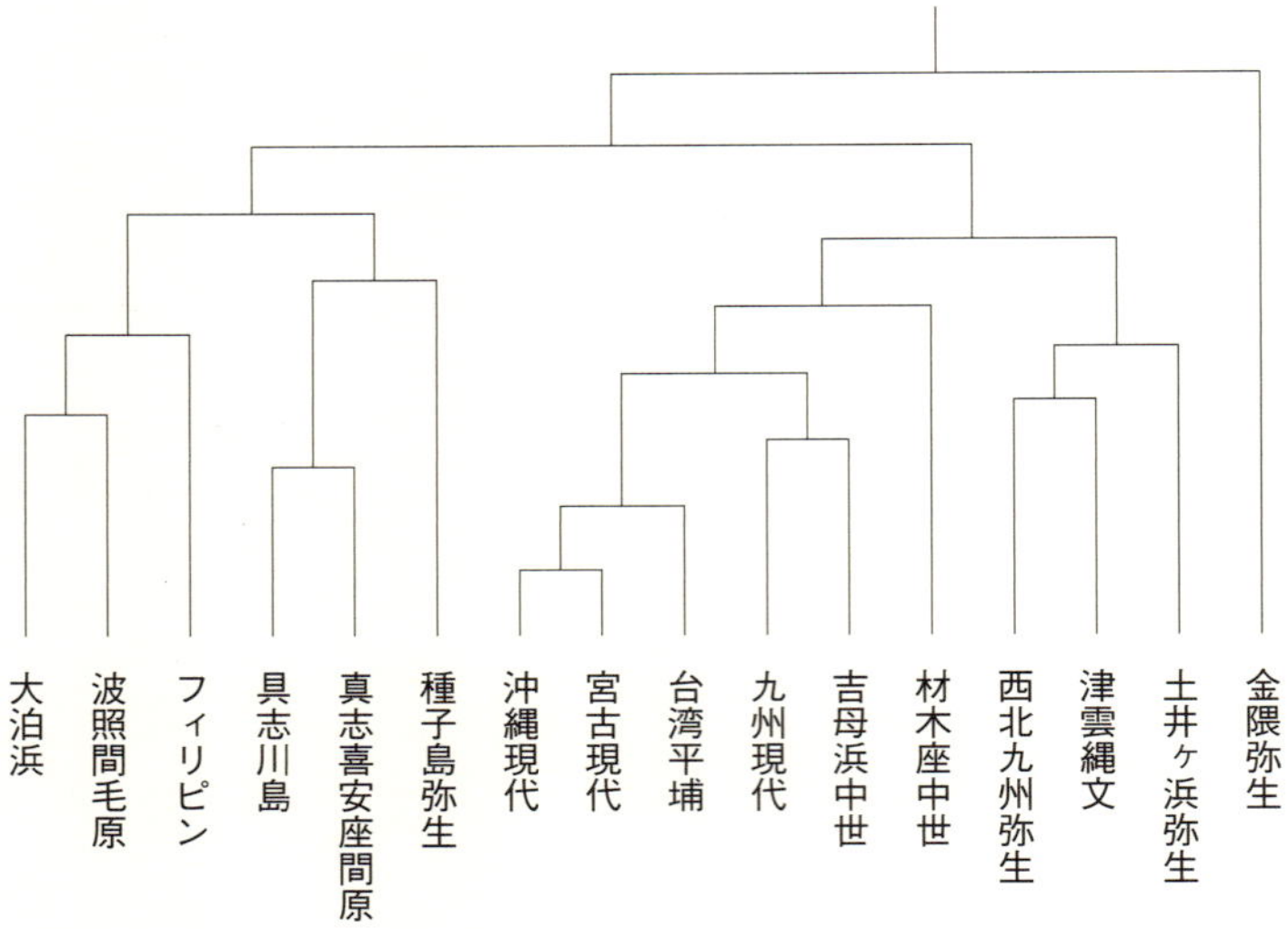

図②　頭蓋計測値による樹状図（土肥、2009）
南西諸島の先史人は現代のフィリピン人と同じグループに分類される

女性は、北部琉球の先史時代人、そして現代フィリピン集団と同じグループを形成する。これは、文化的には異なっていたにもかかわらず、先島（南部琉球）と沖縄の先史時代人は共通の特徴を持っており、それが波照間島のグスク時代期の女性まで継承されたこと、さらに貝斧に代表される文化を共有していたフィリピンとも共通するヒト集団の特徴を持っていた可能性があることを示すという（土肥、二〇〇九、三一〇〜三一一）。

少なくとも、女性の人類学的形態に関する限り、沖縄先史人は現代フィリピン人と同一のグループを成しているのである。

4　創世神話と「アマン」

琉球弧で「アマン世」といえば「大昔」、すなわち神話的過去を意味する。この「アマン」は「神話的な過去」を表現する一方で、ヤドカリをも意味する言葉である。

石垣島・白保には、次のような宇宙開闢神話（国生み神話）がある。

アマン神が、日の神の命で、天の七色の橋からとった土石を大海に投げ入れ、槍矛でかきまぜて島を作り、さらに人種を下すと最初にヤドカリが生まれ出た地中の穴から、男女が生まれた。神は、二人を池の傍に立たせ、別方向に池をめぐるように命じた。再び出会った二人は抱き合い、その後、八重山の子孫が栄えた。（大林、一九七三、三三二）

まず冒頭で登場するのが「アマン神」であり、その後に、人間より先にヤドカリが誕生する。この石垣島・白保の神話の異伝の中には、穴から現れたヤドカリを「アーマンチャー」とするものがある（八重山歴史編集委員会編、一九五三、二一〜二二）が、「アーマンチャー」とは八重山におけるヤドカリの語形のひとつである。したがって、「アマン神」も「アーマンチャー」も、ともにヤドカリを意味する言葉ということになる。

ここで話題にしているヤドカリとは琉球弧に生息する六種類のオカヤドカリ類のことであり、幼生期は海中で過ごし、その後、陸に上がってから宿貝に入るようになる。海岸付近に生息しているが、海岸から約五〇〇メートル以内が生息地とみることができるという（当山、二〇〇六、一三～一五）。

ヤドカリが登場する創世神話について検討する前に、ヤドカリの文様の針突《はじち》（刺青）の習俗について紹介したい。針突は女性の手の甲にみられる。

図③は琉球弧の針突の文様の種類であり、1から12までは右手茎状突起部にみられる文様、13から23は左手茎状突起部にみられるヤドカリの文様のさまざまな種類である（小原、一九六二）。また、図④は沖縄県の旧・具志川市（現・うるま市）にみられた両手の針突の文様である（具志川市教育委員会、一九八七）。なぜ、ヤドカリの文様にするのかといえば、奄美群島・沖永良部島では次のような理由からであった。

沖永良部島ではその左手の文様を「アマム」という名で呼び、「ヤドカリ」を簡便化した文様だといっており、「我々の祖先は「アマム」から産まれて来、われわれもやはりその「アマム」の子孫であるから、この「アマム」を入墨したのだ」と答えた。（小原、一九六二、四〇）

このような伝承は現在ではほとんど聞くことができないが、針突にヤドカリの文様を入れる例が広くみられることから考えて、ヤドカリを人間の祖先とする考えもまた広く存在していたと考えら

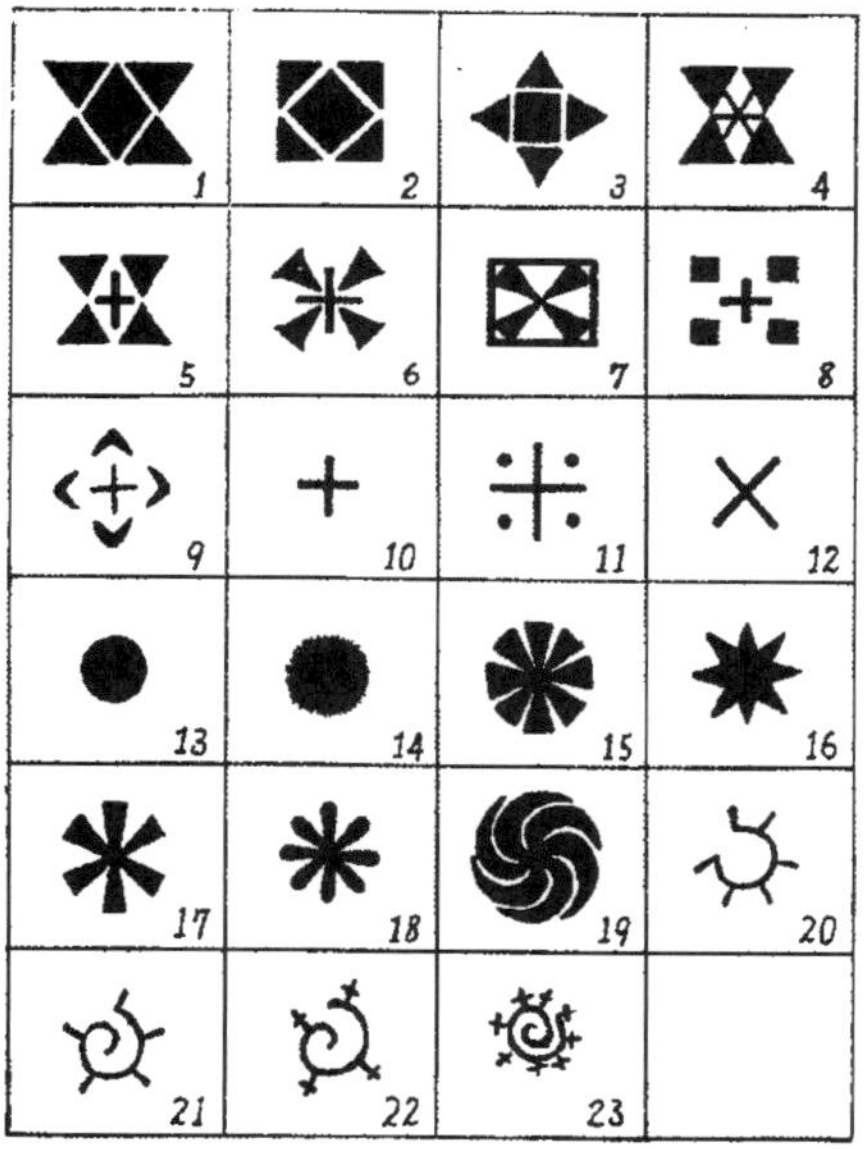

図③　女性の手首茎状突起に見られる針突の文様
（小原、1962）
13〜23は「アマン」を象徴している

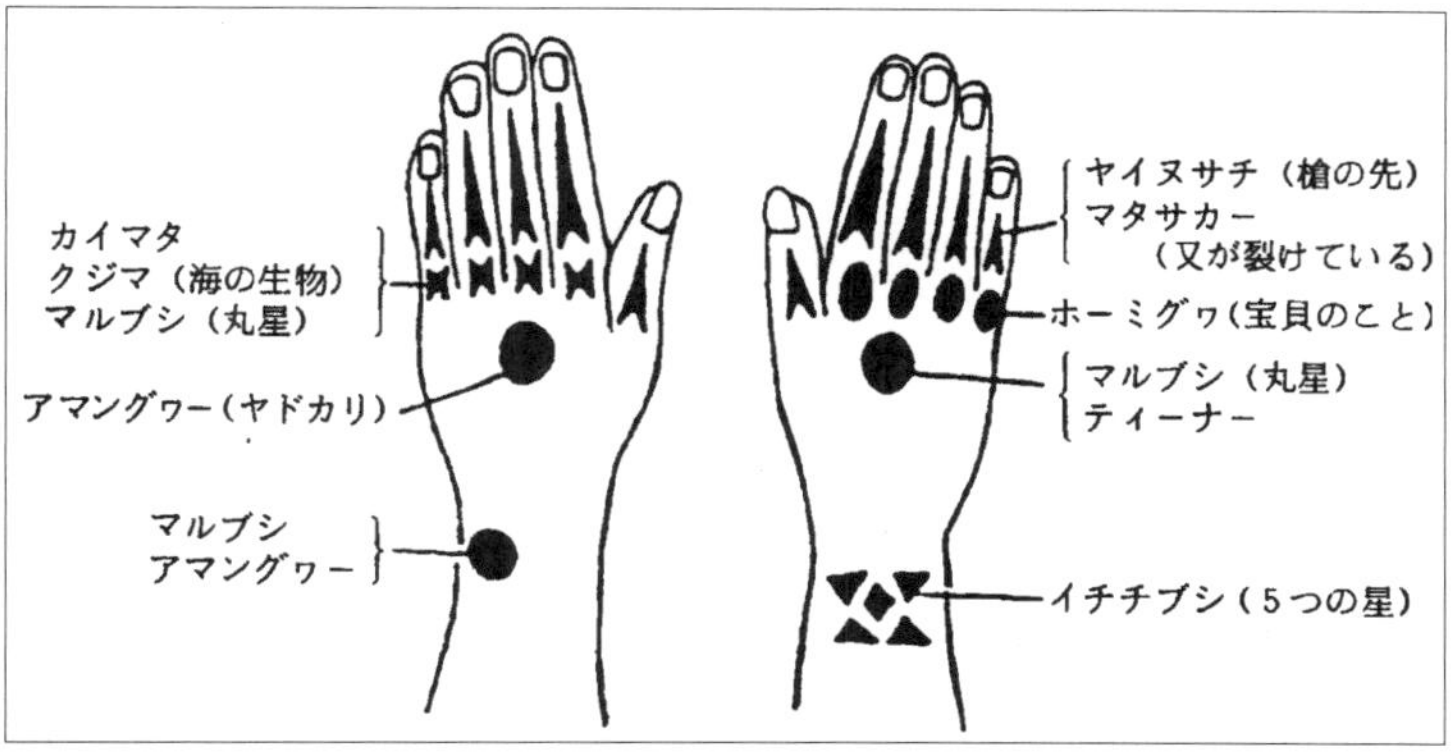

図④　旧・具志川市でみられる両手の針突（具志川市教育委員会、1987）
左手の甲と左手首茎状突起にヤドカリ（アマングヮー）を象徴する文様がみられる

れる。なぜ、オカヤドカリが祖先（トーテム動物）になるのかといえば、オカヤドカリが洞窟などに葬られた死者の腐肉に群がることと関係がある（当山、二〇〇六、一五）。祖先と同一化する動物としてオカヤドカリを認識していたためと考えられる。

表①は当山昌直が集成した琉球弧におけるオカヤドカリの方名の一覧である。[6] 以下、表にしたがい旧地名で表記する。

広くみられる語形には「アマン」「アマム」「アママー」「アマナー」などがあり、南琉球の八重山諸島では「アマンツァー」「アマンチァ」などの語形も現れるようになる。

この表で注意を引くのは、奄美群島の奄美大島と加計呂麻島で「アマミ」の語形が現れることである。奄美大島の三方村小港（小湊）、屋鈍《やどん》、それに加計呂麻島の薩川《さつかわ》、於斉《おさい》では「アマミ」と呼んでおり、しかもほかの地方にはみられない。これは、地名の「奄美（アマミ）」とヤドカリの「アマミ」が密接に関係している可能性を示唆する。

ところで、崎山理によれば、この琉球語の「ヤドカリ」を意味する語は、原オーストロネシア語の *(k)umang「ヤドカリ」に由来するのだという。西部ミクロネシア地域で *(k)umang から二次形 **〔q〕emang が形成され、琉球諸語には、この **〔q〕emang に由来する形が保持され、琉球祖語形として **〔q〕amang が立てられるとする。また、崎山は、琉球諸語で amam のような不規則形が現れた原因として、**〔ʔ〕amang に語末母音が添加された結果、-ng の後に母音をともなう音韻環境を許容しない琉球諸語では、-ng が -m に変化したが、語末の -u、-i の起源は不明であるとする。

なお、喜界島志戸桶《しとおけ》などでみられる「アママー amamaa」の -aa は愛称辞の可能性がある◉7（崎山、一九九三a、一一）。

琉球諸語の「アマン」（ヤドカリ）がオーストロネシア語に由来することは、それに関連する神話が、オーストロネシア的世界の神話の中に位置づけられることによって裏づけを得ることになるが（崎山、一九九三a）、ここでは省略したい。

小島瓔禮は、琉球の宇宙開闢神話を検討するなかで、次の諸点を指摘する（小島、一九八三、二〇六〜二〇七）。

第一に、開闢神話にヤドカリが登場するのは八重山の特色であり、開闢の時代を「アマン世《ユー》」というが、これは「ヤドカリの時代」を意味する。それは、人間がヤドカリから生まれたと考えられていることに由来する。

第二に、左手の茎状突起部の入墨の文様をアマン（ヤドカリ）というのは、奄美諸島から八重山諸島にいたるまでみられるが、沖永良部島ではそれをアマムといい、祖先がアマムから生まれ、われわれもアマムの子孫だからという伝承がある。

第三に、八重山、宮古には「アマミキヨ」「シネリキヨ」神話がないが、石垣島には創世神のアマン神があり、北琉球との脈絡が保たれている。

第四に、琉球列島の神話の構成原理をみると、一次的には開闢神が天から下るのに対して、二次的な神（原初の人間）は地中から出現するという考えがあった可能性がある。

沖縄島内

市町村名	調査地点	方言名
国頭村	浜、宇良	アンマム
	辺戸、辺野喜、比地、桃原	アマム
	与那	アンマンモー アマンモー
	宜名真、楚洲、安田、安波	アマン
大宜味村	大宜味	アンマン
	塩屋	アンマム
今帰仁村	与那嶺	アマームー
本部町	具志堅	アマーム
	謝花、伊豆味、谷茶、崎本部	アーマン
	豊原、新里、東、渡久地	アーマン
	瀬底	アンマク
名護市	名護	アマムー
	宮里、宇茂佐	アーマン
	喜瀬、屋我、久志	アマモ
	山入端	アマム
	大南	アマモー
宜野座村	松田、惣慶、漢那	アマム
	松田潟原	アマン、アーマン
	宜野座	アーマン
金武町	金武（金武区）、金武（並里区）、伊芸、屋嘉	アマム
	金武（中川区）	アーマン
恩納村	恩納	アマム
うるま市	田場、前原	アーマン
	川崎、石川	アーマングヮー
	喜仲	アンマク
	勝連南風原、勝連平安名	アママー
嘉手納町	嘉手納、野国	アーマン
宜野湾市	神山、新城、喜友名、伊佐、大山	アマナー
	真喜志、大謝名、我如古、安仁屋	アマナー
	宜野湾	アマン
北中城村	嘉舎場、仲順、島袋、萩堂、大城	アーマン
	熱田	アマン
	和仁屋、安谷屋	アマナー
	渡口	ソージムヤー
中城村	伊集、奥間、津覇、添石、安里	アマナー
	新垣、久場、屋宜	アマナー
西原町	幸地、棚原	アーマン
	翁長	クスクェーアーマン アーマン
	呉屋、小那覇、小波津、掛保久	アマナー
	我謝、安室、桃原	アママー
浦添市	城間、港川、経塚、伊祖	アマン
那覇市	首里	アマン
	旭町	アーマン
南風原町	兼城	アーマナー
	神里	アーマン
	宮平、山片	アマナー
	与那覇、宮城、大名、荒川、照屋、津嘉山	アマン
豊見城市	与根、高安	アマン
糸満市	糸満	アママー
	阿波根、武富	アマン
	国吉	アーマン
南城市	新原、垣花	アーマン
	當山、奥武	アママー
	小谷、新里	アママー
	旧知念村全域（久高含）	アマン
	津波古、伊原、屋比久	アマン
	佐敷、手登根、冨祖崎	アマナー

表① 琉球弧の「オカヤドカリ」の方名
（当山、2007）

奄美群島

島名	調査地点	方言名
奄美大島	笠利村手花部	アマン
	名瀬	アマン
	大和浜	アマン
	湯湾	アマムー
	三方村小港［小湊］	アマミ
	古仁屋	アマム
	住用村	アマム
	屋鈍	アマミ
加計呂麻島	薩川	アマミ
	於斉	アマミ、アマーミ
	三浦	アマム
	瀬相	アマム
	嘉入	アマム
	押角	アマン
	秋徳	アマム
	諸鈍	アマム
与路島	与路	アワーム、アワム
請島	請阿室	アマム
喜界島	喜界島	アママー
	志戸桶	アママー
徳之島	井之川	アマン
	阿三	アマン
	山	アマン
沖永良部島	沖永良部島	アマム
	田皆	アマム
与論島	与論島	アマン
	東区	アーマン

沖縄島外

島名	調査地点	方言名
伊平屋島	前泊	アマム
伊是名島	伊是名	アマン
	仲田、諸見、内花、勢理客	アマム
伊江島	伊江島	アマム
久米島	比屋定	アマム、アマンム
	山里、上江洲、太田	アマム
	仲地	アマムー、アマン
	兼城	アマムー
	西銘、儀間、比嘉	アマンム
	大原	アーマン
	宇根、真謝、泊	アマン
	鳥島	アマン
粟国島	浜	アマン
	東、西	アーマン
渡名喜島	東、西、南	アマン
南大東島	全域	アーマン
宮古島	西原	アマン
	平良	アマム
大神島		アマム
池間島	池間	アマム
伊良部島	佐良浜	アマン
	佐和田、仲地、伊良部	アマム
多良間島	多良間	クーアマム
石垣島	新川、石垣、大川、都野城	アーマンツァー
	四箇字以外	アーマン
	白保	アーマン
竹富島		アマンツァー アーンツァ アマンツァ
小浜島		アモーマ アンボーン
黒島		アマン
新城島		アマンチア
新城島	上地島	アマンツァー
西表島	西表	アモー
	千立、祖納、船浮、浦内	アーモ
鳩間島		アミンチャー
波照間島		アーマン、アマン
与那国島	与那国	アマンブ
	祖納	アマンブ

小島が指摘する第二の点は、すでに紹介した沖永良部島の、針突の文様としてアマンが選ばれる理由とした掲げた例にほかならない。

ここで注目したいのは、小島は第三の点で、石垣島・白保の創世神である「アマン神」と正史や『おもろさうし』（十六〜十七世紀に琉球王府によって編纂された古歌謡集）のアマミキヨ神を同じ脈絡で理解していることである。

『おもろさうし』の代表的な例は宇宙開闢のおもろ（巻十―五一二。第Ⅱ部第一章に掲載）であり、その主旨は、太陽神がアマミキヨとシネリキヨをお招きになって、島、国造りをさせ、そして太陽神がアマミキヨとシネリキヨの子どもを生むのではなく、血筋の正しい人を生みなさいと命じたという内容である。また、『中山世鑑』の開闢神話とは次のような神話である。

天帝の命令によって天から降りてきたアマミク（阿摩美久）が、まだ島とは呼べない土地に、天帝に土石草木を乞い、国土を創造した後、天にのぼって天帝に人種を乞い、天帝は御子である男女二神を降ろすが、そのうちの女神は風によって孕み、三男二女を生む。

石垣島・白保の開闢神話にとどまらず、『おもろさうし』や『中山世鑑』の「あまみきよ」「阿摩美久」は、ともに「ヤドカリ」を意味する「アマン」に由来していると考えられるのである。

ミクロネシアの創世神話の人間の創造において、ヤドカリなどの水生動物が深く関連していることは、崎山理によっても、ベラウ神話、白保の開闢神話、『おもろさうし』や正史のアマミキヨ神話などの比較を通して展開されている（崎山、一九九三ａ）。その中で、「現在、琉球諸語のヤドカリを表す語と、神話上の名称であるアマミキヨ、アマミヤとの間には、共時的な意味連関は存在しない」（崎山、一九九三ａ、一二。傍点引用者）と述べ、現在では意味的な連関は失われてしまっているが、本来は、アマミキヨ、アマミヤもヤドカリが原義であると考えている。

図⑥は、石垣島・白保の神話、『中山世鑑』、『おもろさうし』、そして次に掲げる袋中《たいちゅう》上人の『琉球神道記』（一六〇五年）のアマミキヨ神話の構成を図化したものである。

> まだ人がいなかった時に、天から降りてきた男女二人、アマミキユとシネリキユが、海に漂っている小さな島を、草木と阿檀を植えて国と呼べる国土にしたのち、アマミキユは風によって孕み、三子を生んだ。

この図をみると、最も構成が単純なのは『琉球神道記』である。アマミキユ・シネリキユの原夫婦が天降し、国土を創成し、風によって孕み、三子を生んで人類を繁栄させたという筋である。これ以外の三つの神話では、アマミキヨ（・シネリキヨ）が日の神、天帝、太陽神の命令で国土を創成するものの、人類を繁栄させたとは語られていない。ただ、これらのいずれの神話にも男女二神は現れており、背景に兄妹始祖神話（兄妹の婚姻によって子孫が繁栄する）があることは疑いない。

①白保神話

日の神
↓（「天からの土砂による島造り」モチーフ）
アマン神の国土の創成
↓
（人種）
↓
穴からヤドカリ（アーマンチャ）
↓
穴から男女二人の出現
↓
（人類の繁栄）

②『中山世鑑』

天帝子
↓（「天からの土砂による島造り」モチーフ）
アマミキヨの国土創成
↓
男女二神を降ろす
↓
三男二女を生む
↓
（人類の繁栄）

③『おもろさうし』

太陽神
↓
アマミキヨ、シネリキヨの国土創成
↓
太陽神の末裔
↓
（人類の繁栄）

④『琉球神道記』

アマミキヨ、シネリキヨの天からの降臨
↓
国土の創成
↓
三子を生む
（アマミキヨは風によって孕む）
↓
（人類の繁栄）

図⑥　アマミキヨ神話の構成

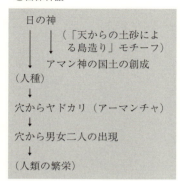

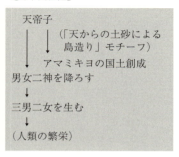

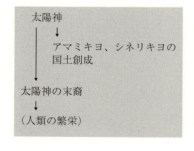

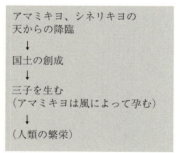

『中山世鑑』と『おもろさうし』では、原初の人から人類が繁栄したとはされておらず、それは命令を下した天帝、太陽神の意図による。[8]

王朝神話では『琉球神道記』などと異なり、アマミキヨの上に日神（天帝）が重なっているのは、支配者層（太陽神、天帝など）と被支配者層（アマミキヨ）の関係が神話化された結果と考えられる。『おもろさうし　辞典・総索引』は「あまみや」を説明して「「あまみ」「あまみや」は「あまみきよ」のいた所、遥かに遠い所の意味からさらに、「遥かに遠い時代」「むかし」の意味をもつようになったものと考えられる」（仲原・外間、一九七八、四二）とする。ここでは「アマミ」「アマミヤ」の説明を「アマミキヨ」から行っており、「アマミキヨ」の原義が明らかにならなければ循環論である。

しかし、「アマミヤ」「アマミ」の語源が「アマン」（ヤドカリ）であるとすれば、「アマミキヨ」とは「アマミ」（ヤドカリ）に敬称接尾辞である「コ」が付いた語形ということになる。これは「祖先（トーテム）としてのヤドカリ」の意味であろう。このように考えると、「アマミヤ」「アマミ」の原義は「遥かに遠い所」ではなく「遥かに遠い時代」でなければならない。『おもろさうし』のアマミヤの用例のほとんどが「大昔。神話的な時代」という意味を持つのは当然のことと考えられる。

では、「アマミ」（奄美）という地名は何に由来するのだろうか。この地名が「アマン」の一語形である「アマミ」に無縁であるとは考えにくい。

地名の「アマミ」の初出は、六五七年に都貨邏《ドウヴァーラヴァティー》人の男女が「海見島」に漂着したのちに、大和王権のある飛鳥の斉明天皇の朝廷に召されたとする記事の「海見（アマミ）」である（『日本書紀』）。その後、阿麻弥人は多祢人、掖玖人とともに禄を賜る（六八三年）などの記事が続くことになる。すでに七世紀段階で「海見」「阿麻弥」などの表記で「アマミ」という地名が現れるのである。

奄美がアマミ（ヤドカリ）に関連しているとすれば、それは「ヤドカリを祖先（トーテム）とする人びと」と関係があるはずである。そうした人びとは琉球弧に広く存在していたと考えられるが、奄美は九州・本土地域に最も近く、また後述するように、貝交易などによる接触、交流によってよく知られていた。奄美は琉球弧の中で本土側が最も情報を入手しやすい地域であったと考えられるのである。「アマミ」という地名は、みずからが名付けた地名ではなく、本土側が名づけけた名称ということになる。

「アマミ」という言葉と海人部の関係については、第Ⅱ部において述べる。

5　トーテムとしてのヤドカリと蛇

文化の北上の問題とは少し離れるが、琉球弧のトーテム動物の問題に関して、ヤドカリをトーテムとする場合と、蛇をトーテムとする場合があることについて、ここで論じておきたい。蛇をトーテムとする観念の存在については、すでに論じたことがあり（吉成、一九九五）、両者の関係を明らかにする必要があるためである。

蛇トーテムの存在の根拠にしたのは次のような事例である。

まず、八重山諸島の竹富島の、青蛇（オウジハブ）は祖先神であり、かつ水神であるという伝承（上勢頭、一九七六、三〇〇）、沖縄諸島・久高島ではカベール森の道の西側にアーマン権現という洞窟があり、この洞窟でアカマター（蛇）を二匹とったところ、それは兄と妹であった（小島、一九七九、四）などの事例である。後者では兄妹始祖が蛇なのだから、蛇トーテム観念の存在を認めることができる。この久高島の例の、アーマン権現の「アーマン」とはすでに述べたように「神話的過去」であり、「アマン」（ヤドカリ）を語源とするものである。したがって、ふたつのトーテム的観念が重層した事例ということになる。

また、次のような事例もある。奄美のノロが十五、六歳のアラボレという従女の頭髪にハブを巻き付ける（金久、一九六三、二五八）、宮古島の巫女神人が、晩秋の祭事に際してハブ（冬眠に入りつつある）を頭髪の上に載せる（国分、一九八六、一〇三）、八重山諸島・石垣島の川平の群星御嶽（ユブスオン）の神女たちが祭りの時に、輪を作ってハブを手渡しする（国分、一九九二、一九七）などである。琉球弧では神がシャーマンに憑依するのは頭頂部とされており、奄美のアラボレの事例、宮古の巫女神人の事例は、蛇神（蛇霊《けどみ》）が憑依していることを物語っている。

また、奄美群島・加計呂麻島の花富では、ノロをはじめとする神女たちが、祭りの時にカズラを鉢巻のように巻く。このカズラについて、皮を剝いで瓶に入れておくとハブになるという俗信がある。これは、神女が頭に巻くカズラが蛇を象徴していることを物語る（吉成、二〇〇三、八八）。琉球弧において、神女祭祀で神女がカズラ（ハブイと呼ぶが、本来の意味は「冠」であり、それがトゥヅルモドキの方名となっている）を頭に巻くことは広くみられるが、それは蛇神が神女に憑依していることを象徴的に表現していることを示している。

このほかにも宮古島に「三輪山型神婚説話」が分布していることも（大林、一九七三、三三二〜三二五）、その例に含めることができる。

ただし、琉球弧において女性の文身の文様として蛇トーテム的観念を明確に示すものが見つからないのは、すでにアマンが在地のトーテムとして存在し、文身の文様として使用されていたからであろう。文身以外の事例でも、蛇トーテムの存在を示すものが断片的であるのは、すでにアマンというトーテム動物が存在しており、それを排除するにはいたらなかったことに原因があると考えられる。

蛇がトーテム動物であれば、祭祀において神女に蛇神（蛇霊）が憑依することなどの意味を容易に理解することができる。しかも、それがノロやツカサなどによって担われる王府の影響を強く受けている祭祀において重要な意味を持っていることは注目すべきであるが、それが王権との結びつきを示すものかどうかは、検討を要する課題である。

アマンは王朝神話の中で、王権の象徴である太陽の下に位置づけられてはいるが、宇宙を創世するアマミキヨとして残り、また民間においてもトーテム動物として女性の針突の文様として近年まで生き残ってきた。琉球弧の文化においてオーストロネシア的な文化要素は依然として色濃く残存していると言わざるを得ない。

6 穀物栽培以前に農耕は存在したか

農耕北上論

従来、琉球弧を北上した農耕文化についてはいくつかの仮説的な研究がある。

たとえば、渡部忠世は農学の立場から「オーストロネシア的稲作」が、ほぼ東経一二〇度から一三〇度の幅をもって、インドネシアの小スンダ列島付近から琉球弧を経て、日本まで北上しているという仮説を提出している。「オーストロネシア的稲作」とは、フェノール反応プラスのブル[9]（ジャバニカ）の仲間、種子島の宝満《ほうまん》神社のアカノコメ（赤米）に象徴されるブルの仲間、牛や馬による踏耕（蹄耕）などを構成要素とする稲作農耕である（渡部、一九九三）。

また、遺伝学の立場からも議論が展開されており、佐藤洋一郎は「雑種弱勢[10]」を引き起こす遺伝子を指標として、日本における稲の起源について「南北二元説」を提唱する。すなわち、日本に渡来した稲には二種類あり、一方の熱帯ジャポニカ（従来、ジャバニカと呼ばれてきたもの）は、南方島嶼から「海上の道」を北上し、本土に到達した後、照葉樹林文化の焼畑農耕に受容され、他方の温帯ジャポニカ（従来、単にジャポニカと呼ばれてきたもの）は水田農耕とともに、中国から流入したとみなしている（佐藤、一九九二）。

こうした稲作の北上説について、現在までのところ琉球弧において実証をあげることは難しく、その評価はできない。ここで問題としたいのはイモ類の栽培の問題である。

イモ栽培の北上の可能性

イモも証拠は残さないが、日本語の「イモ」という言葉はオーストロネシア語でヤムイモを意味する *ʔumbi に由来すると考えられている（村山、一九八〇）。太平洋の島々ではヤムイモの総称として用いられる「ウビ（ubi）」「ウフィ（ufi）」などの言葉も、同じ系統の言葉である。

ここでイモ栽培に注目するのは、遅くとも弥生時代並行期以降の、イモガイ、ゴホウラ、オオツタノハ、それに引き続くヤコウガイの貝交易段階が、従来考えられてきたように、本当に採集狩猟社会であったのかという点に疑問を抱くからである。たとえ局地的であるにしろ、貝の採集地での定着的な労働、さらにそれを集積し、九州へと運び出す交易システムの存在を想定すれば、採集狩猟社会とは考えにくいのである。

橋本治は、吉野熙道（吉野、二〇〇三）と松田正彦（松田、二〇〇三）の研究にもとづいて、琉球弧には熱帯系のサトイモ類が到達していることを指摘する（橋本、二〇〇四、六〇）。吉野は、作業仮説として、インド東部をサトイモ類の原産地と措定し、伝播経路として温帯中国を経由する北ルートと東南アジア島嶼部を経由する南ルートがあると推定しており（吉野、二〇〇三、一二一〜一三九）、松田は日本本州・琉球列島（一一五系統）および中国本土・台湾・ベトナム（九五系統）で採

図⑦　日本列島へのサトイモのふたつの伝播経路
（松田、2003）

集されたサトイモ類のDNA分析を行い、本州で圧倒的に多い三つのパターンは中国本土・ベトナムに通じて温帯系統の一環を成すのに対し、琉球列島のパターンはそれらの地域ではみられず、台湾に通じ、南方系統を成すことを指摘する（松田、二〇〇三、一四一～一五〇）［図⑦］。

琉球弧におけるイモ栽培の問題は、すでに論じたことがあるが（吉成・庄武、一九九七・二〇〇〇）、ここでは熱帯系のヤムイモの北上に関する議論について簡単に要約したい（吉成・庄武、二〇〇〇、二四三～二五一）。

①琉球弧において広く栽培されている熱帯系のヤムイモはダイジョであり、その伝統的な栽培圏は奄美大島付近までである。種子島でもダイジョが栽培されるが、「リュウキュウヤマイモ」と呼んでおり、この名称は比較的新しい時代に「リュウキュウ」から導入された作物であることを示唆する。

②熱帯系のヤムイモの栽培種として、ほかにトゲイモ（ハリイモ）がある。トゲイモの栽培と利

用の北限は沖縄島までである。

③自生型の熱帯系のヤムイモにはキールンヤマイモがある。この利用は奄美大島が北限である。

④奄美大島以南では温帯系の山芋（自生型のヤマノイモと栽培型のナガイモ）の利用を聞くことはできない。

⑤ヤムイモの調理法は、奄美大島以南では茹でて食べるのに対し、トカラ列島以北ではすりおろして食べる。これは熱帯系のヤムイモと温帯系の山芋の栽培域に対応している。

琉球弧の熱帯系ヤムイモの伝統的な栽培域の北限は、品種は違っても沖縄島から奄美大島にかけての地域であり、ことに最も重要な食料だったと考えられるダイジョの伝統的な栽培域の北限は奄美大島である。

ダイジョは、沖縄島北部から奄美群島の地域では、正月の儀礼食として利用されており、沖縄島北部ではヤマン、マーヤムン、マームなどと呼ばれ、奄美群島ではヤマン、ヤマウム、ヤマイモ、ヤマイー、コーシャ、コーシャヤマンなどと呼ばれている（吉成・庄武、一九九七、一二八～一三〇）。また、小野重朗は、奄美群島において、旧暦十一月の冬折目の時に、コーシャ（ダイジョ）などが供えられ、ヤムイモの収穫祭としての性格があることを指摘しているが（小野、一九七七、五五～五九）、こうした事例はダイジョが伝統的に重要な作物であったことを示している。

琉球弧においてダイジョの栽培が確認できるのは、一四七七年に八重山諸島の与那国島に漂着した済州島民が残した記録（『朝鮮王朝実録』）のなかの、麦、粟、黍、稲などの穀物のほかに、西表島では「薯蕷あり、その長さは尺余、人の身の大きさに如しく、両りの女子が共に一本を載つ。斧にて之を断ち、烹て之を食う」とする記事である。この巨大な「薯蕷」とはダイジョのことであろう。[11]

沖縄県うるま市（旧・石川市）で年末に行われる、ヤマイモの一株から収穫できる芋の重量を競う「山芋勝負（ヤマイモスーブ）」は恒例行事になっているが、この「山芋」はダイジョである。ちなみに、二〇一三年に優勝した山芋の重量は二八九・四キログラムであるが、これは肥料（灰など）を与え、十分に手入れをした場合である。[12] しかし、そうでなくとも、奄美群島・沖永良部島の和泊町《わどまり》内城《うちじろ》での聞取り調査では、大きくなれば五キログラムほどの芋をつけるといい（吉成・庄武、二〇〇〇、二四六）、普通に栽培してもかなりの大きさになる。

また、琉球弧でダイジョを栽培する場合、一年を通して栽培しておき、必要な分だけ収穫することが可能である（吉成・庄武、二〇〇〇、二五二）。ダイジョが穀物のように貯蔵に向かないとしても、ある程度の人口支持力を見込めることは確かである。

『朝鮮王朝実録』の十五世紀の記事よりも遥か以前から、ヤムイモの栽培を想定する見解がある。国分直一によれば、八重山諸島で最も古い文化層は、波照間島の下田原式土器を持つ下田原貝塚（縄文後期並行期）とされる。この外耳把手を持つ下田原式土器は煮炊きに適した実用性の強い土器であり、粟作地帯である台湾東海岸南部の恒春半島に近い小琉球島嶼の先史時代の土器の中にこれに相似したものが見出されることから、この土器と粟作の関連を想定している。ここでは、この粟作の問題については問わないが、この文化層から出土する土器は少量であるものの、多くの焼石を伴っていることから、これはearth oven（地炉）が行われていたことを示しているという。そして、この地炉からヤムイモ類の栽培が行われていたとみなしているのである（国分、一九八六、二四一～二四二）。この見通しが正しいとすれば、縄文後期並行期以降、穀物栽培がまだ行われていない時期の北部琉球にヤムイモ類の栽培が到達していたことは十分に考えられる。

このほかにも、琉球弧には熱帯系のサトイモ類（タロイモ）と、温帯系のサトイモ類があり、この両者は琉球弧で交わっている。なお、熱帯系のサトイモ類には葉柄が主に利用される品種が多い。一方、温帯系のサトイモ類は芋（tuber）を利用するタイプが多い。

里芋は、熱帯であれば年中栽培しておき、必要な分だけの芋を切り取り、芋の上部を残して、それをふたたび畑や田に埋め戻して栽培することが可能であるが、琉球弧には季節性がある。しかし、春植え・秋収穫、秋植え・春収穫の連作が可能であり、実際に、沖縄島の国頭《くにがみ》郡の奥、安波《あは》、安田《あだ》、奄美大島の奄美市笠利《かさり》土浜《つちはま》、龍郷《たつごう》町秋名《あきな》などでは里芋の二期作が行われていた（吉成・庄武、二〇〇〇、二七二）。

『万葉集』三八二六番の歌に、「蓮葉《はちす》はかくこそあるもの意吉麻呂《おきまろ》が家なるものは宇毛《うも》の葉にあらし」（蓮の葉とは　かくも立派なものであるのか　だとすると意吉麻呂の家に生えているのは〔家にいる家人は〕どうやら芋の葉っぱだな）とあり、「宇毛《うも》」という名称で里芋が詠まれている。「宇毛」がオーストロネシア語に由来する言葉だとすれば、その北上は万葉以前の時代としなければならない。

従来の研究では、グスク時代開始前に北部琉球と南部琉球の間に交流はほとんどなかったとされてきたが、南部琉球から北部琉球への北上というかたちでの交流は存在していたというのが本書の立場である。それはオーストロネシア的な世界の拡散に伴うことが契機になったと考えられる。オーストロネシア的な世界は、少なくとも琉球弧を北上し、さらに九州の西海岸にいたる地域まで到達し、基層文化のひとつとして定着したと考えられる。

二　城久遺跡群形成にいたる東シナ海東縁地域の交流

琉球弧が文明化の道を歩み始めるのは十一世紀に始まるグスク時代からである。稲、麦、粟をはじめとする穀物栽培が始まり、鉄器の使用が浸透する時代である。また、それまでは大きな文化的な違いがあった北部琉球（奄美群島、沖縄諸島）と南部琉球（宮古諸島、八重山諸島）が、はじめて同一の文化圏（とくに土器文化圏）を形成するのも、この時代のことである。

こうしたグスク時代への幕開けに大きな役割を果たしたのは奄美群島北端に位置する喜界島であったことは周知の事実である。そのことを窺い知ることのできるのが喜界島の台地上にある城久《ぐすく》遺跡群であり、八世紀後半～十五世紀頃にかけての遺跡群である。

城久遺跡群は「移植された中央」（村井、二〇一〇、八）と表現されるように、在地性のきわめて乏しい遺跡であるが、八世紀後半に突如として出現したのではない。そこにいたる過程では、奄美群島、沖縄諸島と九州・本土地域、さらには朝鮮半島との間で、長い交流・交易の歴史があった。そうした交流は九州地域からの土器文化への影響や、貝をめぐる交易として表現されている。

はじめに琉球弧と九州・本土地域や朝鮮半島——東シナ海東縁地域——との交流を土器文化の変遷や貝交易の様相を通して概観したい。時代は、縄文時代並行期に遡る。

1 北部琉球の土器文化の変化——縄文時代並行期

北部琉球の縄文時代並行期の土器文化は独自の変遷を遂げているが、本土縄文文化の影響下に成立していることもまた事実である。[13]

北部琉球で最も古い土器は無文土器である。野国《のぐに》貝塚群B地点（嘉手納町）の南島爪形文土器の下層から、無文で薄手の、胎土が細かく精選された尖底の土器片六〇点余が出土し、またこのほかにも出土事例はあるが（嵩元、二〇〇三、一〇四～一〇五・一六三）、無文土器がいつ頃まで遡るかは不明である。

次の段階の南島爪形文土器は、器面全体に指頭押圧文、爪形文が施文されていることを特徴とする。縄文早期並行期に位置づけられ、新旧によって「ヤブチ式土器」と「東原《あがりばる》式土器」に分類される。なお、南島爪形文土器を出土する遺跡は沖縄島で五遺跡、奄美群島で五遺跡である（新東、二〇一〇、三六）。

北部琉球が縄文土器文化圏に取り込まれるかのような様相を呈するのは、九州西岸地域を中心に盛行する曾畑式土器文化の時代である。曾畑式土器は、その様式を構成する属性の大部分が北部琉球で受容、在地化されているのである。曾畑式土器の標識遺跡は熊本県宇土市の曾畑貝塚である。

曾畑式土器は、縄文前期に相当する五五〇〇年ほど前に九州で盛んに使われた土器である。曾畑式土器を出土する遺跡の分布の中心は中九州の西岸地域にあり、日本でも有数の貝塚群の存在する地域である。曾畑式土器文化は、海洋民的、漁撈民的[14]な色彩の濃厚な文化なのである。長崎県の伊木力《いきりき》遺跡では、曾畑式土器を含む縄文前期の地層から丸木舟の船底の一部が見つかっている（木﨑、二〇〇四、三九）。

遺跡は、有明海や不知火海の沿岸部を中心に、玄海灘沿岸部、平戸島周辺沿岸部などに及び、また鹿児島県の東シナ海沿岸部、錦江湾沿岸部および内陸部にも集中してみられるが、九州の東部になると極端に少なくなる（木﨑、二〇〇四、三七〜三八）。

曾畑式土器は、北部琉球では渡具知《とぐち》東原《あがりばる》遺跡、大堂原《うふどうばる》貝塚のほか、伊礼原《いれいばる》C遺跡（北谷《ちゃたん》村）などの沖縄島や、奄美大島（下山田Ⅱ遺跡など）、大隅諸島（一湊松山《いっそうまつやま》遺跡など）からも出土している（新東、二〇一〇、四二）。

また、文様の類似や、粘土に滑石《かっせき》や石綿《いしわた》を混ぜ込んだ土器胎土の共通性、放射性炭素年代測定値の類似などから、曾畑式土器は、朝鮮半島の櫛目文土器と関連があるとされる（木﨑、二〇〇四、三一）。

この曾畑式土器の時代には、九州の西岸地域を中継点として朝鮮半島と琉球弧を結ぶ交通路が形成されていたのである。この東シナ海の東縁地域を結ぶ交通路は、その後も繰り返し、重要な役割を果たすことになる。

その後、縄文中期並行期においては九州を代表する阿高《あだか》式土器の北部琉球への南下は認められないとされ、「南島式土器」である面縄前庭《おもなわぜんてい》式土器が全盛期を迎えることになる（新東、二〇一〇、四〇～四二）。

ただし、この阿高式土器時代にイモガイの垂飾品（ペンダント）が南九州で使用されている例がある。鹿児島県薩摩半島の黒川洞穴から出土したもので、イモガイを縦割りにして、その頭頂部の両端に孔を二つ穿ち、それらの孔を浅い溝でつないでおり、それぞれの孔には紐ずれと思われる痕跡が残されているという（後藤、二〇一〇、七三）。このイモガイが北部琉球から供給されたものとすれば、九州の縄文中期の土器が北部琉球の土器文化に影響を与えなかったとしても、このふたつの地域には微弱ではあるものの、交流、交易が存在していたことになる。

縄文後期になると市来《いちき》式（標識遺跡はいちき串木野市の市来貝塚）、縄文晩期後半には黒川式（標識遺跡は日置《ひおき》市の黒川洞穴）などの土器群が南下し、これらの土器群の様式を構成する属性の一部を北部琉球の在地土器文化が模倣、包摂していくことになる（伊藤、二〇〇〇、一～七）。

市来式土器、黒川式土器の影響がみられる時代にも一時的に九州縄文人が渡来したことを窺わせる資料を見出すことができるが、[15] 九州縄文人の移住の画期となるのは、やはり縄文前期並行期の、北部琉球が曾畑式土器文化圏に組み込まれた時期である。嵩元政秀は、曾畑式土器が渡具知東原貝塚の第三次調査だけでも九〇〇余点出土し、その中には胎土からみて、九州からの伝来品も若干含まれており、曾畑式土器を用いていた人びととの交流の反映というよりも、曾畑式土器を携えて九州からやってきた人びとが居住していた可能性を想定している（嵩元、二〇〇三、一五八）。

2　黒曜石と翡翠の交易――広域ネットワークの形成

九州・本土地域との交流は土器の変遷に反映されているばかりではない。

九州・本土地域と奄美・沖縄地方との交流を示すものに黒曜石がある。沖縄ではじめて発見されたのは城嶽《ぐすくだけ》貝塚（縄文晩期並行期）出土の二点の黒曜石製の石鏃《せきぞく》であり、その後、この貝塚から三五点の黒曜石の剥片が出土している。このほか仲泊《なかどまり》貝塚（三五〇〇年前）、伊是名《いぜな》貝塚などからも黒曜石が出土しており、いずれも佐賀県の腰岳《こしだけ》産と同定されている。

上村俊雄の集成によれば、黒曜石は、奄美大島四ヶ所、徳之島三ヶ所、伊是名島一ヶ所、沖縄島一四ヶ所で出土が確認されている（上村、一九九八、二〇九）。沖縄県内出土の黒曜石に限定すれば、多くは縄文晩期並行期のものである。黒曜石の交換材が何であったかは不明である。この佐賀県腰岳産の黒曜石は、韓国の慶尚南道金海郡《キムヘグン》の水佳里《スガリ》遺跡や東三洞《トンサムド》貝塚からも出土しており（木﨑、二〇〇四、四〇）、九州と朝鮮半島の交流、交易の一端を窺うことができる。ただ、これらの遺跡から出土する黒曜石は縄文晩期より古い時代のものである。

また、北部琉球の縄文晩期並行期の遺跡からは翡翠《ひすい》も出土している。兼城上原《かねぐすくうえばる》第二遺跡(糸満市)、クマヤー洞穴遺跡、高嶺遺跡からは翡翠製管玉《くがたま》状破片が出土しているが、前二者の翡翠は新潟県糸魚川《いといがわ》産である(嵩元、二〇〇三、一六一)。また、徳之島伊仙町の縄文晩期並行期(二五〇〇年前頃)のトマチン遺跡の石棺からは貝小玉と翡翠玉から構成されるネックレスが出土しており、この翡翠も糸魚川産とされる。◉16

こうしてみると、縄文晩期並行期の北部琉球社会には、佐賀県の腰岳を中心とする黒曜石と、新潟県の糸魚川産の翡翠を運ぶ、何らかの交易ネットワークが形成されていたと考えることができる。ただ、こうした日本列島の東部地域にまで及ぶ交易ネットワークの形成は、縄文晩期がはじめてではなかった。

南部琉球では、すでに述べたシェルディスク(貝盤)が利用されていた。このイモガイのシェルディスクを模倣した土製品が、縄文中期の五〇〇〇年前頃の東北地方から北海道にかけて発見されており、青森県の三内丸山遺跡からはイモガイ状土製品(五〇〇〇年前頃)が数点発見されている。小田静夫は、三内丸山人は南海産のイモガイを、対馬海流を通じた交易で入手したが、貴重品であったために、それに代わる模倣品として製作したのではないかとしている(小田、二〇〇二、六六)。ここでも、縄文中期の琉球弧と九州・本土地域の交流が示されている。

曾畑式土器文化は五五〇〇年前頃に最盛期を迎えるが、こうした貝製品の模倣品に先行した貝製品そのものの動きを想定すれば、海洋民であった曾畑式土器文化人の貝交易のネットワーク形成への関与を想定することができるかもしれない。これが正しいとすれば、曾畑式土器文化人の北部琉球への南下は、イモガイなどの南海産の大型巻貝の調達、捕獲を目的としたものではなかっただろうか。

イモガイやその製品が遠く日本列島の東部・北部地域にいたるまで北上した背景として、この時期の気候変動にともなう海流の変化の問題などを考える必要がある。

海流に注目すると、七五〇〇年前頃には黒潮の深層部は東シナ海に流入し、七〇〇〇年前〜五〇〇〇年前頃の最温暖期には鹿児島湾に黒潮湿舌が常時流入していた。また、八〇〇〇年前以降には黒潮の分流である対馬海流が本格的に日本海に流入することになったという（菅、二〇〇四）。こうした東シナ海東縁の環境の変化が、琉球と九州西部地域を結び、さらに日本海沿岸地域へと向かう人びとの動きの大きな原動力になったと考えられる。◉17

3　北部琉球における貝交易――弥生時代並行期以降

沖縄諸島の貝交易――貝輪の時代

稲作農耕を基盤とする農耕社会が成立し始めた時期（弥生前期後半）、北九州を中心に本土地域で南海産大型貝類を用いた貝輪（貝製のブレスレット）が使用され始め、沖縄諸島からゴホウラ、イモガイ、オオツタノハなどの貝殻が運び出された。やがて貝輪装着の習俗は北九州で拡大、西日本で盛行するようになる（弥生中期後半）。しかし、国内で銅器が生産され始めると、南海産大型貝類製の貝輪は銅器で模倣製作されるようになる（高梨、二〇〇九、九八）。

弥生時代に衰退した南海産大型巻貝類製の貝輪装着の習俗は、畿内政権の形成過程で西日本を中心にふたたび盛行するが（弥生後期終末）、やがて石製腕輪や銅製腕輪などの模倣品に転換し（古墳時代前期後半）、古墳時代中期には終焉を迎える。しかし、豊後・肥後・日向地域、大隅諸島では古墳時代中期以降も貝輪装着が継続しており、弥生時代以来のゴホウラ、イモガイなどが使用されていた。また、イモガイの螺頭部分を利用した馬具が盛行し、六世紀後半から東日本を中心に全国で消費されるが、七世紀後半には終息する。古墳時代並行期の広田遺跡（種子島）ではイモガイ、ゴホウラの大量消費が認められ、この事実は、大隅諸島を含む琉球弧の内部で大型貝類の受容と供給（沖縄諸島）が発生していたことを物語るという（高梨、二〇〇九、九八）。

ゴホウラ、イモガイ産地の沖縄諸島では弥生時代並行期に九州地方から搬入された外来遺物が多数出土するようになり、貝輪原材料供給を直接示す痕跡としてゴホウラ、イモガイなどの貝殻供給遺構が二十八遺跡ほど確認されている（高梨、二〇〇九、九六～九七）。

ところで、先に南部琉球から沖縄諸島にかけてシャコガイの貝斧が出土していることを述べたが、その出土遺跡である地荒原貝塚、中川原貝塚、久米島の清水貝塚、大原貝塚のうち、地荒原貝塚を除く三つの遺跡は、ゴホウラやイモガイの集積遺構が存在する場所でもある（島袋、二〇〇四、二三八）。この事実は、南から北部琉球に到達した人びとが琉球弧における弥生時代並行期以降の沖縄・奄美地域の貝交易に刺激を与えたことを示唆しているように思われる。

琉球弧産のイモガイ、ゴホウラなどの大型巻貝は本土地域にとどまらず、朝鮮半島へも断続的に搬入されていた。慶尚南道金海市の礼安里七十七号古墳からはイモガイの貝札が出土している（木下、二〇〇二、五三五）。

木下尚子は、朝鮮半島における琉球列島産貝のほとんどは九州海人（肥後海人、薩摩海人）によって調達され、九州人を介して朝鮮半島に搬入されたとする。琉球列島人と接触していた薩摩海人によってもたらされ、肥後海人を介して北上し、北部九州から朝鮮半島に伝えられた可能性を想定しているが、その一方で、朝鮮半島南部の海人と九州海人の連携で、琉球列島産貝殻の入手は十分可能であったと考えられることから、朝鮮半島人が琉球列島の貝殻を、九州豪族や倭政権を介さず、直接入手していた可能性もあるとしている（木下、二〇〇二、五三五）。

沖縄諸島の嘉門《かじょう》貝塚（浦添市）、大久保原《うぶくばる》貝塚（読谷村）などから出土する、弥生前期後半〜中期前半頃の滑石を混入した朝鮮半島起源と考えられる楽浪《らくろう》系土器も、こうした貝交易の中でもたらされたと考えられる（高梨、二〇〇五）。

新里貴之によれば、イモガイやゴホウラなどの貝交易は、当初、沖縄諸島と九州を結ぶ遠距離交易であったが、やがて弥生中期並行期になると、大隅諸島や奄美群島の交易者が遠距離交易に積極的に参入し、中距離交易がシステム化していくことになるという。これは、奄美群島の場合、裾礁の発達が小規模であったため、イモガイ、ゴホウラが得にくく、仲介者集団として活動を活発化させたことが原因であった（新里、二〇一〇）。

この議論の根拠になるのは、初期段階では沖縄諸島に九州系弥生土器（甕、壺）が搬入されているのに対し、弥生中期並行期になると、九州系弥生土器は搬入されなくなり、かわって奄美大島系甕が搬入され、奄美～沖縄間の中距離的な動きが活発化したことである。こうした仲介者集団が貝交易システムに参入し、しかも増加した結果、交易物を所有することが島嶼間で広く均質化してしまい、特定個人の集権化を未発達のままにした可能性が高いという。交易のシステム化によって沖縄諸島の優位性は失われ、交易の初期段階にみられた社会の進展は阻害され、逆に衰退することになった。こうした衰退を招いた要因のひとつは、交易の主要なベクトルを「北」（九州・本土地域）にしかもてなかったことだという（新里、二〇一〇）。

なお、琉球弧の貝交易はおおむね弥生時代並行期以降と考えられているが、伊豆諸島ではさらに時代が遡る。縄文後期から晩期の終わりにかけて、継続的にオオツタノハが伊豆諸島の南部で捕獲され、貝輪として伊豆大島で一次加工された後に、房総半島の受入れ側のムラに集積され、そこからさらに太平洋側の東日本各地に流通していたという（忍澤、二〇〇七、一三一～一三二）。こうした伊豆諸島の動向と比較すると、琉球弧の貝交易の活発化は相当に遅いことになる。

奄美大島北部とヤコウガイ交易

沖縄諸島を起点とするイモガイ、ゴホウラなどの大型巻貝の交易を引き継ぐように、古墳時代並行期から、奄美大島を中心とするヤコウガイ交易が活発化する。奄美群島はゴホウラ、イモガイの

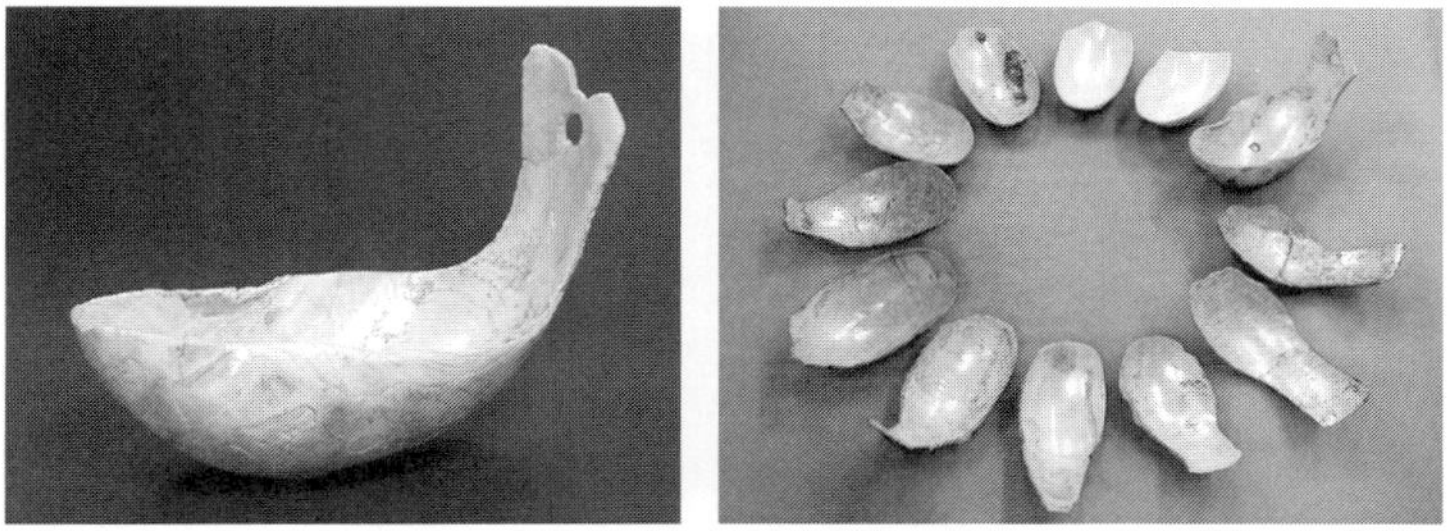

写真②③　ヤコウガイ貝匙（小湊フワガネク遺跡出土、奄美市立奄美博物館蔵）

交易段階では交易の仲介者、ヤコウガイ交易段階では供給地の役割を果たしていたのである。

琉球弧のヤコウガイは、ヤコウガイが生息する北限に位置し、寒冷であるほど美しい真珠層を作るとされる。

ヤコウガイは、貝匙の製作、やがて螺鈿《らでん》の材料などに利用された。平等院（十一世紀）、中尊寺の金色堂（十二世紀）の螺鈿細工にはヤコウガイが使用されている。

『枕草子』（十一世紀初頭）には「公卿、殿上人、かはりがはり盃とりて、はてには屋久貝という物して飲みてたつ」とあり（小島、一九八二）、これはヤコウガイの貝殻を加工して作った貝匙と考えられる。貴族社会でヤコウガイ（ことにその真珠層）は多様な用途に利用され、珍重されていたのである。

こうしたヤコウガイの貝殻がどこからもたらされたかについて明らかにする契機となったのが、奄美大島北部の東海岸に集中して分布する「ヤコウガイ大量出土遺跡」の発見と再評価であった。高梨修は、これらのヤコウガイの集積する遺跡群を、それまで考えられていたような食料残滓ではなく、貝匙や螺鈿の材料、有孔製品などを製作した跡であることを明らかにし、「ヤコウガイ大量出土遺跡」の名称を与えた（高梨、一九九八）。小湊《こみなと》フワガネク遺跡群（七世紀前半）、土盛《ともり》マツノト遺跡（九世紀後半〜十世紀前半）、用見崎《ようみさき》遺跡（七世紀後半）、和野《わの》長浜《ながはま》金久《かねく》遺跡（九世紀後半）、万屋《まんや》泉川《いずみかわ》遺跡（十世紀後半〜十一世紀前半）などである。

　こうした「ヤコウガイ大量出土遺跡」の帰属年代は五〜十一世紀頃である。奄美の在地式土器である兼久《かねく》式土器の時代は六〜十一世紀であり、兼久式土器の時代とほぼ時期的に重なっている。

　ヤコウガイ大量出土遺跡からは多数の鉄器のほか、九州地域から搬入された土師器《はじき》、須恵器《すえき》などが出土している（高梨、二〇〇五、一八二〜一八五）。ことに鉄については、土盛マツノト遺跡では、合計三十点以上にも達する鉄器、鉄滓、鞴羽口《ふいごはぐち》が出土し、小湊フワガネク遺跡群では鉄器十八点が出土している（高梨、二〇〇五、二三五）。同時代の沖縄諸島で鉄器の出土がほとんどないことを考えれば、琉球弧の中ではかなり早い時期から鉄器が使用されていたことになる。高梨修は、このヤコウガイ大量出土遺跡群を本土地域との交易を示すものとみなしており、その交換財として鉄が搬入されたとする。本土地域側からみれば、ヤコウガイをはじめとする南海大型貝類の製品は「威信財」としての性格を持っていたという（高梨、二〇〇五、一四四）。

　ヤコウガイ交易が本土地域を対象にしていたことについては傍証がある。ヤコウガイの古称は「ヤクガイ」（夜久貝、夜句貝、益救貝、屋久貝などと表記）であり、七世紀前半の南島関係資料において「ヤク（掖玖）」は奄美大島を含む地域名称として用いられているのに対し、後半になると島嶼地名が具体的になることから、ヤクガイとは南島で獲れる貝という意味であり、「ヤクガイ」という名称の成立は、本土地域と奄美群島の間で交易が行われていたこと、そして七世紀前半までにはヤコウガイが本土との有力な交易品となっていたことを示しているのである（田中、二〇〇八、五五）。

沖縄諸島でも久米島でヤコウガイ大量出土遺跡（清水貝塚、北原貝塚）が存在しているが、古墳時代並行期から十一世紀頃まで継続する奄美群島よりも相当早く、古墳時代並行期でほぼ終焉を迎える（具志川村教育委員会、一九九四／久米島自然文化センター編、二〇〇九）。琉球弧の中で奄美群島が貝交易の中心になるのである。したがって、沖縄諸島では、ヤコウガイ交易が終了する古墳時代並行期以降、貝交易によって社会が進展することはなかったと考えられる。

イモガイ、ゴホウラに引き続き、ヤコウガイもまた朝鮮半島への搬出が継続される。ヤコウガイの貝匙は、五世紀後半に位置づけられる高霊《コリョン》の池山洞《チサンドン》古墳群四十四号墳の副葬品など、五〜六世紀代の朝鮮半島の新羅、大伽耶の王陵の副葬品として四点が出土しており（神谷、二〇一一）、琉球弧と朝鮮半島とを結ぶ貝交易ルートが存続していたのである。

熊本県菊池川下流域は肥後型石室が分布するが、そのうちのひとつである伝佐山《でんさやま》古墳からは繁根《はね》木《き》型のゴホウラの貝釧《かいくしろ》（貝輪）と大伽耶産の垂飾付耳飾、大坊《だいぼう》古墳からは大伽耶と百済産の垂飾付耳飾が出土している。江田船山古墳の副葬品の前半期の長鎖式垂飾付耳飾、帯金具、馬具は大伽耶産であり、後半期の冠、耳飾、飾履（金銅製沓）蓋杯などは百済産であるという（朴、二〇〇七）。

これらの古墳では南海産の貝釧と朝鮮半島産の金属製品などが出土しており、琉球弧や朝鮮半島との間で交流が行われていたことを知ることができる。朝鮮半島の南西端に位置する海南郡造山古墳から出土している繁根木型の貝釧は、関行丸《せきぎょうまる》古墳や、王塚古墳の周辺に位置する櫨山古墳、江田船山古墳に隣接する伝佐山古墳で出土していることから、これらの集団によって搬入された可能性がきわめて高いという（朴、二〇〇七）。

こうした事例を見る限り、琉球弧と朝鮮半島を結ぶ交易ネットワークの有力な中継点として九州西岸地域、ことに肥後、肥前の沿海地域が考えられ、時代は遥かに懸け離れるが、曾畑式土器の時代と変わらない。

なお、「ヤコウガイ大量出土遺跡」の中には、縄文晩期に相当する時期の徳之島伊仙町の犬田布《いぬたぶ》貝塚の事例（ヤコウガイ製の貝匙四十二個が出土）もあり（高梨、二〇〇五、一四三）、弥生時代並行期を遡る時代の貝交易を検討する余地があるかもしれない。伊豆諸島と房総半島を結ぶオオツタノハをめぐる貝交易が縄文後期～晩期に遡るとされることと、時期的なズレがあることは見てきたが、徳之島の事例が貝交易にかかわるとすれば、その時間差は埋められることになる。オーストロネシア的世界が拡大していく時期に、琉球弧が、その影響をほとんど受けなかったとは考えにくいこともその理由である。

第二章　城久遺跡群とグスク時代の幕開け

一　城久遺跡群

1　城久遺跡群の概要

喜界島の台地上に展開する城久《ぐすく》遺跡群は、琉球弧において十一世紀に始まるグスク時代の幕開けに大きな役割を果たした遺跡群である〔写真④・図⑧〕。喜界町教育委員会の澄田直敏・野崎拓司らの成果（澄田・野崎、二〇〇八・二〇〇七／澄田、二〇一〇／喜界島教育委員会、二〇〇八・二〇一一・二〇一五）によって、その性格について簡単に整理したい。

城久遺跡群の特徴をごく簡単に要約すれば、海成段丘面上の高所（九〇〜一六〇メートル）で営まれた広大な遺跡群であり、在地の兼久式土器などがほとんど出土しない「非在地的遺跡群」とい

写真④　城久遺跡群山田半田遺跡（喜界町教育委員会）

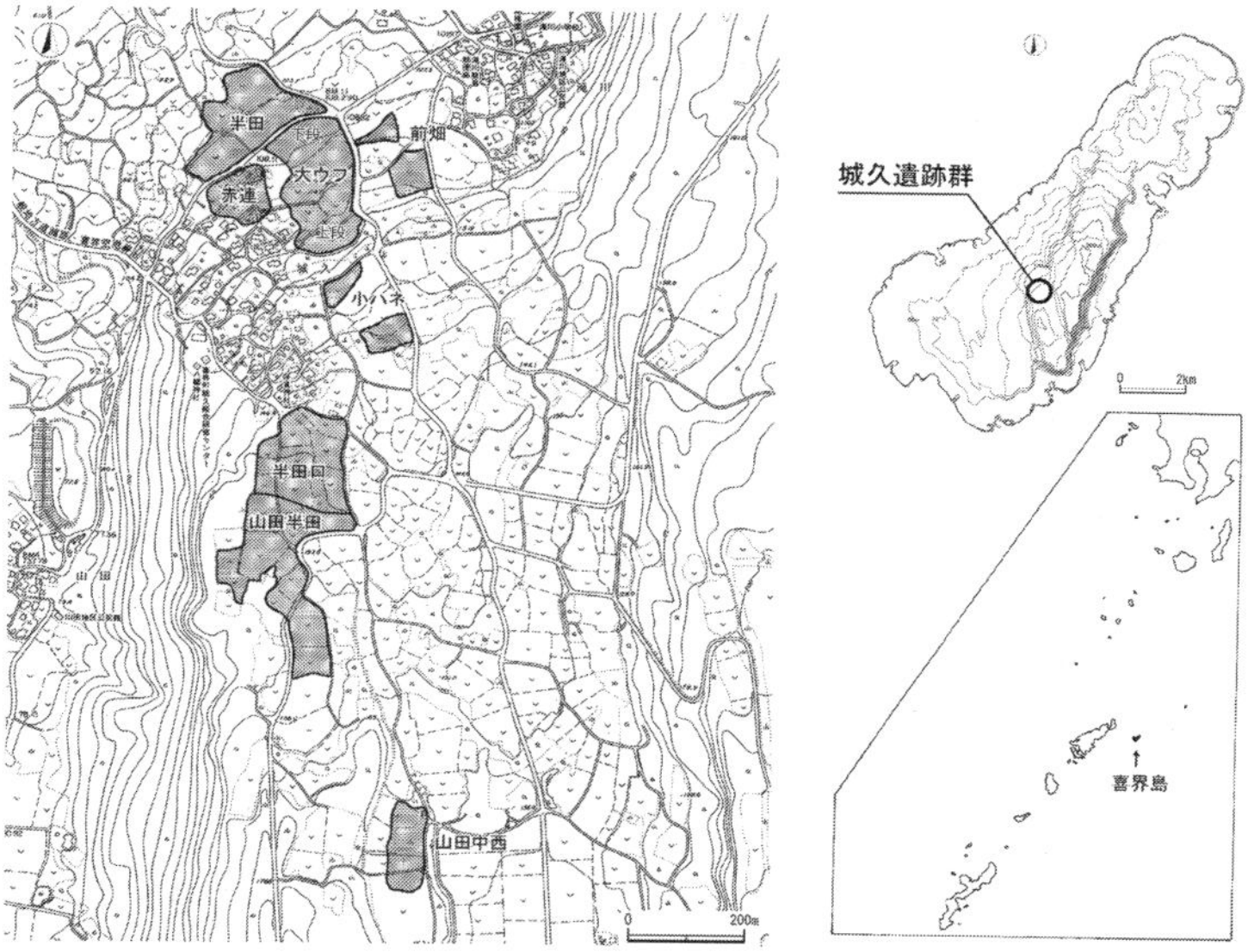

図⑧　城久遺跡群位置図（澄田、2010）

うことになる。帰属年代はおおよそ八世紀後半～十五世紀とされ、八世紀後半～十一世紀前半（第Ⅰ期）、十一世紀後半～十二世紀（第Ⅱ期）、十三世紀後半～十五世紀（第Ⅲ期）に整理されている（喜界島教育委員会、二〇一一）。第Ⅱ期は、城久遺跡群の最盛期にあたるとともに、琉球弧のグスク時代の開始期にほぼ一致する（第Ⅰ期の終わりである十一世紀後半を含む）。

現段階で確認されている遺跡群の面積はおよそ十七万平方メートルとされるが、喜界島の台地上には城久遺跡群のほかにも、小野津集落（巻畑B遺跡、島中B遺跡など）、志戸桶《しとうけ》集落などにも類似の遺跡があり、城久遺跡群に類似する遺跡群が海成段丘上に広く営まれていたと考えられている（高梨、二〇〇八）。第Ⅱ期に相当する時期の琉球弧における遺跡としては屈指の規模である。また、三百棟以上の掘立柱建物跡が確認され、山田半田遺跡から検出されている大型建物跡は規模、構造からみても単なる集落跡ではないことをよく表しているという（高梨、二〇〇八、一三五～一三六）。

遺跡群全体としてみた場合、出土遺物として際立つのは、国産品では土師器・須恵器・滑石製石鍋・灰釉陶器・布目圧痕土器（焼塩土器）、船載品では白磁・越州窯系青磁・初期高麗青磁・高麗無釉陶器などであり、在地産品ではカムィヤキ（類須恵器）が大量出土する。滑石製石鍋は長崎県西彼杵《にしそのぎ》半島で十一世紀後半～十二世紀にかけて生産され、流通した石鍋である（鈴木、二〇〇八、二一九～二二二）。また、カムィヤキは、奄美群島の徳之島で十一～十四世紀に生産された高麗陶器の陶芸技術によって製作された陶質土器である。越州窯系青磁は、通常、大宰府や有力な寺社にしか出土しない。◉18

城久遺跡群からは在地土器である兼久《かねく》式土器はほとんど出土しない。こうした出土遺物の様相は、まさに「移植された中央」（村井、二〇一〇、八）と言うほかないのである。

出土品にみる多様性はまた葬制においてもみられる。城久遺跡群では土葬、火葬、焼骨再葬などが認められるのである。ここでいう焼骨再葬とは、第一次葬において遺体を骨化させ、第二次葬として骨を火葬に付して蔵骨器に納骨し、カムィヤキの小壺、中国白磁碗、ガラス玉などを副葬品として埋葬する葬法である。十一世紀後半～十二世紀中頃の、焼骨再葬墓の例を日本に求めることができず、陶磁器やほかの遺物の動きを見たときに、日本の墓制と捉えるよりも周辺諸国の事情を知る必要があるとする指摘がある（狭川、二〇〇八、一九九～二一二）。城久遺跡群にみられる焼骨再葬制は、城久遺跡群の第Ⅱ期にあたり、交易拠点として大きな役割を果たしていた時期である。城久遺跡群で、こうした多様な葬制が認められるという事実は、この交易拠点の多民族性を物語るものにほかならない。

八世紀後半頃に姿を現した城久遺跡群は時期によって性格を変えていく。

第Ⅰ期は、多褹《たね》嶋の廃止（八二四年）にともなって南島の朝貢確保のために「キカイガシマ」＝喜界島を拠点化したと考えられている（池田、二〇〇六）。つまり、この時代の城久遺跡群の形成期の主体は、国家、大宰府との関連のなかで理解されているのである。

また、国家の関与のほかに、弥生・古墳時代以降の琉球弧と九州・本土地域との物質的、文化的交流を担う存在として、南九州の在地勢力が関与していたという考えがある（鈴木靖、二〇〇八、四一）。国家的な交易のほかに民間交易の存在も想定するのである。

第Ⅰ期を国家に関連する遺跡群と考えるならば、官衙が存在したかどうかが問題になる。末端官衙になるほど、実態把握が困難で遺跡のあり方に多様性が認められるのだが、規則性のある大型建物により、在地の一般集落からは隔絶した景観が出現したと考えられること、出土遺物の様相がきわめて特殊であること（赤司、二〇一〇）、また後述するようにキカイガシマ（貴駕島）に関する史料からみても官衙が存在したと考えられる。

喜界島の台地上には外来の人びとが暮らす一方、低地部には兼久式土器を使用する在地の人びとが生活を営んでおり、台地―低地という階層的な関係が存在したと考えられる。また、台地上の人びとの間にも外部から持ち込まれた階層的な関係を想定することができる。九～十世紀頃の喜界島を中心にみた場合、奄美大島のヤコウガイ交易は、その国家的な管理下に位置づけられる関係にあり、同時に奄美大島にも局地的にではあるにしろ在地社会に階層関係が持ち込まれたと考えられる。この段階で、奄美大島の在地の社会は大きく変化したであろう。

城久遺跡群は、やがて十一世紀後半～十二世紀（第Ⅱ期）の最盛期を迎えることになる。この時代には、喜界島の交易拠点が、国家的な管理をはなれ、活発な交易を展開していたと考えられる。この時期はまた、琉球弧全域を覆う交易ネットワークの形成、広域土器文化圏の形成に、喜界島の交易拠点が大きな役割を果たした時期である。喜界島の隆盛は、この頃から盛んになる日宋貿易の支流が琉球弧にも及んだ結果である。

2　城久遺跡群に関与した人びと

琉球弧において出土する滑石製石鍋は、その出現期（十一世紀後半～十二世紀頃）の方形の把手を持つタイプであり（石鍋に鍔が付いているタイプはこれより新しい）、このタイプは博多・大宰府で集中的に出土する。石鍋の利用は、この頃に成立する住蕃《じゅうばん》貿易体制下の宋商人が持ち込んだ生活文化の一部である可能性が高いが、琉球弧で出土しているのは完形品ではなく石鍋の破片（「生活廃棄物」）が大半を占めている状況から、宋商人がみずから琉球弧に運んだとは考えにくい。[19] また、宋商人は対外貿易にもっぱら関与し、日本商人は国内流通に関与するという分業体制が形成されていたという指摘（林、一九九八）を踏まえれば、宋商人の間接的な関与はあっても直接的な関与はなかったと考える。

宋から沖縄諸島に向かい、さらに奄美群島を北上して九州にいたる交易路の存在を想定することも可能かもしれない。ただ、この時期の中国産白磁碗の分布は九州からの南下を示しており、宋と沖縄諸島、奄美群島を結ぶ交易路はあまり利用されていなかったと考えられる。したがって、この点でも宋商人の喜界島への直接的な関与は考えにくい。

宋商人よりもむしろ高麗商人や高麗人が喜界島の交易拠点に直接的に関与していた可能性を考えてみるべきであろう。城久遺跡群の第Ⅱ期からは初期高麗青磁や高麗無釉陶器が出土しているが、問題になるのはカムィヤキである。

カムィヤキは、確かに琉球弧全域に流通するが、その出土量には極端な濃淡があり、多くが生産地である徳之島と喜界島で消費されており、基本的に沖縄諸島以南では出土量が僅少であるという（高梨、二〇〇九、一一三）。喜界島が南方物産の交易拠点であることを考え合わせると、徳之島でのカムィヤキ生産の主な供給地は喜界島であり、その生産の管理をしていたのは喜界島と考えられる。

カムィヤキは高麗陶器を模倣したものである。しかし、赤司善彦は単なる高麗陶器の代替商品としてのみ受容されたのではなく、この容器に貯えられたものや、これを用いる様々な儀式、生活様式、あるいは交通手段などが同時に受け入れられたことはいうまでもないとし、城久遺跡群での墳墓遺構への供献としての用途は、これを知る手がかりとして重要であると述べる（赤司、二〇一〇）。そして、赤司は「琉球列島が受けた外来文化の大きなインパクトの姿」（赤司、二〇一〇、三三九）と指摘するが、そうした文化――儀礼や生活様式――が伝わるのは人びとの移動が伴う時である。高麗陶器を生活文化の一部として使用していた人びと自体が渡来し、高麗陶器を模倣したカムィヤキをめぐる文化を伝えたと考えられる。つまり、喜界島の交易拠点には高麗商人をはじめとする高麗人が加わっていたことになる。

このほかにも、継続的に民間交易に関与していたと考えられる南・西九州の在地勢力などが考えられる。博多商人も当然考える必要があろう。

城久遺跡群の多様な葬制と併せて、その出土品からみても喜界島の交易拠点には多様な人びとが関与していたのである。

3　城久遺跡群第Ⅱ期の再編過程

第Ⅱ期の再編と「奄美嶋人」襲撃事件

ここで城久遺跡群の第Ⅱ期が出現するまでの過程を、奄美群島に関係する史料から概観することにしたい。

七～八世紀頃の奄美群島あるいは奄美大島の存在は、朝貢記事の中に残されている。

『日本書紀』によれば、阿麻弥人は多祢人、掖玖人とともに禄を賜るが（六八二年）、同時にみえる大隅隼人、阿多隼人の朝貢に伴って来朝したものとされる（鈴木靖、二〇〇七、二〇）。次いで六九九年には奄美は多祢、夜久、度感などの人びととともに朝宰（朝廷の使者）にしたがって方物を貢ぎ、王権は朝貢して来た人びとに位階を授け、物を賜わった（『続日本紀』）。七一四年十二月には南島の奄美、信覚、求美などの人びとが平城京にいたり、七一五年の元日には奄美、夜久、度感、信覚、求美などが朝貢し、朝賀に参列した。七二〇年、七二七年に多くの南島人が朝貢し、位を授かった（『続日本紀』）。信覚は石垣島、求美は久米島、度感は徳之島であろう。

この後の時期にあたる八世紀（天平年間頃）に、「梅美嶋」「伊藍嶋」の記載のある木簡二点が大宰府跡から発見されたことから、奄美大島、沖永良部島から朝貢が続いていたことを知ることができる。

やがて八世紀半ばの鑑真の乗った遣唐使船が阿児奈波（沖縄）から奄美を目指したが行方不明になったという記事（『続日本紀』）を最後にしばらく記録から遠ざかる。[20] そして、ふたたび奄美群島が記録に現れるのは十世紀末の「奄美嶋人の大宰府管内襲撃事件」においてである。その間は「記録の空白期」とでも呼ぶべき時代である。

朝貢記事が残されている七〜八世紀頃は、奄美大島のヤコウガイ大量出土遺跡の時代と重なる。朝宰に率いられて南島（多祢、夜久、奄美、度感など）の人びとが朝貢していることに示されるように、この時期の朝貢は半ば国家的な管理下に置かれたものだったと考えられる。そして、八世紀の半ばからの「記録の空白期」に何らかの理由があったとすれば、それは南島が朝貢をしていなかったのではなく、南海物産が国家によって管理される状況にあったからではないかという推測も成り立つ。七〇二年の「多褹嶋」の設置もそうした状況を背景にしている可能性がある。さらに八二四年に多褹嶋が廃止され、多褹嶋と一時期重複しながらも、それを継承するように喜界島に城久遺跡群の第Ⅰ期が明確に姿を現すのである。

奄美群島は、十世紀の終わりにふたたび記事に現れる時にはその様相を一変させ、大宰府管内襲撃事件の当事者として登場する。『小右記』（小野宮右大臣藤原実資の日記、現存本文・九八二～一〇三二年）、『日本紀略』の記事から次のような事件を知ることができる。

九九七年、大宰府は「奄美嶋人（南蛮）」が大宰府管内に乱入し、人や物を略奪したと平安京に報告する。「奄美嶋人」が薩摩、肥後、肥前、筑後、筑前、壱岐、対馬を襲い、三百人以上が略奪された事件である。しかも、大宰府はそれより前にも「奄美嶋人」が来て、大隈国人四百人を連れ去ったことがあると報告する。九九八年、大宰府は「貴駕島」に南蛮の追補を下知する。九九九年には大宰府が南蛮賊を追討したことを言上する。この「貴駕島」がキカイガシマの初出である。

この「貴駕島」とは、城久遺跡群の出土遺物が「大宰府的様相」を備えていることを考えれば、喜界島を指している可能性はきわめて高い[21]（永山、二〇〇七、一六四）。城久遺跡群からは、官的な施設に保管されていた什器と考えられる九～十一世紀前半の越州窯系青磁が出土する。喜界島出土以前の南限は、多褹嶋（嶋制）の存在した種子島の西之表《にしのおもて》市現和《げんな》であったが、さらに南下することになったのである（永山、二〇〇八、一二六・一四六）。

十一世紀（一〇二〇年）に入っても「南蛮賊徒」が薩摩国を襲撃する事件が起きている（『左経記』）。一〇五四年にも南蛮襲来事件が起きていた可能性があるという（永山、二〇〇七、一五五）。

この十一世紀代には『小右記』をみる限りでも、藤原実資のもとに一〇二五年には大隅掾為頼から檳榔《びんろう》、一〇二七年には肥前守惟宗貴重から丁子《ちょうじ》、大文唐綾《からあや》、蘇芳《すおう》、金青《こんじょう》、緑青《ろくしょう》、檳榔、温石鍋、一〇二九年には薩摩守巨勢文任から蘇芳、唐硯《とうけん》、大隅国の藤原良孝から赤木《あかぎ》、檳榔、ヤコウガイなどが献上されている。[22]

奄美嶋人が襲撃をした際に、大宰府からの最初の報告では高麗国人の仕業と間違えられたのみならず（『小右記』）、大宰府の報告によれば、西海道の人びとは襲来者を奄美嶋人であることを認識しながら、高麗兵船の接近を噂していたという（田中、二〇〇七、三〇）。ここでも奄美と高麗との緊密な関係を窺うことができるのである。九九七年の大宰府管内襲撃事件は九州を北上し対馬まで到達しており、その先には高麗がある。そして、この大宰府管内襲撃事件の逆のコースを辿って、十一世紀後半から徳之島で生産されることになる高麗陶器を模倣したカムィヤキの陶芸技術や長崎県西彼杵半島産の滑石製石鍋が将来されることになるのである。

国家の「内」と「外」

「キカイガシマ＝喜界島」は、こうした大宰府管内への襲撃事件が起きている間に大きな変貌をとげる。「日本」の内部から外部になり、さらに内部に戻るという過程をたどるのである。そして、この「日本」の外部に位置づけられていた時代が、おおむね城久遺跡群の第Ⅱ期に相当することになる。

まず、十世紀末に大宰府管内の襲撃事件が起きた時は、喜界島（貴駕島）は奄美嶋人の追捕を命じられており、この時点では「日本」の内部ということになる。

しかし、永山修一によれば、その後『長秋記』一一一一年の記事からは、喜界島の者が紀伊国に漂着したところ、外交事案の決定に必要な陣定の議題となっており、喜界島が宋や高麗と同じく外国として認識されていたこと、また『吾妻鏡』一一八七年の条には、一一六〇年頃に勅勘を受けて喜界島に逐電した阿多景忠の追討に行ったが失敗に終わった故事が引かれるが、逐電した先は勅勘の効力の及ばない場所であったはずで、この頃の喜界島もまた「日本」の範囲外と考えられていたことがわかるという（永山、二〇〇八、一三〇～一三二）。

その後、源頼朝は義経与党の隠れている疑いと、河辺平太通綱が喜界島に渡ったという情報によって喜界島の征討を命じるが、摂関家が反対し、一時凍結になる。しかし、宇都宮信房が献上した喜界島までの海路を描いた図を頼朝が見ることによって計画が復活し、信房らの軍勢が渡海し、喜界島（「貴賀井島」）を征討した（一一八八年）。この時、摂関家の反対意見の中に「三韓の降伏は、上古の事也。末代に至ては人力の覃ぶ所に非ず」とあり、喜界島が三韓と同列に論じられているのである（永山、二〇〇七、一六五）。

永山は、頼朝による喜界島征討は二年後の奥州征服とともに、軍事権門である鎌倉殿による全国支配を完成させる不可欠の行動であり、頼朝が左足で奥州外浜《そとがはま》を、右足で西国鬼界島を踏みしめる話（妙本寺本『曾我物語』巻三）は当時の「日本」の領域を示すが、そうであれば、頼朝の喜界島征討によって「日本」の領域に入った喜界島は、それまでにいったん「日本」の外になっていたはずであると指摘する（永山、二〇〇七、一六一）。そして、下知を受ける存在――「日本」の内――から、十二世紀の異国としての扱いを受ける性格へと変化するのは十一世紀であるとする（永山、二〇〇八、一三二）。

この「日本」の内部か外部かによって、「キガイガシマ」の「キ」の表記が異なるとする指摘がある。つまり、史料の筆者が日本に従っている地域と認識していれば「貴」の字を用い、従っていない地域と認識していれば「鬼」の字を用いているというのである（黒嶋、二〇一四）。

十世紀末の事件では、喜界島は大宰府に奄美嶋人の征討を命じられる側であり、奄美嶋人は征討される側である。その点で両島は対立的な関係（「日本」の「内」と「外」）にあったと言えるが、それは一面的な見方であろう。両者の基本的な関係はヤコウガイ交易をめぐる「支配―被支配」関係であったと考えられる。しかし、十一世紀代に喜界島の交易拠点が再編されると性格を大きく変え、喜界島もまた「日本」の外に位置づけられることになる。こうしてみると、十一～十二世紀においては、ことさらに喜界島と奄美嶋を対立的に、区別して考える必要はないように思われる。

高麗の商人やカムィヤキの陶工が、喜界島や徳之島に渡島したと想定されることはすでに述べたが、十世紀末の高麗人と奄美嶋人の結びつきが、高麗人と奄美の北三島（大島、喜界島、徳之島）への結びつきへと拡大していることは、十一世紀代に、喜界島の交易拠点が再編される過程で、この交易拠点自体が、流動性の大きい多民族的な世界へと変貌したことを示すものと考えられる。喜界島が日本の「外」と位置づけられるようになるのは、こうした点に理由があると考えることができる。

すでに述べたように、「奄美嶋人」「南蛮賊徒」の大宰府管内襲撃事件が起こっている時期に、南海物産や宋から運ばれたとみられる物資が南九州や肥前の在地の有力者から中央の貴族のもとに贈られている（『小右記』）。この事実から、遅くとも十一世紀前半までは南・西九州の在地の有力者たちが、南海物産の利権に深く関与していたことを知ることができる。

4　カムィヤキ古窯跡群

須恵器に類似する陶質土器であるカムィヤキは、琉球弧のグスクや集落跡で相次いで発見されていたが、発見当時は「南島経営」と関連する土器と考えられていた（国分、一九七二）。須恵器に類似しているため「類須恵器」と呼ばれることが一般的であった。産地について、朝鮮半島産とする見解（三島、一九七二）や南島産とする見解（友寄、一九六四）など諸説あった。結局、この産地の問題は、いずれもが正しかったことが明らかになる。

一九八三年、このカムィヤキの古窯が徳之島の伊仙町で発見された。これまで、標高一七〇〜二〇〇メートルの丘陵の傾斜地の中腹に築かれた百基以上の窯跡群が確認されている（四元、二〇〇八、二四五）。カムィヤキの分布は琉球弧の範囲を越え九州南部にまでおよんでいることも明らかになっている（池田、二〇〇四）。

カムィヤキには壺、甕、鉢、碗、水注などの器種があり、この中で壺が最も多く、奢侈品というよりも広く日常容器に用いられていたという（赤司、二〇一〇、三二六〜三二七）。また、墳墓の副葬品として、カムィヤキの小壺が中国製白磁、ガラス玉とともに埋葬されていることはすでに述べた。

新里亮人は、カムィヤキを二つのタイプ（焼成が堅緻なA群と焼成が軟質なB群）[23]に分類し、琉球弧における各遺跡の共伴遺物を検討した結果、A群は十一世紀後半代の中国陶磁器と共伴し、十二世紀後半代〜十三世紀前半代にはA群とB群が混在して検出され、十三世紀中頃〜十四世紀代にはB群が独占的に出土することを明らかにした（新里亮、二〇〇七、一三八）。A群のカムィヤキが流通するのは、滑石製石鍋が流通する時期と重なっており、また熱田貝塚の年代を検討する中で、新里は中国産の玉縁口縁白磁と石鍋が琉球弧に流通する時期は重なることを指摘している（新里亮、二〇〇八、六二）。これらの三つの容器類が流通し始める時期はほぼ同時期ということである。

城久遺跡群で出土する高麗無釉陶器、初期高麗青磁の年代もまた十一世紀後半〜十二世紀代にかけてのものである[24]（赤司、二〇〇七、一二五〜一二六）。

カムィヤキは高麗無釉陶器と、器種構成や製作技術などにおいて類似点が数多く認められ、カムィヤキ窯の成立にあたり、高麗無釉陶器の陶芸技術が直接伝わった可能性が高く、陶工が徳之島に渡来したものと想定されている（赤司、二〇〇七・二〇一〇）。特に焼成技術の点で高麗陶器と類似し、窯構造の点で韓国西海岸のそれと類似しているという[25]（赤司、二〇〇七、一二八・一三〇）。玉縁口縁の中国白磁をも模倣しており、高麗陶器をそのまま手本にしたものではないという（赤司、二〇一〇）。

琉球弧と朝鮮半島（高麗）の関係を考えると、十一〜十二世紀に位置づけられる初期高麗青磁、高麗無釉陶器が喜界島で出土し、十四世紀代まで、それらと並行するように徳之島で生産された高麗無釉陶器の系譜を引くカムィヤキが流通していたことになる。しかも、十四世紀には浦添グスク、首里城などで高麗系瓦が使用される。また、十四世紀にはそれらの大型グスク（首里城、浦添グスク、今帰仁グスクなど）から、高麗末期に大量生産された象嵌青磁も出土している（赤司、二〇〇七、一二五）。十一世紀以降においても、琉球弧に高麗産品が流通したばかりでなく、カムィヤキの陶工や瓦工などの高麗技術者の渡来が継続していたのである。

このような東シナ海の東縁地域を結ぶ交易ネットワーク、人びとの移動と交流は、伝統的に存在していた交易路が踏襲されていることを示している。

二　グスク時代の幕開け

1　土器文化の変化

グスク時代は、十一世紀から琉球弧全域が同一の土器文化圏を形成し、それとともにひとつの経済的まとまりをつくったことが契機になって始まる。この時代の幕開けとともに穀物栽培が始まり、鉄器の使用が浸透する。

グスク時代以前の生活遺跡は海岸線に沿った低地に立地していたが、この時期の遺跡はおおむね石灰岩の丘陵地帯やその斜面に形成されることになる。土地利用面で大きな変化があったのである。グスク時代に起こった変化として、琉球弧全域にグスク、スクと呼ばれる構造物が登場することが挙げられる。十四世紀に入ると城壁や基壇建物を持つ大型グスクが出現するようになるが、これは後述するように、小中規模のグスクが徐々に大型化したのではない。最初から、大型グスクとして造営されるのである。

こうして始まる沖縄諸島以南のグスク時代は、喜界島とその周辺地域に居住していた人びとが沖縄諸島以南に移住することが契機になったのである。

琉球弧全域に展開したグスク時代の土器文化は喜界島を起点にしている。

琉球弧の縄文晩期並行期以降の各諸島の土器変化を時系列的にみると、土器文化の変化はつねに北から南へとおよんでおり、また最も大きな画期はグスク時代開始期頃である。高梨修は、中世並行期前半は、カムィヤキ、白磁、滑石製石鍋を中心的構成要素とする容器群が琉球弧に波及、無土器時代の先島まで強い影響を及ぼし、奄美群島・沖縄諸島・先島諸島に同一の器種構成を共有する広域的土器（容器）分布圏がはじめて形成される一大画期になったことを指摘する（高梨、二〇〇九、九四〜九五）。これらの土器は沖縄諸島ではグスク土器と呼ばれるが、甕、壺、鉢等を主要器種とし、壺はカムィヤキを、鉢は滑石製石鍋を模倣したものが含まれており、外来容器の影響を受けて成立した土器である。また、カムィヤキには碗もあるが、これは白磁碗を模倣したものである（高梨、二〇〇九、九五）。

琉球弧の広域土器文化圏のオリジナルが集中的に搬入され、大量に出土するのが城久遺跡群であることから、この遺跡群こそがこの時期の琉球弧における土器文化の展開の起源であると考えられるのである（高梨、二〇〇九、九五）。

この土器文化は、前段階の土器文化を一新させ、また無土器時代が続いた南部琉球においても突然にこの土器文化が成立していることから、人間集団の移動を伴っていたと考えられる。滑石製石鍋、中国産白磁碗、カムィヤキの壺などのオリジナルが不足したために、それを模倣した土器が製作されたのである（高梨、二〇〇九、一一三〜一一四）。

こうして沖縄島においてはグスク土器が成立する。その前段階（貝塚時代後期後半）の土器は、奄美群島の兼久《かねく》式土器の影響を受けて成立した「くびれ平底土器」である。この両者では製作法がまったく異なっており、同じ製作者によって作り分けることは難しいという。

遺跡によって、このふたつの土器の関係にはいくつかのタイプがあり、うるま市喜屋武《きやん》グスク遺跡のように十一〜十二世紀頃まで併存し、その後、グスク土器だけになる場合、北谷町《ちゃたんちょう》後兼久原《くしかねくばら》遺跡のようにくびれ平底を持たずにグスク土器のみの場合などがある。製作者が異なる以上、搬入土器であるグスク土器はグスク時代になってから外部から移動してきた集団に属していた土器であり、くびれ平底土器は在地の集団が製作・使用した土器であるということになる。喜屋武グスク遺跡のように併存期間が続き、グスク土器だけになるのは、在地集団に移動集団が嵌入的に入り込み、その後、次第に在地集団を取り込み併呑していく過程を表し、くびれ平底を持たない遺跡は外部からの移動集団が形成した遺跡と考えることができる（池田、二〇一二）。

このように、土器文化の変化の様相からも、外来の集団がグスク時代の幕開けに大きく貢献したと考えるべき根拠が見いだせるのである。喜界島を中心とする地域から、新たな土器文化を携えた人びとが沖縄諸島以南に展開したのである。

この移住の目的は、ヤコウガイ、赤木などの南海物産の調達であった。そして、この時期以降、しばらくの間、喜界島を拠点とする南海物産の調達システムが沖縄諸島以南へと展開し、またそれに伴う交易ネットワークも形成されたと考えられる。しかし、この調達システム、交易ネットワークも十三世紀半ばには変容していくことになる。

カムィヤキはヤコウガイなどの南海物産の対価になったとする見方もあるが、カムィヤキの壺（カムィヤキは中国産白磁碗も模倣）が容器類のセットの一部を成していたとすれば、それだけが単独でヤコウガイなどの南海物産の対価となったとは考えにくい。生活の道具の一部であったとすれば、喜界島を中心とした地域から移住した人びとに伴って移動したと考えるのが妥当である（高梨、二〇〇九、一一三〜一一四）。沖縄諸島以南において、出土遺物が多くないことも、そのことを裏づけている。石鍋模倣土器などの模倣土器は、オリジナルの不足による代替品としての役割を担っていたと考えられる。

カムィヤキの生産は十四世紀代に衰退するが、それは、後述するように、十四世紀半ばから沖縄諸島を中心に中国産陶磁器の受容が急激に増加することと無関係ではない。カムィヤキに替わって中国産陶磁器類が使用されたためと考えられる。

2　身体形質の変化

グスク時代に入ると人口が急激に増加し、また形質人類学的にみて琉球弧のヒトの人骨が全体的に頑丈になって身長も高くなり、頭が前後に長頭化するなど、本土の中世日本人と類似してくる。こうした変化から、北からの集団の移住があったとする考えがある（安里、二〇〇三、一〇三）。

この点について、土肥直美は、沖縄現代人の特徴は、過去に遡ってグスク時代までは連続しているが、グスク時代と先史時代（貝塚時代）の間には、明らかな時代差が認められ、それは本土縄文人と渡来系弥生人の違いに匹敵すると述べる（土肥、二〇〇九、三〇九〜三一〇）。

こうした人間集団の移住の起点の中心は喜界島であったと考えられるが、喜界島が九州・本土地域や高麗などの多様な人びとによって構成される交易拠点であったことを考慮すれば、こうした人骨の変化は、九州・本土地域からの、沖縄諸島以南への南下を想定しなくても説明がつく。
人類学の高宮広土は、グスク時代における沖縄諸島の農耕は「頑丈で・背が高く・長頭」という身体の形態的な特徴を持ち、日本祖語系統の言語を話した人びとによる植民によって開始されたとする見解を述べている（高宮、二〇〇五、一八七）。そのように考えれば、沖縄方言および現代沖縄人の身体形質の説明がつくのみならず、「突然」農耕がはじまったことも説明できるとする（高宮、二〇〇五、一八七～一八八）。

ただ、高宮は、植民の時期として八・九世紀～十世紀か、グスク時代直前の十～十二世紀頃を想定しているが、この時期では沖縄方言の成立の時期として言語学者の同意はえらないとする。しかし、二、三～六、七世紀に日本祖語を話す人びとが九州に存在しており、中央では言語が変化したが、周辺では変化しなかったため、変化しなかった言語を使用する人びとが九州から、八、九～十、十三世紀の間に南下して、沖縄諸島に適応した可能性を指摘する◉[26]（高宮、二〇〇五、一九三）。

この高宮の議論は、ヒトの形質の変化、農耕の開始とともに、琉球語の成立の時期も想定している点に特徴がある。琉球語の形成については、安里進もまた、ヒトと文化が日本化すると、当然ながら言語も日本化したと考えられるとし、琉球語は日本語と同系語であるが、その成立時期は考古学からみるとグスク文化形成期と考えたいとし、少なくとも先島の琉球語化は早くとも十一世紀以後に始まったとしか考えられないと述べる（安里、二〇〇三、一〇四）。

北部琉球の縄文晩期並行期から古代並行期の土器文化の変化を指標とすると、たとえば奄美群島で弥生中期後半並行期に、弥生文化の影響を受け、深鉢形土器から甕形土器に転換し、沖縄諸島では古代並行期に同様の変化が起こるが、壺形土器を伴う器種組成は変化せず、在地伝統の土器文化に構造的変化はみられない。弥生土器の要素は受容しているものの、弥生土器文化への転換は起こっていないことになる。つまり、弥生時代並行期以降、貝交易は盛行するが、それに伴ってのヒト集団の移住は考えにくいということである。グスク時代になって琉球弧全域が新たな土器文化によって一新されるようになるまで、琉球弧で日本語と同系の言語を受容した可能性はきわめて低く、南部琉球においては、その受容はさらに遅れたであろう。

したがって、日本語と同系の琉球語が成立するのはグスク時代の開始期より遡ることはできず、琉球弧で日本語と同系の言語が使用された嚆矢になるのは、点的ではあるものの、喜界島に国家的な行政機関が成立した時代であったと考えられる。ただ、グスク時代開始以前でも、奄美群島において喜界島と緊密な関係にあった奄美大島、徳之島などの一部地域で日本語と同系の言語を使用していた可能性はある。

このような考えは、少なくとも八世紀の隼人に対して通訳官の官制が存在したことから（『国造本紀』『続日本紀』）、単なる方言の差ではなく異系の言語が存在していたこと、大和語がこの地方に完全に浸潤したのは八世紀以後のこととしなければならないとする金関丈夫の見解とも対応することになる。

南部琉球においては縄文文化の影響を受けていないことから、グスク時代以前はオーストロネシア語族の世界であったと考えられる。他方、北部琉球は縄文前期並行期に曾畑式土器文化に覆われることになり、この時期には曾畑式土器文化を担う人びとが使用する言語の影響を強く受けたと考えられる。しかし、縄文前期に日本語が成立していたとは考えられず使用言語は不明であり、またこの言語がその後、グスク時代まで継続的に使用されていたかについてもわからない。したがって、グスク時代開始期にいたるまではオーストロネシア語族的要素を多く含んでいたとは言えるものの(大林、一九九一、三六四)、オーストロネシア語族の言語であったと断定することはできない。

3　琉球語をめぐる問題

以上の琉球弧における日本語と同系の言語の使用開始時期をめぐる問題は、仮説的な段階ではあるものの、近年の日本語と琉球語をめぐる比較言語学的研究によっても裏づけられつつあるように思われる。

その概略は図⑨のAとBの違いに端的に示されるが、簡単に言えば、日琉語族が琉球語派と日本語派に分かれるのではなく、日琉語族から九州・琉球語派と中央日本語派に分かれ、九州・琉球語派がさらに琉球(諸)語と九州語に分かれて対峙するという図式である。この仮説を提示している五十嵐陽介は、いくつかの母音の変化、アクセントの変化、語形の改新、意味の変化、九州・琉球同源語などの検討を通して、次のように要約する。

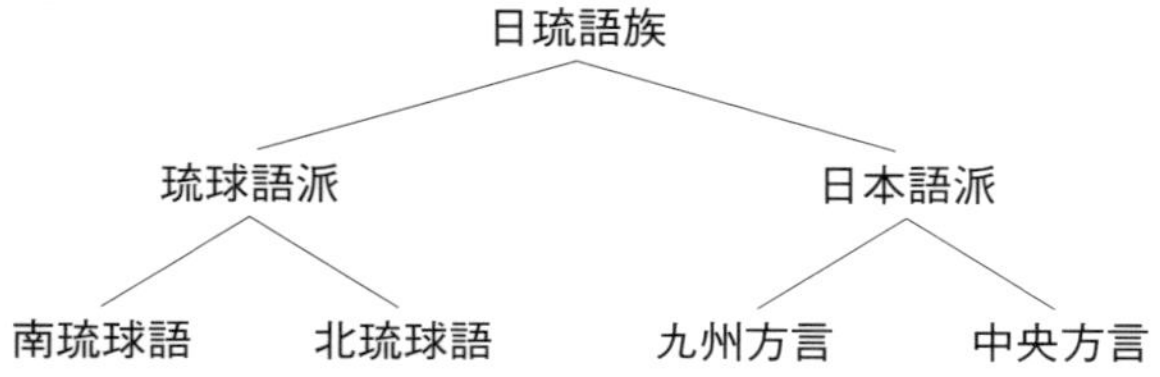

図⑨—A　旧説における系統樹。Pellard（2015）を一部改訂（五十嵐、2016）

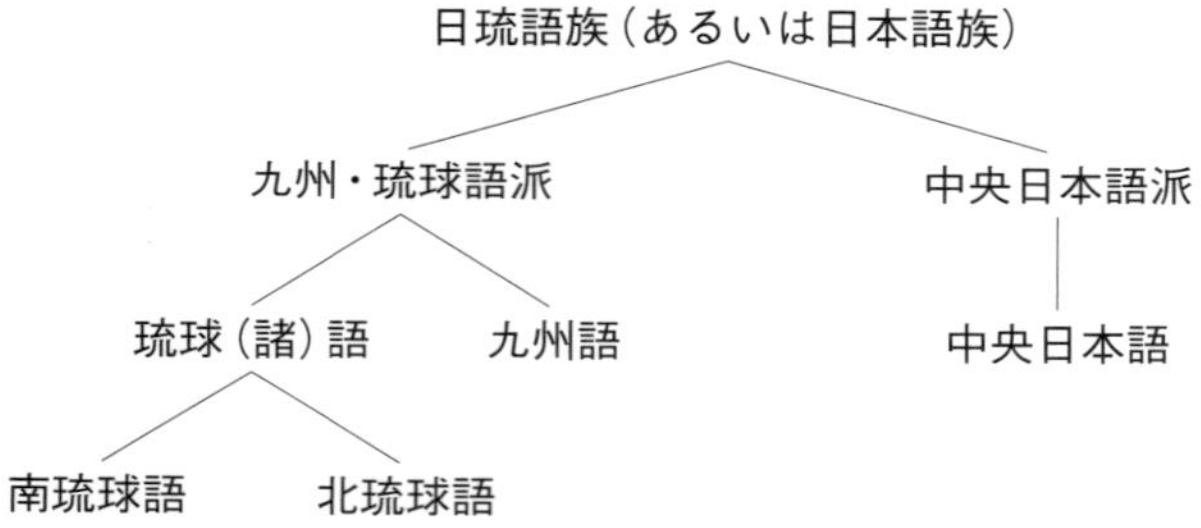

図⑨—B　五十嵐が提案する新しい系統樹（五十嵐、2016）

- 日本語諸方言が共有するとみなされてきた言語改新を九州諸方言の一部が共有していない。
- 琉球語諸方言のみが共有するとみなされてきた言語改新を九州諸方言の一部が共有している。
- これまで報告されていない九州方言と琉球語が共有する改新（語形改新、意味変化、新語発生）も数多くある。
- また、琉球語を除外し、かつすべての現代日本語諸方言を子孫とする「日本語派」なる系統群は成立しないことを強く示唆する。

（五十嵐、二〇一六、一一三）

そして、今後の課題をいくつか挙げているが、その中で次のように述べていることは興味を引く。

奈良時代よりも前に中央語から分岐したのは、九州・琉球祖語であり、この言語は九州で話されていた可能性がある。10C～12Cに琉球列島に移住したのは、九州・琉球語派の一方言の話者であり、この話者の方言が琉球祖語である（すなわち琉球祖語の他からの分岐は琉球列島で生じた）という可能性を検討すべきであろう。したがって、現在の九州方言は、琉球祖語と姉妹関係にある言語（九州語）の末裔であり、九州における言語の取り換えは起こらなかった可能性もある。（当然、九州では中央語との激しい言語接触があったに違いないが。）

（五十嵐、二〇一六、一一三）

これまでの国語学の立場からすれば、九州諸方言は琉球諸語以外の日本語と同一の系統に属するのだから琉球語の分岐は古代以前であり、グスク時代開始期の十一世紀頃ではありえないということであろう。しかし、五十嵐の仮説が正しいとすれば、九州・琉球祖語から琉球語が分岐したのは古代以降であっても一向に構わないことになる。

また、琉球語は日本語に対峙するという点から琉球語の独自性が強調されてきたが、系統樹の上からみれば、中央日本語派に対峙する九州・琉球語派、さらにその下位の分類である九州語と琉球語というレベルでの対峙にすぎないことになる。

4　琉球弧における穀物栽培と製鉄の展開

琉球弧で穀物栽培が行われるようになるのは、グスク時代開始期の十一世紀以降とするのが現在の研究状況であろう。そして、沖縄諸島よりも奄美群島の方が早くから穀物栽培が始まっていたことが明らかになりつつある。

喜界島の城久遺跡群、奄美大島の赤木名遺跡、名護市の屋部前田原《やぶまえだばる》貝塚、読谷《よみたん》村のウガンヒラー北方遺跡、北谷町の小堀原《くむいばる》遺跡の土壌サンプルからフローテーションによって採取された炭化種子の炭素14年代測定法による年代が、高宮広土によって報告されているので以下に掲げたい（高宮、二〇一五）。いずれも半減期の補正、炭素14の生成量の変動補正を行った値である。

・城久遺跡群（山田半田遺跡）……イネ二粒（ＡＤ一〇一八～一一五五、ＡＤ九四五～一〇二七）、オオムギ一粒（ＡＤ一〇二一～一一五〇）
・城久遺跡群（前畑遺跡）……イネ一粒（ＡＤ九三五～一〇二〇）、オオムギ二粒（ＡＤ一一四七～一二二七、ＡＤ七六八～八七九）
・城久遺跡群（小ハネ遺跡）……イネ一粒（ＡＤ一一四七～一二二七）、コムギ一粒（ＡＤ一〇一六～一一五五）、オオムギ一粒（ＡＤ九七二～一〇四七）
・赤木名遺跡（奄美市笠利）……イネ三粒（ＡＤ一〇二九～一一五七、ＡＤ一〇二九～一一六五、ＡＤ一一一八～一二二五）
・屋部前田原貝塚（名護市）……イネ（ＡＤ一〇一八～一一五五）、コムギ（ＡＤ九六九～一〇四五）、オオムギ（ＡＤ一〇二四～一一五五）
・ウガンヒラー北方遺跡（読谷村）……イネ（ＡＤ一〇二一～一一五五）、コムギ（ＡＤ九九〇～一〇五七）、オオムギ（ＡＤ一〇二一～一〇五七）
・小堀原遺跡（北谷町）……アワ（ＡＤ一〇三一～一一七〇）、オオムギ（ＡＤ九六七～一〇四〇）、イネ（ＡＤ一〇六二～一一五五）

以上の報告をしている高宮は、城久遺跡群から琉球弧で最古の栽培植物が検出されたこと、その年代が八～十一世紀であったこと、炭素14の年代が沖縄島より喜界島のほうが古い値を示すことから、農耕は北の奄美群島から南の沖縄諸島へと拡散したことが明らかになったとする◉[27]（高宮、二〇一五）。

また、製鉄についても、喜界島・手《て》久津久《くづく》の崩《くず》り遺跡から鉄滓、炉壁片が出土し、共伴遺物に滑石製品があることから十二世紀には製鉄が行われていたことが明らかになった。鍛冶炉では炉壁を持たないという。これは琉球弧でははじめての製鉄炉であり、熊本県の有明海沿岸で発掘された大藤一号谷遺跡や狐谷遺跡の小型製鉄炉がそのモデルであり、有明海沿岸地域の諸勢力との関係があってはじめて築造できたものとされる。製鉄炉は朝鮮半島の技術的な系譜を引くものであるという（村上、二〇一五）。

十二世紀を中心とする段階の城久遺跡群では、鍛錬鍛冶滓、鞴羽口が、玉縁口縁を持つ白磁（大宰府Ⅳ類）、カムィヤキ窯産須恵器、滑石製品とともに出土し、複数の掘立柱建物の遺構を伴う。こうした遺物、遺構の構成は沖縄県北谷町の後兼《くしかね》久原《くばる》遺跡で確認されていたが、近年では沖縄各地で散見されるという。しかし、これらの遺跡は、喜界島の城久遺跡群の鉄器生産の規模に及ぶものではなく、したがって、城久遺跡群が沖縄の「後兼久原類型」と呼ぶべき鉄器生産の模範になったことは十分に想定でき、グスクの造営、軍備など鉄の必要性を増す琉球国成立前夜に喜界島が担った役割は計り知れないという（村上、二〇一五）。

これらの穀物栽培、製鉄に関する遺物、遺構の発見によって、喜界島の城久遺跡群を営んでいた人びとが中心となって沖縄諸島以南に南下し、グスク時代が幕を開けたとする仮説が、より一層確かなものになったのである。そして、喜界島から沖縄諸島以南に展開した人びとが初期段階に拠点とした地域は、こうした遺物や遺構が残されている場所であったと考えられる。

沖縄島で、最初からグスク土器のみが使用される場合と、グスク土器とくびれ平底土器が並存する場合があることを考えれば、交易拠点にはふたつのタイプがあったと考えられる。最初からヤコウガイなどの捕獲要員を伴って移住した場合と、捕獲要員を伴って移住しつつも、在地の人びとにも調達を依存する場合である。後者の場合であっても、渡来者集団と在地集団は共生関係にあったというよりも、製鉄・穀物栽培技術や、グスク時代以降に飼育が始まる馬の利用など、より高文化を持っていた渡来者集団のもとに従属することになったと考えられる。

いずれにしても、十二世紀以降の沖縄県北谷町の後兼久原遺跡を代表例としてみても、移住者の拠点は小規模なものであったと考えられる。

第三章　グスク時代の沖縄社会

一　グスク時代の交易ネットワーク

1　交易ネットワークの変容——喜界島への従属から自立へ

沖縄諸島以南への喜界島からの移住が、ヤコウガイなどの南海物産の調達を主な目的として行われたとすれば、沖縄諸島以南の調達・交易拠点と喜界島の交易拠点は密接に結ばれていたと考えられる。

喜界島の城久遺跡群の最盛期である第Ⅱ期が十一世紀〜十二世紀末まで継続することは、十一世紀以降の、南海物産の調達地が奄美群島から沖縄諸島以南へ展開した後も、依然として喜界島が拠点地域であったことを示唆している。奄美大島のヤコウガイ大量出土遺跡が十一世紀で終焉を迎えてもなお一世紀近く城久遺跡群の最盛期が続くのは、沖縄諸島以南の地域が調達地になったからであろう。それはまた、九州と奄美群島を結ぶ交易ネットワークが、従来は細い流れであった沖縄諸島以南へと伸延したことを意味する。

こうして九州から奄美群島を経て沖縄諸島以南にいたる交易ネットワークが構築されることになる。

しかし、この喜界島と沖縄諸島以南との間の交易の強い結びつきは、十三世紀代には失われることになる。沖縄島の人びとが独自に交易を行うようになるからである。

中国産陶磁器の沖縄島への流入状況を指標としてみると、十三世紀後半以降、陶磁器の分布からわかるように、それ以前の北からの流入とは異なり、沖縄島の勢力が独自に中国との交易を開始することによって、福建産の粗製白磁（今帰仁タイプ、ビロースクタイプと呼ばれる白磁碗）が流入するようになる（金武、一九八八・二〇〇九）。今帰仁タイプは、十三世紀後半から琉球へ流入し始め、ピークになるのが十三世紀末〜十四世紀初めで、共伴遺物はビロースクタイプ、青磁縞蓮弁文碗、青磁弦文帯碗、青磁酒会壺などであるという。ビロースクタイプはⅠ〜Ⅲに分類されるが、ⅠとⅡは十三世紀末〜十四世紀初、Ⅲは十四世紀半ばから琉球に流入し始める。ビロースクタイプⅢの時代は十四世紀半ば〜十五世紀初である（金武、二〇〇九）。

ビロースクタイプのⅢが出土するようになる十四世紀半ば以降は、ビロースクタイプⅢの白磁碗に限らず、沖縄島では中国産陶磁器を大量に受容し、また優品を含むというように、質、量ともに急激に変化することになる。

十三世紀半ば以降は、このように沖縄島で独自に交易が開始されるが、十四世紀半ば以降に比べると、中国産陶磁器に関しては、種類は限定的であり、受容量も多いとは言えない。この点から、沖縄島の交易者が中国に渡航して交易を行っていたとする考えに否定的な見方がある（田畑、二〇〇〇）。また、流通する中国産陶磁器の種類に斉一性がある場合、売り手側に交易の主導権があり、かつ流通機構が複雑でない傾向が強いとされる（亀井、一九八六）。

いずれにしても、十三世紀半ばから沖縄島で独自に交易が開始される事実は、遅くともこの頃までには、喜界島を拠点とする交易ネットワークから独立し、自立的な交易主体が形成されたことを意味する。なお、この点は、後の歴史の展開を考えれば重要である。第一尚氏の尚徳王（『琉球神道記』では尚泰久王とする）の時代に、琉球王府が喜界島の征討にしばしば赴き、ついに一四六六年に征討に成功した事件にみられるような琉球王府と喜界島の対立の萌芽は、この時にあったと言わなければならないからである。

喜界島の城久遺跡群の編年は、第Ⅱ期が十一世紀後半〜十二世紀、第Ⅲ期が十三世紀後半〜十五世紀とされるが、まさに第Ⅲ期の開始期が沖縄諸島の人びとが独自に交易を始める時期に対応している。そして、その終末の十五世紀とは、一四六六年の尚徳が喜界島を征討する時期に符合する。

また、喜界島の管理下にあったと考えられる徳之島のカムィヤキも、焼成が堅緻なA群と軟質なB群に分けられるが、A群は十一世紀後半代の中国陶磁器と共伴し、十二世紀後半代〜十三世紀前半代にはA群とB群が混在し、十三世紀中頃〜十四世紀代にはB群が独占的に出土することは、すでに紹介した。ここでも、十三世紀半ばからB群のみが流通するようになることが、こうした問題と関係していると考えられる。

2 「千竈文書」と奄美群島

喜界島と沖縄島の交易ネットワークの問題を考えるうえで、「千竈《ちがま》文書」は重要な意味を持つ。「千竈文書」とは、嘉元四年（一三〇六）四月十四日、薩摩国川辺《かわなべ》郡の地頭代官である千竈時家が、所領の分譲に際して作成した財産譲与状である。この川辺郡は、鎌倉幕府の執権北条氏の家督の所領（得宗領）であり、その所領の中心である薩摩国川辺郡に、奄美諸島の島嶼地域が含まれているのである。千竈氏とは、尾張国千竈郷を本貫とする御家人の出身で、いつの頃からか北条執権の得宗の被官となり、得宗領薩摩国川辺郡の地頭代官兼郡司となって下向した武家だという。

その「千竈文書」による所領の相続人は、男子三人、女子二人、配偶者二人である。長男貞泰には「くち五嶋、わさのしま、きかいかしま、大しま、八うのつ（坊津）」を、次男経家には「ゑらふのしま」を、三男熊夜叉丸には「七嶋、大とまりの津（大泊津）」を、長女姫熊には「とくのしま」を、次女弥熊には「やくのしまのしものこおり」を譲与することになっている。

この史料を紹介している村井章介によれば、島が相続財産として出てくるのは珍しく、またこの処分状には坊津、泊などの薩摩半島西南端の湊も出てくることから、千竈氏のかかわっている琉球方面にまでいたる交易の拠点や中継地としての経済的価値の譲与を意味しているのではないかという（村井、二〇〇八）。

この財産譲与状は一三〇六年に作成されたものであるが、この時点でそれぞれの島が財産譲与の対象になっているということは、それよりも遡る時期から千竈氏によって財産とみなされていたと考えられる。

このように見てくると、沖縄島で交易が独自に行われるようになるのは、沖縄島の自立性が強まったことも理由であろうが、それとともに喜界島、奄美大島、徳之島に対する交易の制約が大きくなったことも要因になっていたと考えられる。仮にこれが事実とすれば、島の持つ「交易の拠点や中継地としての経済的価値」だけではなく、より実質的な制約をともなう所領としての意味を持っていたことになる。

「金沢文庫」に収蔵されている十四世紀前半頃の日本地図は、龍で囲まれた内側が外側と分けられ、龍体の内側に描かれている陸塊は日本を、龍体の外側に描かれた六個の陸塊は外国を意味する。外国として描かれた六個の陸塊のひとつに「龍及国宇嶋、身人頭鳥。雨見嶋、私領郡」と注記があり、「龍及国」と「雨見嶋」の地名から、この陸塊は琉球弧であることがわかる。「宇嶋」とは「ウーシマ（大島）」、つまり「龍及国宇嶋」とは「琉球国大島」であり沖縄島のことであるという（黒田、二〇〇三）。「雨見嶋、私領郡」は、文字通り「雨見嶋」は「私領」であると理解して問題ないように思われる。

十三世紀半ばから沖縄島が独自に交易を始めることを、沖縄島だけの問題としてみるのではなく、奄美群島の政治状況とのかかわりの中で考える必要がある。それとともに、琉球国成立後の琉球国と奄美群島の関係の起点になった可能性についても考慮すべきである。

二　十四世紀代の社会変化

1　大型グスクの時代

十四世紀代の沖縄島社会では大きな変化が起こる。大型グスクが造営され始めるのである。グスクと一概に言っても石垣構築されたきわめて小規模な施設から、首里城、浦添グスク、勝連グスク、今帰仁グスクなどに代表される城塞型の大型グスクまであり、また石垣を持たない施設、場合によっては海食によって形成された岩塊群がグスクと呼ばれることもある（仲松、一九九〇）。グスクという言葉によってイメージされる「城」としてのグスクは多くない。グスクの起源については聖域説、按司住居説、集落説など諸説あるが、実際の多くのグスクに適用できるのは聖域説である。

また、グスク時代に入るとグスクが建造され始め、それが徐々に城塞型の大型グスクへと発展していくと考えられているが、これは誤りである。池田榮史が作成した「各グスクの消長」〔図⑩〕に

	首里城正殿	今帰仁城正殿	勝連城	浦添城
12世紀以前			第Ⅰ期 （居住地）	
12世紀				
13世紀前半				
中頃			第Ⅱ期 （13c代／居住地）	
後半				
14世紀前半		第Ⅰ期 （13c末～14c初 ／掘立柱建物）		第Ⅰ期 （13c末～ 14c初 ／野面積石垣 ／掘立柱建物）
中頃	第Ⅰ期 （14c代／高麗瓦）	第Ⅱ期 （14c前～中／石垣 ・基壇建物出現）	第Ⅲ期 （14c代／石垣出 現）	
後半		第Ⅲ期 （14c～15c前／ 礎石建物）		第Ⅱ期 （14c後～15c初／ 高麗瓦建物）
15世紀前半	第Ⅱ期 （基壇建物）		第Ⅳ期 （14c代～1458／ 高麗瓦・基壇建 物）	
中頃	（志魯・布里の乱 〔1453〕で焼失）			第Ⅲ期 （規模縮小）
後半	第Ⅲ期 第Ⅳ期			第Ⅳ期
16世紀前半	第Ⅴ期 （15c後～16c前）	第Ⅳ期 （15c前～17c中）	第Ⅴ期 （15c～16c）	
中頃				
後半				第Ⅴ期
17世紀以降		第Ⅴ期		

図⑩　各グスクの消長（池田、2015）

みるように、大型グスクは十四世紀代に建造され始め、十四世紀半ば頃を画期にして構造化されるのである。構造化とは大規模な土木工事による城壁の整備、基壇建物の造営が行われることを指す。ここでは主に十四世紀代～十五世紀前半の各グスクの様相について取り上げる。

最も出土資料の多い今帰仁グスクの主郭の場合、地山整形による平場造成が行われ、掘立柱建物（柱穴群から四間×六間の建物と推定されている）と、この建物を取り囲むように柵列が設けられた時期（第Ⅰ期）が十三世紀末～十四世紀初めであるという。そして、第Ⅰ期の遺構の上に盛土し、平場を造成した上に翼廊付基壇建物を建造し、平場を囲む城壁が造られるのが十四世紀前半～十四世紀中頃である（第Ⅱ期）。第Ⅱ期の遺構を埋めて平場面積を拡張し、礎石建物が建造されるのが十四世紀代～十五世紀前半にかけての時期である（第Ⅲ期）（池田、二〇一五、二七一～二七二）。

浦添グスクでは、本格的な造成工事は行われずに、野面積みの低い石垣と掘立柱の建物が造られるのが十三世紀末～十四世紀初である（第Ⅰ期）。十四世紀後半～十五世紀初頭にかけての第Ⅱ期になると、土木工事による大規模な整地が行われ、一部の建物は瓦葺きになるという。第Ⅲ期はグスクの規模が急速に縮小する（池田、二〇一五、二七二～二七三）。

首里城の正殿の場合、高麗系瓦葺きの建物が建造されるのが十四世紀代（第Ⅰ期）である。その遺構を削平した上に基壇建物が造られるが、その時代は不明である。ただ、一四五三年の志魯《しろ》・布里《ふり》の乱で火災によって焼けたとみられる基壇正面の化粧石が認められることから、それ以前に基壇が造営されていたことになる（池田、二〇一五、二七〇～二七一）。

勝連グスクでは、造営される前段階としてグスクの立地する丘陵を居住地として利用していた時代があり、それが十二世紀以前（第Ⅰ期）と十三世紀代（第Ⅱ期）とされる。その後、十四世紀代に、丘陵の整地が行われ、城壁の一部が出現する（第Ⅲ期）。次いで十四世紀代から阿麻和利《あまわり》の滅亡（一四五八年）までの第Ⅳ期は、グスクの構造が完成する段階であり、二の郭に基壇を伴う礎石建物が建造され、一の郭には高麗系瓦葺きの建物が建造される（池田、二〇一五、二七二）。

なお、これらの大型グスクの中で高麗系瓦が用いられているのは、浦添グスク、首里城、勝連グスクの「一の郭」である◉28。

以上のように、おおむね十四世紀代以降、大型グスクの造営が始まり、十四世紀半ば頃以降に構造化が進むことになる。

大型グスクの大規模な拡張工事を行うためには、莫大な財の蓄積とともに、土木・建築技術者、瓦工など多くの技術者集団や労働力などを差配できる存在が必要となる。

2　大型グスクの造営と交易社会の形成

十四世紀代が、城塞型の大型グスクの画期になることと、先に述べた中国産陶磁器を指標とした沖縄島の交易活動が無関係とは考えにくい。

大型グスクの造営が始まるのは十四世紀代、ことに浦添グスクや今帰仁グスクでは十三世紀末～十四世紀初にかけての時期であるが、この頃は、中国産陶磁器の受容量は少ないとはいえ、今帰仁タイプの流入が十三世紀後半に始まり、十三世紀末~十四世紀初にピークを迎え、ビロースクタイプⅠ・Ⅱも流入するようになる。

また、十四世紀半ばになると大型グスクは構造化されるようになるが、中国産陶磁器で見るとビロースクタイプⅢが流入するようになるだけではなく、優品を含む中国産陶磁器が大量に流入するようになるのである。

こうしてみると今帰仁タイプの受容がピークを迎え、ビロースクタイプⅠ・Ⅱが流入するようになる十三世紀末~十四世紀初に大型グスクの造営が始まり、中国産陶磁器を大量に受容するようになる十四世紀半ば以降に大型グスクの構造化が始まるという対応関係を認めることができる。

つまり、十四世紀代以降の大型グスクの造営は、交易が活発化することによって開始されたのである。それは、沖縄島が「交易社会」になったことによる変貌である。

十四世紀半ば以降に中国産陶磁器の流入が急増する大きな要因は、後述するように、明の洪武帝が楊載を琉球に派遣して朝貢を招諭し、それに応じて琉球国中山王・察度《さつと》（一三七二年）を皮切りに、山南王・承察度《しようさつと》（一三八〇年）、山北王・帕尼芝《はにじ》（一三八三年）、山南王叔・汪英紫氏《おうえいじし》（一三八八年）が朝貢を開始するようになったことである。

ただ、今帰仁グスクが、第Ⅰ期の遺構の上に盛土し、平場を造成した上に翼廊付基壇建物を建造し、平場を囲む城壁が造られるのが十四世紀前半~十四世紀中頃（第Ⅱ期）とされるように、すでに十四世紀前半の段階で、ある程度、構造化が進んでいると考えられる大型グスクもある。浦添グスクで構造化が進むのは十四世紀後半であるが、浦添ようどれに高麗系瓦葺きの建物が造られるのは、高麗系瓦の「癸酉《みずのととり》年高麗瓦匠造」の銘の「癸酉年」が一三三三年で確定したように[29]（池田、二〇一二）、十四世紀前半である。これらの事例に見られるように、大型グスクやそれに関連する建造物の様相から考えて、十四世紀前半の段階において従来の社会の動きに比べて活発化していると考えられる場合がある。後者は、瓦工などの技術者を含む人びとの高麗からの移住を示す事例である。

十四世紀になるとグスク時代開始期に導入された稲をはじめとする穀物栽培が徐々に拡大していった。この農業の進展も、沖縄島社会の変化に一定の役割を果たしたことは否定できないが、それ以上に他地域との交流、交易が一段と進展していたことが要因にあったと考えられる。

三　南島路の活況

1　日中を結ぶ「南島路」

十四世紀代の沖縄社会の変化は、沖縄島が独自に中国との交易を始めたことによると考えられるが、それとともに考えなくてはならないのは沖縄諸島と九州・本土地域との関係である。

十四世紀代は、中国では元明交代期であり、九州・本土地域は南北朝の動乱の時代である。

この頃に、日中間の主要航海路として、従来の博多と明州（寧波）を結ぶ「大洋路」とともに、肥後高瀬（現・熊本県玉名市）から、薩摩、沖縄諸島を経由し中国の福建へといたる「南島路」が存在感を高めることになる。中国の元明交代期頃以降の入元僧、入明僧の渡海ルートとして、大洋路のほかに南島路が何例も確認できるのである（榎本、二〇一〇）。南島路においても肥後高瀬は陸路で博多と結ばれていたようであり、たとえば一三六八年、日明交渉に重要な役割を果たした絶海《ぜっかい》中津《ちゅうしん》は博多からわざわざ高瀬に移動して入明していたという（榎本、二〇一〇）。

この交易路は、十五世紀後半にいたっても利用されていた。

一四七七年、済州島民が朝鮮に柑橘類を朝貢する際に嵐に遭い、与那国島に漂着し、金非衣ら三人が与那国島の漁民に救助され、先島から沖縄島に転送される。一四七八年に朝鮮に送還されることになるが、この時も、肥後高瀬へと向かう航路が使用されているのである（『朝鮮王朝実録』）。その時のルートをみると、博多から琉球国に来ていた商人・新四郎の船に便乗して帰ることになるが、琉球を出発して四日後に薩摩に着き、そこで別の船に乗り換えて「打家西浦」に着く。ここから陸路で、二日で博多に着き、そこからさらに壱岐島、対馬島を経由し、朝鮮の塩浦に到着している。この「打家西」は「高瀬」であろう。ここでも肥後高瀬から博多までは陸路なのである。

この十四世紀代の南島路の隆盛は沖縄社会にも大きな影響を与えたに違いない。浦添ようどれに「癸酉年高麗瓦匠造」（「癸酉年」は一三三三年）の銘を持つ高麗系瓦葺きの建物が造られたことにも、この南島路が活況を呈することによってモノや人の移動が活発化したという背景があったと考えることができる。南島路は入元僧、入明僧の渡航路から元明交代期頃以降に頻繁に利用されるようになったとされるが、その前段階においても、肥後高瀬を起点としていたかどうかは別にしても、九州西・南部と沖縄島を結ぶ航路は活発に利用されていたであろう。南島路は十三世紀半ば以降に成立した琉球〜福建のルートに肥後高瀬〜薩摩〜琉球のルートを接続させたものである。南島路が確立するにともなって東シナ海世界における「琉球」の存在意義は徐々に上昇することになる。[30]

2　朝貢以前の交易品

馬

この南島路の隆盛の背景には何があったのだろうか。確かに、琉球の三山時代（沖縄島が三つの国に分かれていたとされる時代）に、各王が明の洪武帝に朝貢するようになったことも大きな要因であろうが、それ以前から沖縄を経由して日中を結ぶ航路は重要な役割を担っていたと考えられる。

琉球から明の洪武帝への朝貢品として、朝貢の初期の段階からすでに馬と硫黄という軍需物資が見られる。

馬の朝貢記録は、琉球国中山王・察度の朝貢が始まった二年後の『明実録』洪武七年（一三七四）には「琉球国中山王察度、遣其弟泰期等、奉表貢馬及方物」とある。また、洪武十年（一三七七）には、中山王察度が泰期を使者として朝貢し、馬十六匹、硫黄一千斤を朝貢品としている。この前年の記事には「刑部侍郎李浩、還自琉球、市馬四十匹硫黄五千斤」とある（『明実録』）。

朝貢記事ではないが、洪武十六年（一三八三）には「内官梁珉、以貨幣往琉球、得馬九百八十三匹」とあり、九八三匹もの馬を沖縄島の市馬で購入した記事がある。

需要側の明からみれば、建国当初、揚子江一帯に位置していたことから軍馬が少なく、馬を必要としていたことがわかるが（曹、一九九二）、供給側の琉球に、なぜそれほどの馬が存在していたのかという疑問が残る。

この問いに対する回答として、十四世紀代の沖縄諸島において馬を生産・育成する「牧」が拡大していたことが背景にあるとする考えはすでに述べたことがある（吉成、二〇一五）。これは、従来、「原始（血縁）共同体」を意味するとされてきた「マキ」「マキヨ」が、実は「牧」を意味するのではないかという大林太良の指摘を踏まえてのものであった（大林、一九九五）。仲松弥秀は「マキ」を「血縁集団と、その村落名」とすることに躊躇し、「同一御嶽の氏子集団」（仲松、一九九〇、二〇一二）と定義し直している。それは、「マキ」が血縁集団とは必ずしも言えないことが理由である。

ただ、中国に供給された馬が、沖縄諸島の牧で生産・育成された馬ばかりではなく、南島路を利用して九州などから沖縄島に運ばれてきた可能性も考慮すべきであろう。

馬が朝貢当初から朝貢品に含まれ、また夥しい数の馬が市馬で購入されているのは、それ以前より沖縄島から馬が中国に供給されていたことを示唆する。戦闘において元に対抗するために、また明の成立後もモンゴルは依然として勢力を残しており、それに抗するために馬が必要であったのである。

沖縄島から供給される馬を琉球の在来馬であったとする考えもあろう。しかし、日本の在来馬とされる八種類の馬（与那国馬、宮古馬、トカラ馬、対州馬、御崎馬〔宮崎県〕、野間馬〔愛媛県〕、木曾馬〔長野県〕、北海道和種馬）は、馬ゲノム（DNA）解析などからすべて同一系統であり、同一のルーツを持つと考えられている。古墳時代以降に朝鮮半島からもたらされた馬なのである（小林、二〇〇五、四）。

沖縄諸島以南で馬が導入され、飼育・育成されるようになるのはグスク時代の開始期から間もない時期だったと考えられる。馬の出土遺骨が、滑石製石鍋（十一世紀半ば〜十二世紀）やカムィヤキなどと共伴していることからの推定である[31]（長濱、二〇一二）。トカラ馬、宮古馬、与那国馬などは、すべてグスク時代開始期以降に、北から琉球弧に広く拡散したのである。馬の近縁性が、飼育されている馬の地理的近接性に比例していることを考えれば（小林、二〇〇五、四）、琉球弧に持ち込まれた馬は同一種類の馬で、それがそれぞれの地域で歴史を経る過程で、現在見ることのできるような特徴を持つにいたったと考えられる。

では、そのように馬を携えて琉球弧に展開したのはどのような人びとだったのだろうか。

そもそも馬を船で輸送するのは簡単なことではない。多様な技術を必要とするのである。

長濱幸男は、洪武十六年（一三八三）、明の梁珉が九八三匹もの馬を琉球の市馬で購入した記事についてふれ、この購入馬の輸送は中山王府が負わされていたとしたうえで、輸送のためには次のような集団を必要としたとする。第一に、日頃から馬扱いになれている、第二に、多くの馬を集めて牧で飼育している、第三に、馬の去勢技術を持ち合わせ、馬の船舶輸送や集団行動ができるように調教訓練が行える。こうした集団の存在なくしては九八三匹の謎解きはできないとし、「その集団とは倭寇集団が考えられる」（長濱、二〇一二、一三）と述べている。

ここで倭寇集団が取り上げられるのはそれなりの根拠があってのことである。倭寇と馬の結びつきは緊密であり、朝鮮半島を侵略する際に倭寇が「騎馬隊」を編成していたことは知られている。たとえば、倭寇の根拠地のひとつになっていた韓国・済州島には牧があり、倭寇に多くの軍馬を供給していたという（高橋、一九九二）。

こうした見方が正しいとすれば、琉球弧に馬が広く拡散したのは大型グスクが造営されるようになる十四世紀代と考えるのが妥当である。大規模な騎馬軍団を形成するのが一三七〇年代～八〇年代だとしても（村井、二〇一三）、伝統的に馬と馴染んできた人びとが、もともと倭寇の一部を構成していたと考えるべきであろう。

ここでグスク時代の戦闘についてひと言ふれておきたい。

城塞型の大型グスクから日本式の甲冑の一部——甲冑金具や小札《こざね》など——が出土している。勝連グスクで小札とともに出土した鞐《こはぜ》（引き合わせの紐を締める金具）は、大型で先を切る古様なかたちをみせ、十四世紀に遡るという。その他にも首里城、浦添グスクからも甲冑金属などが出土しており、時代はおおむね南北朝時代から室町前期に位置づけられるようである（久保、二〇一〇）。大型グスクからの武器、武具の出土が少ないことを指摘する向きもあるが、金属片などは貴重品であり、再利用したと考えるのが当たり前であるから、武器、武具の出土遺物が少ないことから戦闘があまりなかったという結論を導くことはできない。

琉球が明の洪武帝に朝貢を開始してから、沖縄側が一体何を欲しがっていたかを知ることのできる史料がある。

『明実録』洪武七年（一三七四）の次の記事である。

命刑部侍郎李浩及通事深子名、使琉球国、賜其王察度文綺二十匹陶器一千事釜十口、仍令浩以文綺百匹紗羅各五十匹陶器六万九千五百事鉄釜九百九十口、就其国市馬。

回賜の品として、文綺（模様を織り出した絹織物）二十匹、陶器一千、釜十口、さらに文綺百匹、紗羅（それぞれ薄絹織物）各五十匹、陶器六万九千五百、鉄釜九百九十口を明が与えている。また、李浩は琉球で馬四十匹と硫黄五千斤を入手し、中山王・察度の使者泰期を従えて帰国したことが『明実録』洪武九年（一三七六）の記事にみえる。李浩は、琉球では絹織物を貴ばず、陶器や鉄釜を貴ぶと述べており、これらの品物を琉球ではいかに欲しがっていたかを述べている。

ここで出てくる「鉄釜」（鉄の鍋）とは、別の鉄製品を製作するために再利用されることになる材料である。製鉄が行われていたとはいえ、このようにして調達しなければならないほど鉄は不足していたのである。絹織物は貴ばず、陶磁器と鉄釜を貴ぶという文言は、その辺の事情をよく物語っている。
したがって、大型グスクから武器、武具の出土量が少ないことを理由に軍事的な抗争がなかったとは言えないのである。

硫黄

硫黄もまた、先に掲げた洪武十年（一三七七）の記事から、朝貢当初からの朝貢品であることがわかる。硫黄は黒色火薬の原料になったからである。これもまた軍需物資である。馬と同様、硫黄もまた朝貢を開始するまでの時期においても、沖縄島を中継地として中国へ供給されていたと考えられる。

火薬は道家による練丹術の中で唐代後半に発明されていたが、宋代に入ると火薬の兵器への利用が拡大し、硫黄の需要が急増することになったという（山内、二〇〇九、一一九〜一二〇）。黒色火薬は硝石、硫黄、木炭粉を原料とする。硝石は自国で賄えたが、硫黄は火山地帯で産出されるため自国外へ依存せざるを得なかったのである。その大きな供給地として日本があった。

この硫黄の供給にとっても南島路は重要な役割を担っていたと考えられる。南島路の航路を考えてみると、薩摩にはきわめて良質な硫黄を産出する硫黄島があり、奄美群島・徳之島の西方洋上には硫黄鳥島がある。南島路は「硫黄ルート」と言ってよい航海路なのである。硫黄は元明交代期にあった中国においては重要な物資であったと考えられる。

硫黄の中国への供給の様相は『歴代宝案』に窺うことができる。『歴代宝案』からは一四二〇年代以降の朝貢品と国王名義の附搭貨物の量を知ることができるが、硫黄は一四二〇年代～一五一〇年代にかけての十年単位でみれば、二万～四万斤（最大は一四四〇年代のおよそ四万六〇〇〇斤）で推移し、一五二〇年代～一六〇〇年代には、一万斤以下になっているという（岡本、二〇一〇、二〇～二一）。十六世紀においても依然として琉球から硫黄が供給されているのである。

琉球にとって硫黄の重要な産地である硫黄鳥島は、奄美群島の一角を占める徳之島の西方洋上六十五キロメートルのところにあるが、「千竃文書」の財産譲与状の中には硫黄鳥島に相当する島が出てこない。譲与の対象外であったということは、すでに琉球が支配したことを意味するのだろうか[32]。

これまでみてきたように、馬や硫黄という交易品が南島路を経由し、中国の福建へと運ばれたものと考えられる。沖縄諸島はそうした物資の交易の中継地、あるいは供給地として重要な意味を持っていたのである。つまり、沖縄社会における交易の活発化は、琉球国中山王・察度が洪武五年（一三七二）に明の洪武帝に朝貢を開始した時から始まるのではなく、それ以前から始まっていたと考えられるのである。十四世紀前半には大型グスクの中には構造化が始まるものもあり、また高麗系瓦葺きの建物が浦添ようどれに造られるのは、そのことを示すものと考えられる。

沖縄島で十四世紀代に一斉に城塞型の大型グスクの形成が進み、いずれも防御に適した場所に立地していることは、沖縄島社会が軍事的な抗争の場になったことを意味する。沖縄島社会を取り巻く東アジア世界の政治状況の変化にともなう交易の活発化を考えると、こうした動きは、外部からの刺激によってもたらされたことになる。[33]

「外部からの刺激」がどのような人びとによるものかについては、言うまでもなく海商たちを第一に考えるべきであるが、それとともにやはり倭寇(的勢力)を考えなければならない。交易路が活発化すれば、海商たちとともに海商と表裏一体の倭寇勢力も蝟集し、沖縄島を拠点とする勢力が生まれるのは当然の帰結である。

鶴田啓は、前期倭寇の勢力の総体を、状況証拠からの想定としたうえで次のように説明する。①対馬・壱岐・松浦地方の住民。倭寇のすべてが対馬関係者であったとは考えられないが、その中心の一つであったことは間違いない。②南北朝の動乱にともなう従来の秩序の流動化によって発生し、当時「溢れ者」「悪党」などと呼ばれた、既存の秩序に服さなくなった九州の武士たち。③高麗国内の反政府勢力、あるいは中央政府の統制から相対的に独自に動くようになった地方勢力。また、襲撃や略奪、地方役所の内陸部移転などによって実際に流民・流賊とならざるをえなくなった人びと(鶴田、二〇〇六、一〇)。ここでは、高麗の反政府勢力や中央政府の統制から独自に動くようになった地方勢力なども含まれていたことに注目しておきたい。

城塞型の大型グスクに使用される高麗系瓦にみられるように、瓦工をはじめとする高麗の人びとも元の勃興による高麗支配という混乱の中で、倭寇的な勢力の一部として沖縄島に渡来したことは十分に考えられる。倭寇の活動が活発化し、「倭寇」という言葉がはじめて史料に現れるのは『高麗史』の一三五〇年の記事であるが、それ以前から倭寇的な人びとが活動していたことは、「倭、〇〇（地名）ヲ寇ス」事件が古くから記録されていることから窺い知ることができる。こうした倭寇の活動を十四世紀後半に限って考える必要はないであろう。

また、前期倭寇の時代には倭寇が活動したのは朝鮮半島ばかりではなく、中国の沿岸南部にまで及んでいた。『明史』「日本伝」の洪武二年（一三六九）の記事に「日本王の良懐命を奉ぜず。また山東を寇し、転じて温・台・明州の旁海の民を掠し、遂に福建沿海の郡を寇す」とあるように、この時期には福建沿海まで侵入しているのである。また、『明史紀事本末』「沿海倭乱」には「是より、元末、瀕海海盗起る。張士誠・方国珍の餘党、倭寇を導きて海上に出没す。民居を焚き、貨財を掠む。北は遼海・山東より、南は閩・浙東・粤に抵る。浜海之区、歳として其害を被らざる無し」とある（太田、二〇〇四）。

『明史』の記事の「日本王の良懐命を奉ぜず」というのは、南朝の征西将軍・懐良《かねよし》親王（後醍醐天皇の皇子）に対して、使者・楊載を派遣して倭寇の鎮圧を強く求めたにもかかわらず、その求めに応じなかったことを指す。洪武帝にとっては、九州を拠点とする倭寇を鎮圧することのできる存在が「日本国王」であり、それが南朝の懐良親王だったのである。

そしてこの頃、倭寇は朝鮮半島ばかりではなく、中国沿岸地域の南部まで進出しているのである。沖縄諸島、宮古諸島、八重山諸島の島々が、そういう勢力と無縁であったとは到底考えられない。

第四章　三山時代から琉球国へ

一　朝貢貿易と琉球への優遇策

元が滅んで明が建国されると洪武帝は海禁政策を打ち出し、朝貢貿易体制を築くことによって中国の沿岸から倭寇を徹底的に排除しようとした。中国の人びとを海上の反権力集団（特に倭寇）から切りはなそうとして、その下海および海外渡航を禁止したのである。海禁令は洪武四年（一三七一）をはじめとして度々出された。

洪武帝は洪武五年（一三七二）正月に、楊載を琉球に派遣して招諭し、琉球国中山王・察度はそれに応じて同年十二月に朝貢したのである。次いで、山南王・承察度が洪武十三年（一三八〇）、山北王・帕尼芝が洪武十六年（一三八三）に朝貢を開始する。この朝貢によって、やがて琉球の三山の王たちは洪武帝によって国王に任命されることになる。この体制のもとでは朝貢貿易以外の民間の貿易は認められず、排除されることになった。

こうして朝貢を始めた琉球に対して、洪武帝は破格の優遇策で臨むことになる。朝貢不時（朝貢にいつ来てもよい）、海船の下賜、朝貢に必要な文書作成、朝貢船の操縦などのための福建人の派遣などである（岡村、二〇一〇）。こうした福建人の那覇での居住地は久米村（唐営）と呼ばれるようになる。洪武二十五年（一三九二）に明朝から「閩人三十六姓」が下賜されたのが久米村の起源とされてきたが、その中には、自らの意思で沖縄島にやって来た福建人などもおり、むしろ「自然発生的に形成されていった「華僑社会」の一形態」（真栄平、一九八三、二九～五七）と理解した方が正確であるという。このほかに、貢道の自由[34]、勘合の有無[35]も優遇策として挙げることができる。

朝貢不時について補足すれば、洪武帝の周辺諸国への招諭の結果、明へ派遣される朝貢使節の往来があまりにも頻繁になったため、洪武五年（一三七二）十月以降、三年一貢を原則とした。しかし、この直後の同年十二月から明に朝貢した琉球に対しては朝貢不時とされたのである。また、海船の下賜についても、洪武十八年（一三八五）に「賜中山王察度山南王承察度海舟各一」（『明実録』）とあるのを皮切りに、洪武・永楽年間だけでも三〇隻に及んでいた（『歴代宝案』）。

また、琉球から派遣された官生《かんしょう》（明の最高学府南京国子監への留学生）の存在もまた朝貢の優遇策と言えるものであった。たとえば、『明実録』において頻繁に現れる「三五郎亹」（サングルミ。表記は、三五郎尾、三五良亹、三吾良亹など。「ミ」は「思い〔ムイ〕」が変化した敬称接尾辞）はその典型である。洪武二十五年（一三九二）に山南王・承察度の姪として官生になり、一旦帰省したのち再入監し、官生の年限が三年であるにもかかわらず、結局、二〇年の長きにわたって国子監に在学するとともに（三五郎尾、三五郎亹）、中山王・察度の従子、中山王（世子）・武寧《ぶねい》の姪（三五良亹）、中山王・思紹《ししょう》の姪（三吾良亹）として朝貢使節の正史を務め、朝貢業務に役割を果たした（岡本、二〇一〇、五五〜九九）。

二　優遇策の目的——倭寇対策

こうした琉球に対する優遇策の目的は何だったのだろうか。

すでに述べたように、馬や硫黄の交易にかかわる海商や倭寇が沖縄諸島を拠点として活動していたとすれば、海禁政策とともにとられる琉球への優遇策とは、中国の沿岸地域で猖獗をきわめる倭寇や行き場を失った海商たちの「受け皿」として沖縄島を利用し、彼らを朝貢貿易の体制に組み込もうとする意図があったと考えられる。朝貢システムに組み込むとは、倭寇の掠奪や密輸などの活動を抑え込むことを意味する。この点に洪武帝の大きな眼目があったと考えられる。

倭寇あるいは海寇の「受け皿」として琉球を利用したとする考えはこれまでにもあったが（赤嶺、二〇〇四、四六〜四八／岡本、二〇一〇、二六）、その中にあって倭寇、海寇の内実を中国海商、すなわち華僑勢力と理解し、琉球国の主体は久米村の華僑勢力であったとする見方がある（来間、二〇一四）。確かに中国海商たちも倭寇を誘引し、中国の沿岸地域で掠奪行為に及ぶことはあった。しかし、洪武二年（一三六九）に洪武帝が懐良親王に楊載を送り、倭寇の弾圧を強く要求していることを考えれば、倭寇の実体としては九州西岸地域を拠点とする人びとなどを想定すべきである。したがって、中国沿岸から排除しなければならなかったのは日本を拠点とする倭寇であったと考えなければならない。

海禁政策によって行き場を失った中国海商たちの中には沖縄島に居住するようになった人びとも存在していた。それが、久米村の一部を構成することになる人びとである。「閩人三十六姓」が洪武帝によって下賜された福建の人びとばかりではなく「自らの意思でやって来た福建人」を含むのというのは、そういう海商たちを指す。そのほかに、従来から南島路において重要な役割を果たしていた人びとも存在したであろう。

「三山時代」の三山それぞれの内部の政治制度がどのようなものであったかはわからない。各王の存在（名前）は知られているが、明の王府の制の役職を模倣した王相、長史、典簿などはいずれも久米村の華僑集団が担っていた。たとえば、洪武二十七年（一三九四）に、察度王の使者であった亜蘭匏《あらんぼう》が、洪武帝から「国の重事を掌る」役職である「王相」を与えられている（『明実録』）。三山の朝貢貿易が久米村の管理下にあったばかりではなく、内政にまで華僑集団が関与していたとすれば、三山の内部には国王を支える政治体制の実体はほとんどなく、王とは名ばかりだったと考えられる。仮に三山が内的な発展の結果、洪武帝からの招諭があったとはいえ朝貢主体へと成長したのであれば、こうしたことは起こるはずのないことである。大型グスクを居城としていた人びとの存在感はきわめて希薄である。先に述べた三五郎亹などの、朝貢貿易業務に携わった官生の存在を窺うことができるだけである。琉球の有力者の子弟たちが南京国子監の官生になるのは洪武二十五年（一三九二）以降のことである。

しかも、久米村の華僑集団が三山のすべての朝貢貿易に関与していたことを考えると、亜蘭匏は内政面においても中山のみならず、山南、山北にもかかわっていたと考えられる。この当時の三山の実質的な運営を行っていたのは久米村の華僑集団、ひいては中国（明）皇帝だったのである。

こうした状況は三山時代のみならず、尚巴志《しょうはし》代から尚金福《しょうきんぷく》代にいたるまで王相（国相）を久米村の懐機《かいき》が務めていることに示されるように、第一尚氏の時代まで続くことになる。

『海東諸国紀』（申叔舟）の附録二「琉球国」（一五〇一年）には、琉球国の情報が記載されているが、そこには「三発司三員有り。当国の大臣なり。政は大小と無く皆な之を総《す》ぶ。本国の人に非ざれば則是の職に除することを得ず」（申叔舟、一九九一、二七四）とあり、政治を統括するのは「三発司」（三司官）であり、琉球国人でなければこの職に就くことはできないとされている。少なくとも尚真王代には三司官が政治を統括しており、華僑が王相になって国の重事を掌るあり方とは一変した姿を見せているのである。これが第一尚氏から第二尚氏への移行に伴う結果なのか、それとも原因なのかは不明であるが、大きな政治体制の変化があったことは間違いない。

十四世紀の半ばには、すでに沖縄島には中国人の存在が確認できる。『明実録』永楽九年（一四一一）の記事に、「又言、（長史・程）復饒州人。輔祖察度四十余年、勤誠不懈。今年八十有一。請命致仕、還其郷。従之。」とする一文がある。これを文字通りに解釈すれば、「輔祖察度四十余年」とあることから、程復は一三五〇年代から一四〇四年（察度王名義の朝貢は一四〇四年までまであり、それを含めると一三六〇年代）には沖縄島に居留していたことになる。[36] こうした中国から渡来した人物の存在も、十四世紀半ばの琉球の対中国交易の突然の活発化に大きな役割を果たしていたと考えられる。

また、『歴代宝案』洪武二十三年（一三九〇）に「梢水に欣報せられて」琉球に派遣され、永楽三年（一四〇五）からは「火長」（航海長）の職を務め、宣徳七年（一三四一）に帰郷を願い出た潘仲孫に関する文書が収められている。また、『明実録』成化五年（一四六九）三月の条には、長史の蔡璟について、祖父が洪武年間に「命を奉じて」琉球に渡来し、三代にわたって琉球の朝貢業務に従事したことが記されている。

三　琉球と懐良親王

洪武五年（一三七二）に南朝の懐良親王《かねよし》は、倭寇を鎮圧することができる人物として「日本国王良懐」として洪武帝によって冊封される。それ以前の洪武二年（一三六九）には、洪武帝の使者・楊載が懐良親王に倭寇の鎮圧を強く求めたことはすでに述べた。

この楊載という人物は、洪武五年（一三七二）正月に、洪武帝が琉球を招諭した時の使者でもある。つまり、一方では懐良親王に倭寇の鎮圧を強く求め、他方では沖縄島を倭寇の「受け皿」とするために琉球を招諭しているのである。倭寇対策に楊載が重要な役割を果たしていたと考えられる。沖縄島が倭寇の「受け皿」になったという場合、その倭寇とは、言うまでもなく九州の西岸地域を拠点としていた倭寇の一部と考えられるが、それは楊載の果たした役割、南島路の存在を考えれば当然のことである。

この裏付けは、洪武帝が朝貢システムの確立のために梁珉と路謙を琉球に派遣した洪武十六年（一三八三）を画期として、琉球の朝貢回数が急激に増えることからも得られる。

岡本弘道はおおむね次のように述べる。

路謙、梁珉の派遣に先立つ洪武十三年（一三八〇）、洪武十四年（一三八一）は、明と日本との朝貢にきしみが生じる時期である。洪武十四年の「日本国王良懐」（懐良親王）の入貢は却けられているが、国王宛の文書は、連年の倭寇の活動を放置して顧みないことに対する抗議の内容が大半を占める。明が日本の正統な君主として「良懐」を承認している以上、明の対日本交渉、ことに倭寇対策は閉塞状況になった。時期を同じくして、洪武十四年十月の明の海禁令、洪武十六年以降の海防体制の強化、同年四月の勘合制度の開始など、朝貢システムの強化が図られる。琉球の路謙、梁珉の派遣と中山王への鍍金銀印の下賜、そして三山の各王への論旨も、明の朝貢・海防政策の転換に位置づけて考えることができる（岡本、二〇一〇、二四〜二六）。

「日本国王良懐」は洪武帝の要請にもかかわらず、一向に倭寇を取り締まる気配がないことと、洪武十四年以降、明がいっそうの朝貢システムの強化を図った結果、琉球の朝貢回数が急激に増えたことの間に何の関係もないとは言えないであろう。朝貢システムの強化による帰結は、倭寇の活動を正常な朝貢貿易に転化させ、朝貢貿易を急激に増大させたことであり、倭寇の活動と琉球の朝貢貿易の間には密接な関係があったと考えるべきである。琉球の「三山」が朝貢貿易を開始したとはいえ、依然として沖縄島に倭寇勢力を封じ込めたとは言えない状況にあり、朝貢システムの強化、再確立によって封じ込めを強化したということである。

琉球の朝貢貿易は、全体としてみれば一三八三年以降、一四三〇年代までは、ほぼ一年に三回の頻度で安定しているという（岡本、二〇一〇）。急激に増加した朝貢が一四三〇年代まで続くのである。

四　貿易商社

琉球への優遇策の目的について、琉球を明の対外交易を担う、いわば「貿易商社」とするためであったとする考えがある。村井章介は次のように述べる。

交易の舞台に琉球をおしだしたのが明の海禁政策であり、その結果、中国商人はシナ海上の交易から撤退を余儀なくされ、地の利を生かしてこの空隙を埋めたのが琉球であった。そして、明側からみれば、海禁により自国商人からの入手が不可能になった海外産品を入手するために、琉球という国家を自己の体制のもとに編入した。比喩的に言えば、琉球は明の貿易商社になったのである。

その根拠として、以下の四つがある。①明の福建地方から渡来した人びとが那覇の一角に久米村と呼ぶ居留地をつくり、日本以外の諸外国との外交を専掌した。『歴代宝案』は彼らのもとに伝えられる。②明初に琉球が対外交易に用いた船は、すべて明皇帝から賜与されたものであったことが『歴代宝案』第一集から知られる。③琉球の国家中枢にあって貿易に深く関与した王相・長史・典簿などの官職は、明の王相府または王府の制に拠るもので、当初は直接明から任命されていた。④明は福州に琉球専門の市舶司と公館を設けて、その使節を優遇した。しかし、これは裏を返して言えば、琉球の貿易実務上の担い手が中国人だったことを意味しており、海禁政策によって行き場を失った中国商人は、琉球の国営貿易の請負に合法的な活動の場を見出した。それは琉球が交易を行う東南アジア諸国でも事情は同じであり、海禁政策のもとで中国商人が合法性を獲得するための一形式であった（村井、一九八八、一二九～一三一）。

琉球が、明の「貿易商社」としての役割を果たしたという考えに異論はないが、優遇策のその後をめぐっていくつか検討したい。

琉球に対する明の優遇策は徐々に撤廃されることになる。

正統末年（一四四九）から景泰初年（一四五〇）にかけて、広東の黄蕭養の乱をはじめ福建、処州などでも乱が起きている。その過程で出てくるのが福建の沿海民に対する景泰三年（一四五二）の禁令である（『明実録』）。「刑部に命じて、榜を出して福建沿海居民に禁約すらく、中国貨物を収販し、軍器を置造し、海船に駕して琉球国と交通し、招引して寇を為すを得ることなかれ。時に黄蕭養の乱、多くは海寇の嘯聚せるに由ると言ふもの有り。故に之を禁ずるなり」とするものであり、福建の沿海民が琉球国と交通し、琉球国の者たちを招引して中国の沿岸を荒らしてはいけないというのである。この頃には、ふたたび琉球国の者が倭寇として活動していたことを窺うことができる。

この時期、すでに琉球に対する優遇政策は変化の兆しをみせており、それは海船の賜与に端的に現れる。景泰元年（一四五〇）には、琉球側が費用を負担するかたちでの海船建造が許可されているが、これ以降、琉球の自弁による海船建造が通例になる。また、附搭貨物に対する、従来の銅銭での支払いも却下され、これ以降も銅銭での給賜を要請したが、実現することはなかった。成化年間（一四六五～）になると琉球へのさまざまな朝貢制限が表面化する。琉球人と中国人の間に一線を画し、中国にいる琉球人の本国への送還、朝貢の「貢道」の福州への一元化、貢期の一年一貢（後に二年一貢）、朝貢人員の最大一五〇人の制限など、さまざまな制約が加えられることになった。こうした制約は一四六〇年代後半～一四七〇年代前半に集中しており、琉球の朝貢頻度が激減するのも一四六〇年代からである（岡本、二〇一〇、三四～四〇）。

琉球が明の「貿易商社」である限り、琉球に対する優遇策は継続したはずであるが、遅くとも十五世紀の半ば頃には優遇策は撤廃されていくのである。優遇策の撤廃は、十五世紀前半にはすでに始まっていたようであり、『歴代宝案』正統四年（一四三九）三月付の中山王より礼部宛の咨文には「此先洪武・永楽年間、数ふるに三十号船有るも、逓年往来して多く破損を被り、止だ海船七隻を存するのみ」とあり、十四世紀前半の段階で少なくとも朝貢船に関しては、琉球に優遇策がとられていないことを窺わせるのである。一三八三年以降、この一四三〇年代までが、朝貢回数が最も多い時期なのである。

この優遇策の撤廃は、琉球はすでに明の「貿易商社」としての役割に破綻をきたしていることを意味しているのではなかろうか。明は他の朝貢国に対しても朝貢の制限を行い、琉球だけが制約されたわけではなかったといえども、福建の沿海民への禁約にみるように、琉球国の者が福建の沿海民に招引されて中国沿海を荒らすようになっていることと、琉球への優遇策の廃止の間には関係があると考えられる。

日本に対しては宣徳年間(一四二五～一四三五)には日本の朝貢を促すため、琉球へ柴山《さいざん》を派遣するなど積極的だった。この時には洪武・永楽帝の時代とは異なり、倭寇統制の要請はなくなっているのである。宣徳年間においては、倭寇自体は常に警戒すべき対象として認識はされているが、洪武・永楽年間に比べると危機感が弛緩しているという(岡本、二〇一〇、三五～三七)。この時期には倭寇が朝貢システムの中に組み込まれたために、倭寇統制の要請がなくなったと考えられる。

五 「三山時代」の実体

「三山時代」とは、沖縄島が倭寇の「受け皿」となってからにわかに成立した時代であるというのが本書の考えである。外部から渡島した勢力にとどまらず、在地の勢力をも含みながら、洪武帝への朝貢のために三つの「朝貢単位」が便宜的につくられた時代が「三山時代」である。ただし、便宜的な「朝貢単位」とはいえ、実体がなかったわけではない。その点については第Ⅱ部で改めて扱うことにしたい。

琉球は明から朝貢に関して優遇策を受けていたが、その中に朝貢船の賜与があることはすでに述べた。しかし、山北は明から海船を賜った記録がなく、山北と中山は朝貢に時間差が認められないことから同時に朝貢したと考えられる。また、渡来中国人なくして朝貢貿易は行えないが、山北に渡来中国人が存在していた可能性は薄い。こうした点を考慮すれば、山北は中山に便乗して朝貢したとしか考えられない（田名、二〇〇四）。たとえば、洪武二十一年（一三八八）には「琉球国中山王察度、山北王帕尼芝、遣其臣甚模結致等、上表賀天寿聖節、貢馬」（『明実録』）とあり、共通の使者を派遣している。また、『明実録』の朝貢記事には、中山と山南も同時に朝貢したと考えることができる事例がある。ただし、山北と山南に関しては同時に朝貢したとみられる記事はない。いずれにしろ、こうした事実からは、中山、山南、山北が互いに対立した勢力だとは考えにくく、なぜそのような朝貢の形式をとることになったかを明らかにしなければならない。

この点に関連して、洪武帝の崩御、永楽帝の即位の白詔紅詔を中山に発し、それを山南王一列に開読することを令達した記事から、東恩納寛惇が、明は「三山」をそれぞれ別の国とは認めていなかったとしていることは（東恩納、一九七九、二九三）、「三山」の朝貢のあり方と対応するものである。そのうえで、東恩納は久米村（唐営）の「閩人三十六姓」は「三山」のいずれにも属さず、琉球全体に派遣されたものであり、久米村の地は本来中山の領域であるが、これはたまたま船の発着の地理上の便宜から選定されたものに過ぎないと述べる（東恩納、一九七九、二九三）。

東恩納の指摘は朝貢における「三山」の関係を理解するうえでは合理的であり、「三山」が対立していようがいまいが、中国人を中心とする久米村（唐営）が、「三山」の朝貢業務を一手に引き受けていたと考えれば矛盾は生じない。この久米村のあり方は、明が沖縄島を舞台に倭寇を含む勢力を朝貢システムの中に組み込もうとしていたとすれば、当然、取り得る方策であったと考えることができる。

六　「三山」の朝貢主体

「三山時代」とはいえ、明に朝貢したのは「三山」の各王にとどまらず、同時期に四人が朝貢主体となっていた場合もあった。この問題もまた「三山時代」とはどのような時代であったかを明らかにする手がかりになる。

琉球からはじめて洪武帝に朝貢するのは洪武五年（一三七二）の中山王・察度である。次いで洪武十三年（一三八〇）の山南王・承察度、もっとも遅れるのは洪武十六年（一三八三）の山北王・帕尼芝である。中山王の察度と山南王の承察度の王名には共通の「察度」が含まれており、どのような関係にあったかが問題になる。

中山は洪武五年（一三七二）から、察度王が死亡する洪武二十八年（一三九五）まで二三回の朝貢を行い、察度の死後に中山王となった武寧も、洪武三十年（一三九七）から永楽二年（一四〇四）まで察度王名義で朝貢を行っていた。武寧が中山王として中国の記録にあらわれるのは永楽三年（一四〇五）であるが、永楽四年（一四〇六）に使者を送った記事を最後に記録から消える。その後、思紹が何の前ぶれもなく、永楽五年（一四〇七）、「琉球国中山王（武寧）世子思紹」として中国の記録に現れることになる。これは、思紹、尚巴志の父子が中山王であった武寧を滅ぼしたことによると考えられている。

山南の朝貢主体は複雑である。山南では承察度と並んで王叔・汪英紫氏が朝貢に参入し、さらに王弟・汪応祖《おうおうそ》（後に山南王）、他魯毎《たるみ》（山南王）が朝貢記録に現れる。王叔や王弟が朝貢主体として記録に残されることは、何を意味するのだろうか。

また、山南の最後の王とされる他魯毎に関しては、汪応祖の兄の達勃期《たぶち》が弟王を殺害したが、諸按司が達勃期を倒し、世子である他魯毎を次の山南王にしたとする記事がある（『明実録』）。

『明実録』の山南の記事をみるだけでも、王のほかに王叔、王弟を名乗る人物が現れて朝貢主体になり、その後の王位継承も王位簒奪の可能性があるなど、中国皇帝に冊封され、朝貢主体になるための争いが繰り広げられたと考えられる。これらの王叔、王弟を名乗る人物の実像は明らかになっていない。[37]

最後の山南王・他魯毎は、永楽十三年（一四一五）に「山南王世子他魯毎」として朝貢記録に登場し、永楽十四年（一四一六）以降は山南王・他魯毎として朝貢している。永楽十五年（一四一七）から永楽二十二年（一四二四）にかけて空白期間はあるものの、宣徳四年（一四二九）の最後の朝貢記事までの十五年間で八回の朝貢を行っている（「山南王」のみの名義は除く）。

　山北についての情報はきわめて少なく、帕尼芝、珉《みん》、攀安知《はんあんち》の王位継承について検討する材料は少ない。帕尼芝は国頭郡の羽地という地名に由来するものに違いなく、また珉は大宜味村塩屋にある「ハーミンジョー」と呼ばれる小高い丘に関連しているのではないかとする考えがある◉[38]（孫、二〇一六）。この珉は朝貢を洪武二十八年（一三九五）の一回しか行っていない。

　山北は、十四世紀の終わりには明によって官生の派遣が許されていないこと、海船の下賜がないこと、「サト」の名称を持つ王（第Ⅱ部で後述）がいないことなどから、中山や山南とは異質な勢力であったのではないかと考えられる。中山と山南の間に緊密な関係があったことは、中山王・察度が、高麗から朝鮮王朝に交代した直後の一三九四年に、朝鮮に亡命中の山南王子・承察度の引渡しを求めることを目的に使者を送ったことからも窺うことができる。中山王が山南王子の送還を朝鮮王朝に対して求めることができたのはなぜか、ということが問題になるのである。

　北山最後の王・攀安知は洪武二十九年（一三九六）に朝貢記事に登場し、永楽十三年（一四一五）を最後に姿を消す。永楽三年（一四〇五）までは合計八回の朝貢を行っているものの、それから最後の永楽十三年（一四一五）の朝貢までおよそ十年の空白期間がある。

　こうした「三山時代」を経て、やがて沖縄島は思紹と尚巴志の父子によって統一されるというのが定説である。

「三山時代」に関して問題になる中山、山南、山北の関係、山南における朝貢主体の並立――王と王叔の朝貢など――をめぐる問題は、第Ⅱ部で琉球国の正史を検討していく過程で明らかにしていきたい。

第Ⅱ部での議論は、部分的には近世琉球の時代にも及ぶため、琉球国成立以降についてはそこで改めて論じたいと思う。

Ⅱ 琉球王権の成立と「太陽の王」の観念

第一章　アマミキヨをめぐる問題

一　王朝神話としてのアマミキヨ

琉球の正史である『中山世鑑《ちゅうざんせいかん》』（一六五〇年、向象賢編。以下、『世鑑』と記す）、『中山世譜《ちゅうざんせいふ》』（一七〇一年、蔡鐸編。以下、『世譜』）、『中山世譜』（一七二五年、蔡温編。以下、蔡温『世譜』）、『球陽《きゅうよう》』（一七四三～一七四五年。鄭秉哲等編）には、歴代の王統についての記事がある。

『世鑑』は、尚氏にいたるまで、天孫氏二十五代の一万七八〇二年を経たのち、舜天《しゅんてん》王統、英祖《えいそ》王統、察度《さっと》王統が続いたとする。[39]『世鑑』（「琉球国中山王世継総論」）では「そもそも我が王朝の開闢は、天神阿摩美久がこれを築いたことに始まった」（諸見訳注、二〇一一、一七）とし、阿摩美久を天孫氏の始祖においている。

すでに論じたように（第Ⅰ部第一章第一節）、この阿摩美久とは、語源的にはオーストロネシア語に由来する「アマン」（ヤドカリ）を意味する言葉であり、その神話的世界においても宇宙の創成や人類の始まりに大きな役割を果たす存在である。したがって、『世鑑』の阿摩美久神話は在地のオーストロネシア的な神話を琉球王朝の開闢神話に取り込んだものと考えられる。

以下では、史資料に残されている琉球国時代のアマミキヨ神話について検討し、古層のアマンの神話が王朝神話の中にどのように組み込まれ、再編されたかについて明らかにしたい。なお、阿摩美久の表記は史資料によって多様であるため、それらを総称する語として「アマミキヨ」を用いることにする。

『中山世鑑』巻一「琉球開闢之事」の冒頭は次のような記述から始まる。

天帝が、天城にいた阿摩美久に、この下に神が住むべき霊地があるが、いまだ島になっていないので島を造りなさいと命じた。そこで阿摩美久が降臨したところ、島になっていなかったので天に上り、土石や草木を給われば島を造りますといったところ、それらを給わったので阿摩美久は持って降り、数々の島を造った。そして、沖縄島の北から順に国頭の辺戸《へど》の安須《あす》森、今鬼神《きじん》のカナヒヤブ、知念森、斎場《さいは》御嶽、藪薩《やぶさつ》ノ浦原、玉城アマツヅ、久高コバウ森、首里杜、真玉杜の聖地を造ったのである。

次いで、阿摩美久が天に上り、天帝に人種を乞うた結果、天帝は御子の男女を降臨させ、風によって女神は妊娠し、三男二女を産む。長男は国の主の始まり、二男は諸侯の始まり、三男は百姓の始まり、長女は君々の始まり、次女はノロの始まりである。

『世鑑』では阿摩美久の一神しか登場しないが、これは『世鑑』の特徴であり、したがって人類も天帝から下された天帝の男女の御子から繁栄する。これに対し、『世鑑』よりも成立時期の早い袋中《たいちゅう》上人の『琉球神道記』では天帝は出てこず、アマミキヨとシネリキヨの男女神が天から降り、風によって孕んで繁栄したという違いがある。

『世鑑』『琉球神道記』のいずれにおいても、アマミキヨ（男女神の場合はシネリキヨも）は天から降臨したことになっているが、『世鑑』では沖縄島の北から順に聖地を造ったとされており、北から来た神であることが暗示されている。

伊波普猷は「アマミ」「アマミヤ」という名称を持つ御嶽名やその神名の分布を通して、人びとが奄美群島から沖縄諸島に南下したことを指摘している。すなわち、沖縄諸島を南漸するにしたがってそれらの名称は減少し、またアマミの限定詞を冠する奄美群島の人びとも祖神アマミキヨの後裔だと称し、そのアマミキヨは奄美大島東北隅の海見嶽に天降りしたと伝えているると述べているのである（伊波、一九七四b）。この「海見嶽」は、現在、奄美大島の笠利町の節田《せった》部落にある神山であり、地元の人びとによって「アーマンデー（アマミ嶽）」と呼ばれている。

『世鑑』の記事から推定されることは、阿摩美久は天上から降ってきた存在であるとともに、北に位置する奄美群島から来た神だということである。これは必ずしも矛盾するものではない。『世鑑』に阿摩美久が奄美群島から渡来した様子が描かれていないのは、『世鑑』編纂時にはすでに奄美群島が琉球国の版図には入っていなかったためではないかと思われる。[40]

また、旧・玉城《たまぐすく》村（現・南城《なんじょう》市）などの在地の伝承では、アマミキヨは東方の海の彼方にあるとされるウファアガリシマ（大東島）から沖縄島へ渡来したことになっている。こうしたアマミキヨの原郷に相違が生じていることには理由があると考えられるが、東方の聖地から来るとされることについては章を改めて論じたい。

『おもろさうし』でもアマミキヨは天上から降臨した神であることが示されている。

次に掲げるのは「琉球開闢のおもろ」として知られているおもろである。対訳は、外間守善（外間、一九八五）による。

巻十―五一二

一 昔初《むかしはぢ》まりや	昔、天地の始めに
てだこ大主《ぬし》や	太陽神は
清《きよ》らや　照《て》りよわれ	美しく照り輝き給え
又せのみ初《はぢ》まりに	昔、天地の始めに
又てだ一郎子《いちろく》が	太陽神一郎子が
又てだ八郎子《はちろく》が	太陽神八郎子が

又おさんしちへ　見居《みお》れば
又さよこしちへ　見居《みお》れば
又あまみきよは　寄《よ》せわちへ
又しねりきよは　寄《よ》せわちへ
又島《しま》　造《つく》れてゝ　わちへ
又国《くに》　造《つく》れてゝ　わちへ
又こゝらきの島々《しま〳〵》
又こゝらきの国々《くに〳〵》
又島《しま》　造《つく》るぎやめも
又国《くに》　造《つく》るぎやめも
又てだこ　心切《うらき》れて
又せのみ　心切《うらき》れて
又あまみや衆生《すぢや》　生《な》すな
又しねりや衆生《すぢや》　生《な》すな
又然《しや》りば　衆生《すぢや》　生《な》しよわれ

天上からみおろしてみれば
鎮座してみおろしてみれば
アマミキヨをお招きになり
シネリキヨをお招きになり
島を造れと仰せになり
国を造れと仰せになり
たくさんの島々
たくさんの国々を
島を造るまで
国を造るまで
太陽神はたいそう待ちわびて
太陽神はたいそう待ちわびて
アマミヤ人を生むな
シネリヤ人を生むな
血筋の正しい人を生み給え[41]

太陽神（てだ一郎子、てだ八郎子）が天上から地上を見下ろして、その後、「あまみきよ」と「しねりきよ」をお招きになるとされていることを考えれば、『世鑑』が記すように、地上には島や国がないのでそれらを造らせるために天上のアマミキヨ、シネリキヨを招き寄せたと解釈することができ、アマミキヨ、シネリキヨは天上の存在であることが示唆されている。

次のおもろではアマミキヨ、シネリキヨが天上の世界の存在であることをより明瞭に示しているが、本来の宇宙開闢神話には存在していない稲の由来が語られる。

巻五―二四二（巻二十二―一五〇八の重複おもろ）

一あまみきよが　御差《うざ》ししよ	あまみきよが御命令を出されて
此《こ》の大島《しま》　降《お》れたれ	この沖縄島に降りてこられた
十百末《ともゝすへ》	千年も末永く
おぎやか思《も》いす　ちよわれ	尚真王様こそましませ
又しねりやこが　御差《うざ》ししよ	しねりやこが御命令を出されて
此の大島《だしま》　降《お》れたれ	この沖縄島に降りてこられた
又穂花《ほうばな》　取《と》て　ぬき上《あ》げは	稲の穂花を育て（尚真王様に）差し上げるのに
塵錆《ちりさび》は　付《つ》けるな	塵錆（病原菌か）は付けるな
又穂先《ほうざき》　取《と》て　ぬき上《あ》げは	稲の穂先を育て（尚真王様に）差し上げるのに
粉錆《かうさび》も　付《つ》けるな	粉錆も付けるな

「とも〻すへ／おぎやかもいす　ちよわれ」（／は改行を示す）が反復部であることを考えると、「あまみきよ」と「しねりやこ」が命令したのは、後段に「ほうばな　とて　ぬきあげは」「ほうさき　とて　ぬきあげは」とあることから、天から稲を下ろすことではないかと考えられる（吉成・福、二〇〇六）。そのように考えると、この「あまみきよ」「しねりやこ」は天上にいて、稲を地上にもたらす命令をしたと考えることができる。

この巻五―二四二のおもろのふたつ前の巻五―二四〇は、「あまみきよ」「しねりやこ」が首里城を造営したことを謡い、その次の巻五―二四一は沖縄島を創成したことを謡う。その後に、このおもろが配置されているのである。この配列を『世鑑』の神話と比較してみても、「あまみきよ」「しねりやこ」の命令で沖縄島にもたらされたのは稲であると考えられる（吉成・福、二〇〇六）。

その『世鑑』巻一「琉球開闢之事」には阿摩美久が天に上り、五穀の種子を乞うて、麦、粟、豆、黍を久高島に植え、稲は知念大川の後ろ、玉城ヲケミゾに植えたとする記事がある。この巻五―二四二（巻二十二―一五〇八の重複おもろ）や『世鑑』の記事では、第Ⅰ部で論じたような、本来のアマミキヨ神話に、新たに稲（あるいは五穀）の由来が付け加えられているのである。

二　アマミキヨと稲作

『おもろさうし』では、稲作を謡うおもろは少ないが、その中にあって先に掲げたおもろ（巻五―二四二）は、最後の二行を欠くかたちで国家的祭儀である「稲の穂祭り（ミシキョマ）」で謡われており（巻二十二―一五〇八）、「あまみきよ」「しねりやこ」と稲作を結びつけるおもろは、王朝神話の中で重要な位置を占めていると考えることができる。

沖縄諸島の各地に伝わる神歌のなかでも「アマミキヨ」「シネリキヨ」は稲作と深く結びつく。ここでは、沖縄島の西に位置する慶良間《けらま》諸島の座間味《ざまみ》島に伝わる神歌を掲げたい。長文にわたるが、外間守善（外間、一九八五）によって紹介する。

まずアマミチュとシヌミチュが国土を創成することを謡う。

アマミチュが　シヌミチュが／仕立てたる　宣立てたる／嶽ねーい　杜ねーい／この島　この国は／浮き草　寄り草である／アマミチュが　シルミチュが／アダン木を植えて　波を返す／ビル木を植えて　潮を返す／黒石を植えて　真石を植えて／島の留め　国の留め／泉口を　探して／湧き出口を　尋《と》めて／赤土も　掘り出して／黒土も　成り出して／島も島となった　国も国となった／南の潮は　北に越えて／北の潮は　南に越えて／潮を交わして　波を交わして

次いで田や畑を作り、稲作の作業の手順を次のように謡うのである。

貴み子の　果報者が／土々の肥やし／脇に込めて　袖に込めて／畦形を作って　畔形を作って／田は田になった　畑は畑になった／九月になると／貴み子の　果報者が／若男の　果報者が／うかふえ肥やし　ビル木肥やしを／入れ直しておいて／足高（牛）　角高（牛）に／踏み直させて／シノ田原　シノ水／貴み子の　果報者が／白種を　甘種を／脇に込めて　袖に込めて／蒔き降ろして　なり降ろして／正月になると／押しあげて　突きあげると／白種を　甘種を／引き直して／シノ田原　シノ水に／貴み子の　果報者が／脇に込めて　袖に込めて／きるがわて／差し植えて　貫き植えて／幅をはかって　差し植えて／二月になると　誠《だ》になると／アヲ草と　たとえて／シヂ草と　たとえて／三月になると　真グシチ（薄）と　たとえて／大きい蒲葵と　たとえて／四月になると／うりぢみが吹くと　うりし南風が吹くと／白種　甘種／梅雨の口　五月になると／穂は垂れ垂れと　実はちばちばと／御祭り月になると／根人の　果報者が／貴み子の　果報者が／ふしうい　ちまうい／脇に込めて　袖に込めて／大神に／誠に押し上げ　実に押し上げ／六月になると／茅を刈り勝って　束を突き勝って／十からも余って　枡からも余って／いつまでも誇って　今までも誇って（後略）

（『南島歌謡大成Ⅰ　沖縄篇上』ウムイ一三二六）

アマミチュとシヌミチュ（シルミチュ）が島、国土を創成することを冒頭に謡うことから始まるウムイである。このウムイ全体の内容を外間守善の要約にしたがって見ることにしたい。

このウムイは、まずアマミチュ、シヌミチュと呼ばれる創世神が登場して、木を植え、土石をとどめ、泉を探して、島造り国造りをする。次に田をつくり、稲種を撒きおろして、一月、二月、三月……とだいじに育て、四月、五月になっての穂の実りを六月に刈りこみ、神酒をつくって神様に差しあげる、という内容になっている。（外間、一九八五、一五七）

そして、このような島々村々に伝えられる神歌の特徴は、①アマミク、シヌミクという創世神、②島つくり国つくり、③稲作（農耕）、という三つの構成要素をもって構造的に成り立っていることだという（外間、一九八五）。これらの構成要素は、『おもろさうし』にみるアマミキヨ、シネリキヨ神話と同じである。

このように村々に伝えられているアマミキヨ、シネリキヨ神話でも、国土を創成するばかりではなく、稲作を中心とする農耕と密接な結びつきを持っているのである。このことは、琉球の王朝神話で稲の由来を語るアマミキヨ（シネリキヨ）神話が民間へと下降したことを示している。そもそも宇宙開闢神話であったアマミキヨ神話に稲が結びつくこと自体、アマミキヨ神話の新たな展開であり、それを取り込んだのは民間ではなく王朝以外には考えられない。沖縄諸島に同一の構成要素を持った神歌（ウムイ）が広く存在しているという事実もそのことを裏づけている。

先に掲げた宇宙開闢のおもろ（巻十―五一二）では、最後に「又あまみやすぢや　なすな／又しねりやすぢや　なすな／又しやりば　すぢや　なしよわれ」（アマミヤ人を生むな／シネリヤ人を生むな／血筋の正しい人を生み給え）とあり、民間の神歌でアマミキヨ、シネリキヨが国土を創成することがあっても、この男女神からの子孫の繁栄を語ることがほとんどないのと同じである。これは、アマミキヨ（シネリキヨ）が、本来、オーストロネシア的な人びとの担っていた神話であることと関係している。太陽神に象徴される王権とそれを担う人びとは十一世紀以降に沖縄島に渡来した人びとであったと考えられる。太陽神と太陽神に命令されるアマミキヨ（シネリキヨ）の関係は、階層差であるとともに文化層の差である。アマミキヨ（シネリキヨ）神話には新旧二層の神話層があり、古い層はオーストロネシア的なアマン（ヤドカリ）にかかわる神話であり、新しい層は、この古層のアマミキヨ神話が王朝神話に取り込まれ、再編成された神話である。

三　「アマミクの里」

外間守善は、アマミキヨ、シネリキヨと稲作の結びつきについて『沖縄の祖神　アマミク』（築地書館、一九九〇年）の中で詳細な議論を展開しているので、その内容を紹介するとともに、若干の検討をしたい。

外間の議論の出発点は、ひとつのパターンを持った村落景観である「アマミクの里」である。「アマミクの里」とは次のような景観である。

高からぬ丘陵を背にした集落、前面の海に広がる珊瑚礁に囲まれた礁湖（イノー）、流れ入る小河川に沿って拓かれた迫田、そのもっとも奥まったところには神田と聖地があり、小高い丘に囲ったアマグシク（アマングシク）と呼ばれる住居地（跡）がある（外間、一九九〇）。

外間によれば、こうした景観は沖縄各地にみられるが、この「アマミクの里」の景観が明瞭な像を結んだのは沖縄島北端の辺戸《へど》、西海岸の本部《もとぶ》半島の突端の備瀬《びせ》、半島の付け根の屋我地《やがじ》島周辺、国頭《くにがみ》村の奥間《おくま》・比地《ひじ》を訪ねた時だったという。そして、こうした「アマミクの里」の景観をつくったのは海人《あま》であり、彼らは漁撈、航海の技術を持っていただけでなく、稲作を携えて、九州から奄美群島を経て沖縄島の北端に取り付き、一方では東海岸を、他方では西海岸を南下していったと考えるのである。その痕跡は、海人や稲作にかかわるアマ、アマミ、アマミク、アマンジョウ、アマグシク、アマングシクなどと呼ばれる地名や神名に刻まれているという（外間、一九九〇）。

外間はアマミクの語源は海人部（アマベ）から変化したアマミに敬称接尾辞のコ（子）が付いたものであるとする。つまり、アマ→アマベ→アマミ→アマミコ→アマミクという変化を想定するのである。敬称接尾辞のコが付いたのは、漁撈、航海、稲作文化などを持つ高文化生活集団であり、先住者から尊敬される人たちであったからであるという。そして外間は、大和朝廷によって部民化された紀伊、尾張、隠岐、豊後の四つの海人部のうち豊後海人部とアマミクとの直接的な血縁関係の可能性を見出している（外間、一九九〇）。

外間は、こうした想定を裏づけるものとして、海人にゆかりの深い地名、すなわちオー（アフからの変化。奥武《おう》島など）、アラ（新崎、阿良など）、アカ（阿嘉、赤崎など）、アハ（安波など）、アブ（安部など）、テラ（寺崎など）の地名が「アマミクの里」にみられることをあげる。これらの地名は、日本列島にも広く分布しており、大島、小島、雄島《おしま》、男島《おしま》、青島、淡島、粟島、阿波、安房《あわ》、阿武《あぶ》、意宇《おう》などがあるとし、これらの地名は、弥生時代に稲作農耕を覚えた弥生人が日本列島の沿岸各地に、港湾入江を辿り、河川を遡行して低湿地をみつけて定着して、半農半漁を営んだ弥生文化の伝播原理[42]によって刻まれたものであり、沖縄諸島もその一環を成していると考えるのである（外間、一九九〇）。

沖縄諸島への稲作をはじめとする農耕の展開は、現在、知られている限りでは、おおむね十一世紀代のことであり、それ以前ではない。したがって、時代的に考えて、豊後海人部など、海人部が関与していたとは考えにくい。そもそも「アマミキヨ」の「アマ」が海人を意味するとも考えにくいのである。現在の琉球語や『おもろさうし』の語彙の中に「アマ」で「海」を意味する事例はないからである。

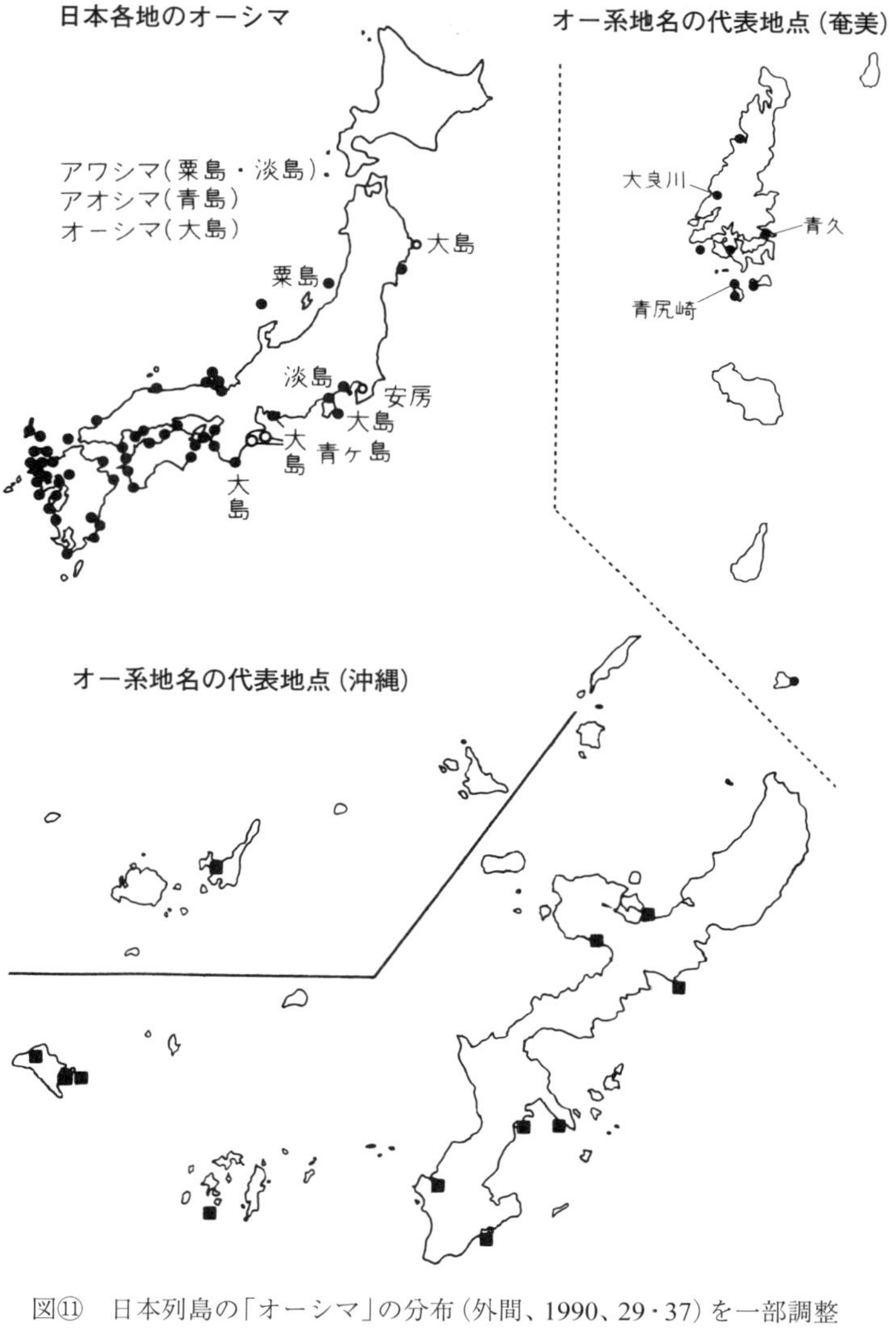

図⑪　日本列島の「オーシマ」の分布(外間、1990、29・37)を一部調整

四　「青」の島

外間守善の示す日本各地の「オーシマ」の地名分布を見る限り〔図⑪〕、「オーシマ」は西日本を中心に日本各地に分布しているが、その分布の密度が最も濃厚な地域は西北九州や九州西海岸であり、この地名の伝播にあたっては、九州西岸地域〜琉球弧を結ぶ交易ネットワークの存在に示されるように、海に深くかかわる人びとが関与した可能性がある。

この「オーシマ」の地名をめぐっては、その分布が黒潮の流れに関連しているとする見解がある。これが正しいとすれば琉球弧から黒潮の流れに沿って北上したことになり、稲作の流れとは逆行する。北上が事実であるとすれば、「オーシマ」の地名は、少なくとも琉球弧では稲作を携えた人びととは関係がないことになる。この点について検討したい。

前提になるのは、仲松弥秀の「青」の島に関する議論である。

沖縄諸島における「オーシマ」の「オー」について、仲松弥秀は「青」であり、これは「死者の世界」を意味することを指摘する。『おもろさうし』では色彩語彙は「赤」「白」「青」「黒」の四色しか現れず、「赤」「白」は「明るさ」、「黒」は「暗黒」である。「青」は中間的で曖昧な色である。死者の世界は「明るい世界」に通じる、淡い、うすぼんやりした「黄の世界」と想念され、これを「青」と表現したという（仲松、一九九〇、一四〇〜一四七）。したがって、「オーシマ」とは「青の島」の意味であり、地先にある「死者の島（葬所）」の名称であるというのである。これが「奥武島」（慶良間島、沖縄島南部の玉城村、名護市、久米島など）と表記されているのである。さらに、北中城の奥武岬、那覇市の奥武山などの地名もある。『琉球国由来記』でアフ、アウ、アホで記載されている地名は、漢字書である『琉球国旧記』では、いずれも「青」と表記されていることから、それらが「青」の島であることがわかるという（仲松、一九九〇、一四二～一四三）。

この仲松の見解を踏まえて谷川健一は日本列島の「青の島」について検討する。谷川は「青の島」が、宮崎県の青島をはじめとし、日本列島の太平洋岸、日本海岸の若狭、能登を経て越後などにも及んでいることを指摘し、この分布から黒潮の流れに沿ってもたらされたと推定している（谷川、一九九七、二八～三八）。たとえば、福井県大飯郡高浜町の「青」について、次のように述べる。

「和名抄」の大飯郡青郷《あおのごう》である。平城京出土の木簡に若狭関係のものが二十五あるが、その大部分は塩の調進札であるが、その中にタイずしとイワシと貽貝《いがい》の贄《にえ》物が三点まじっている。この三点ともに青郷から中央の政府にささげられたものである。（中略）しかも青郷は若狭でも六世紀後半の後期古墳の集中しているところである。ここにおいて若狭の「青」というところが、一つには海人と関係があり、二つには死者と関係があることが分かる。

（谷川、一九九七、三六）

谷川の掲げる「青」の付く地名がすべて、沖縄諸島のように死者の島、葬所としての性格を明瞭に持っているわけではないが、それでも死者に深くかかわる「青」の地名が黒潮の流れに沿って点在していることに疑いはないように思われる。

また、谷川は潜水漁法など、水に潜ることを「スム」と言う地域が、八重山から奄美、九州一円、山口県の西部、愛媛、高知に及び、また岩見、隠岐、出雲では「スミに入る」「スーに入る」「スンコン」と言い、越前などでは「スイコンビ」と言うことを指摘している(谷川、一九九七、四八〜四九)。これもまた、黒潮の流れに沿って分布している海に関連する文化要素である。

ただ、日本列島における海人の伝統について、大林太良は北太平洋系、江南系、南島系に分類し、そのうえで南島系(インドネシアから台湾、沖縄、奄美を経て南九州に入ってくる系統)はきわめて微弱であり、その系統を構成していた要素を復元することは難しいと指摘する。また、この南島系を構成していると考えられがちな潜水漁法にしても江南系だという(大林、一九九六、一一〜一七)。

大林の指摘を踏まえれば、一見、黒潮の流れに沿って北上しているように見える文化要素であっても、琉球弧には九州あたりから南下している可能性もあることになり、北上か南下かという問題は簡単ではないことになる。

このように考えれば、「オーシマ」もまた、九州の西岸地域あたりから南下したとしてもおかしくない。

この問題に関連して手がかりになる出来事がある。第Ⅰ部第二章でもふれた十世紀末の奄美嶋人（南蛮人）による大宰府管内襲撃事件である。

九九七年に奄美嶋人は、九州の南部から西海岸を北上し対馬にいたるまでの地域で襲撃事件を起こす。この時、四百人余りの「海夫等」を略奪しているのである。この「海夫等」について、ヤコウガイなどの捕獲のための要員であり、沖縄諸島以南へと南下する兆しだったのではないかと考えたが（吉成、二〇一五）、彼らが江南系の海人の伝統を引く人びとであったとすれば、同時に稲作技術を携えて南下したと考えても不思議ではない。

琉球弧における海人の伝統は、恐らく幾層にも重なっており、単純ではないと考えられるが、こと稲作をもたらした人びとに限定すれば、九州から奄美群島を経由し、沖縄諸島に南下した人びとであることは間違いない。

それが海人である可能性も十分にあるが、それは十一世紀以降のことであり、また彼らが「アマミキヨ」に昇華して神話的存在になったとも考えがたい。すでに述べたように琉球語の中で「海」を「アマ」と読む事例がないことのほかに、十一世紀頃に稲作が伝来した時には、すでに「アマミ」（奄美）の地名が存在しており（初見は七世紀段階）、この地名の成立には稲作はまったく関係がないと考えられること、さらに言えば、十一世紀以前に琉球弧に宇宙開闢と人類の始祖を語る「アマン」（ヤドカリ）神話がすでに存在していたと考えられることなどの理由からである。

したがって、外間守善が、稲作を伴う原初的な村落景観とみなす「アマミクの里」も、アマミクと稲作が結びついているという点で、後世の景観と考えるべきである。

沖縄諸島ではグスク時代の幕開けに伴って稲作などの穀物栽培が始まり、鉄器の使用が浸透することによってようやく社会の文明化が進んだのである。稲作と結びつくアマミキヨ神話は、こうした歴史の起点になった十一世紀頃の喜界島を中心とする奄美群島から、沖縄諸島に稲がもたらされたという歴史的事実を背景にしていると考えられる。しかし、奄美群島から沖縄諸島への稲作の伝播という歴史的事実がアマミキヨ神話に昇華したのではないことも強調したい。

なお、新旧のアマミキヨ、シネリキヨ神話が本来、兄妹神かつ原夫婦であったかは不明である。琉球文化圏全域に「兄妹始祖神話」が分布していることを考えると、その神話の影響を受けて変化した後の姿である可能性もある。

五　正史の中のアマミキヨ

『世鑑』で「我が王朝の開闢は、天神阿摩美久がこれを築いたことに始まった」とされるように、阿摩美久は琉球王朝の始祖に位置づけられる女神であるが、天孫氏は言うまでもなく架空である。『世鑑』の編纂以前の時代においても、天孫氏が当然のことながら伝承以上のものではなかったことは、いくつかの碑文から知ることができる。

尚真王代の「国王頌徳碑」(一五二二年。石門之東之碑文)に「昔年舜天、英祖、察度三代以後」

という文言があり、尚氏より前の王統としては舜天、英祖、察度の三つの王統があったとする認識を示している。天孫氏は考慮されず、歴代王統の起点を舜天に置いているのである。

また、尚清王代の一五四三年の「国王頌徳碑」（かたのはなの碑文）には「大りうきう国、中山王尚清ハ、そんとんより、このかた、二十一代の、王の御くらひを、つぎめしよわちへ、天より、王の御なをは、天つぎ三にせと、さづけめしよわちへ、御いわひ事、かぎりなし」とあり、尚清王は「そんとん」（尊敦。舜天のこと）から数えて二十一代目の王であると認識されている。ここでも何代目の王かを数える時の起点を舜天（尊敦）に置いているのである[43]。

遅くとも尚真王代には舜天を歴代王統の始まりとする考えがあったにもかかわらず、『世鑑』において天孫氏を記述するばかりではなく、阿摩美久を「王朝の開闢」と記述する意図はどこにあるのだろうか。

また、『世鑑』で女神・阿摩美久のみが登場し、シネリキヨに相当する男神が現れないのはなぜだろうか。たとえば、はじめての正史である『世鑑』よりも成立の古い『琉球神道記』ではアマミキユとシネリキユの男女二神であり、先に掲げた巻五—二四二、巻十—五一二などに見るように『おもろさうし』でも「あまみきよ」と「しねりきよ」の男女二神なのである。『世鑑』より後に編纂された正史においても男女二神であり、なぜ『世鑑』のみが女神・阿摩美久だけなのかという問題である。

このふたつの問いは、恐らく相互に関係しており、それは『世鑑』の性格に由来していると考えられる。

これまでも『世鑑』の性格について指摘があったように（田名、二〇一四）、『世鑑』が編纂される時代（一六五〇年）は、琉球にはある程度の自由が保障されていたとはいえ、一六〇九年の島津侵攻後の島津支配下にあった。源氏の末裔を称する島津氏と深い関係を構築するために、『世鑑』では石碑の銘文などで王統の起点とされる舜天を源為朝の子と記述していることと関係があるものと考えられる。つまり、天皇家の分かれである清和源氏の始祖が天照大神であるように琉球王朝の始祖もまた阿摩美久とし、琉球は島津氏と密接な関係を持っており、ともに同じような歴史を歩んできたと語ろうとする意図があったのではないだろうか。源氏の末裔というばかりではなく、さらに遡って神話的な始祖においても同一であることを強調したのではないかということである。

そのように考えれば、『世鑑』において阿摩美久の一神しか登場しない理由も説明することができる。

ただし、為朝の琉球渡来伝説のみならず琉球附庸説は、十六世紀前半には禅僧の間で流布しており、この問題については後に改めて検討したい。

第二章　舜天王統は実在したか

一　為朝の琉球渡来伝説

すでに述べたように、『世鑑』では舜天《しゅんてん》（尊敦《そんとん》）は源為朝の子とされる。『世鑑』「舜天王御即位」は「舜天尊敦と申し上げるのは、大日本人皇五十六代の清和天皇の孫、六孫王より七世の後裔、六条判官為義の八男、鎮西八郎為朝公の男子であらせられる」（諸見訳注、二〇一一、四一～四二）で始まる。為朝は、保元の乱で敗れて伊豆の大島に流され、大島諸島を征伐するが、そこからさらに潮の流れるままに琉球（琉虬）に渡来し、大里按司の妹と通じて尊敦をもうける。この尊敦はやがて浦添按司になり、天孫氏二十五世の時に主君を討った利勇を攻め、自害に追い込み、舜天王となったというのが粗筋である。

この『世鑑』の記事が『保元物語』を典拠にしていることは、これまでも東恩納寛惇などによって考証がなされてきたが（東恩納、一九七八）、為朝と大里按司の妹の間に生まれた尊敦が舜天王になったというのは『世鑑』の創作とされる（田名、二〇一四）。

『世鑑』より古い、古琉球時代の袋中《たいちゅう》上人の『琉球神道記』（一六〇三年）巻五は為朝の琉球渡来伝説について次のように記述している。

中コロ鎮西ノ八郎為伴此国ニ来リ逆賊ヲ威シテ今鬼神ヨリ飛礫ヲナス　（波上権現事）

為友此国ヲ治ラル時（後略）　（洋《おきの》権現事）

これらの記述にみられるように、為朝の琉球渡来伝説は、為朝が渡来して琉球を治めたというものであった。もちろん、この単純化された伝承にも『保元物語』の影響はあり、「今鬼神ヨリ飛礫ヲナス」という記述には、為朝の従者である「三丁礫の紀平治大夫」（礫を三丁投げることができる）が重ね合わせられている。

こうした為朝の琉球渡来伝説は、すでに十六世紀の前半には京都五山の禅僧たちの間で流布していた話であり、この伝説が最初に確認されるのは「鶴翁字銘幷序」（『幻雲文集』）においてである。建仁寺や南禅寺などの住持を務めた京都五山の僧である月舟《げつしゅう》寿桂《じゅけい》（一四七〇〜一五三三年）が、東福寺に遊学していた琉球出身の僧である鶴翁《かくおう》智仙《ちせん》から聞いた琉球の情報などを記したものである。

「鶴翁字銘幷序」には「吾国有一小説、相伝曰、源義朝舎弟鎮西八郎為朝（中略）走赴琉球、駆役鬼神、為創業主、厥孫世々出于源氏、為吾附庸也」とあり、為朝が琉球に赴き、その創業主となったと記している。為朝伝説の粗筋に限れば、袋中上人の『琉球神道記』と大きな違いはない。

十六世紀前半には為朝が琉球の創業主であるとする伝承が五山の禅僧に中にあり（「鶴翁字銘幷序」）、他方では、同じく十六世紀前半の「国王頌徳碑」に歴代王統の起点に舜天が置かれているのである。

尚真王代の国王頌徳碑（一五二二年）の銘文の起草者は円覚寺の仙岩であり、尚清王代の国王頌徳碑（一五四三年）の碑文は同じく円覚寺の檀渓の手になるものであるという。この仙岩も檀渓も日本と琉球を往来していた禅僧であり、為朝の琉球渡来伝説の初出である「鶴翁字銘幷序」（『幻雲文集』）の作者である京都五山の禅僧・月舟寿桂とかかわりのある人物である。ことに、仙岩は月舟寿桂に琉球情報を提供した鶴翁智仙の師に当たる人物という（矢野、二〇一〇）。とすれば、仙岩や檀渓は為朝の琉球渡来伝説を承知のうえで、舜天を歴代王統の起点においた可能性がある。「鶴翁字銘幷序」では、為朝を琉球の創業主としており、これは舜天を歴代王統の起点とする考えと矛盾する。

しかし、これは矛盾ではなく、尚真王の「国王頌徳碑」の銘文が起草された一五二二年の段階にはすでに、舜天を為朝と関連づける考えが存在していたのではなかろうか。この問題は、単に禅僧間のことにとどまらず、琉球の支配者たちの認識にもかかわっているはずである。しかも、「鶴翁字銘幷序」では「為吾附庸也」とあり、この時点で琉球附庸説が語られているのでる。

為朝の琉球渡来伝説は月舟寿桂の時代に唐突に語られ始めたのではなく、すでに伝説が禅僧の間で語られていたと考えられる。というのは、月舟寿桂の「鶴翁字銘幷序」は、最近読んだ明の史書である『大明一統志』の琉球に関する記述（洪武帝の時代に琉球は三つの国に分かれたが中山によって統一されたとする記述）と為朝の琉球渡来伝説の間に食い違いがあることについて述べるが、その中で為朝伝説について「吾国有一小説、相伝曰」としているからである。

この問題については、先に述べたように『世鑑』で舜天（尊敦）が為朝と関連づけられるようになったのは、島津の琉球侵攻以後の琉球の置かれる政治環境、すなわち島津も幕府も源氏の末裔であることを意識し、琉球が島津氏の附庸であることをみずから正当化する意味があったことによるとする見方が有力であったが、島津氏の琉球侵攻以前から、この結びつきは存在していたことになる。

では、この為朝にかかわる王統を置く必然性もしくは必要性が、なぜあったのかということが次の問題になる。

比嘉実は、第一尚氏の最後の王である尚徳の神号が八幡之王子であることにふれ、この時代において琉球国王を源氏の末裔とする下地が形成されていたことについて、『おもろさうし』に謡われる鎌倉への賛美にみられるような、武士たちの守護神である八幡信仰への憧憬と受容、あるいは沖縄島を拠点としていた倭寇の守護神である八幡信仰の受容などが背景になっていたと述べる（比嘉、

一九九一、一〇〇～一〇一）。

ただ、この問題をめぐって検討しなければならないのは、十五世紀初頭の足利義持と琉球国王の間で交わされている書状である。なお、以下の書状の交わされた時期は、琉球において三山が統一されたとされる一四二九年よりも早い時期であるにもかかわらず、すでに「りうきう国のよのぬし」の名称が使用されていることに注目しておきたい。

琉球国が黎明期にあった一四一四年、一四二〇年に、将軍足利義持と「りうきう国のよのぬし」（琉球国王）の間で交わされた書状がある。前者は義持から琉球国王（思紹《ししよう》に比定）へ、後者は「代《よの》主《ぬし》」から義持への書状である。これらの書状は、明を中心とする冊封関係下では横並びのはずである将軍と琉球国王とが君臣関係であることを了解したうえで通信が行われていたことを示しているとともに、ヤマト中心の一体感で包まれた私的空間のなかで結ばれており、それは往来文書が、ヤマトの年号・文体・礼式を採用し、基本的に私人間を往来する書状形式であったことから知ることができるという（村井、二〇一一、四二～四三）。

これらの書状のみから、源氏将軍である足利義持と君臣関係にある琉球国王（思紹）もまた源氏の末裔とする考えを持っていたとするのは無理だとしても、その淵源は、十五世紀の初頭の段階で、なぜ足利義持と琉球国王の間でこのような関係が構築されていたのかという点から明らかになるように思われる。そして、琉球附庸説もまた、現在考えられている時代よりも古い時代に形成された可能性を視野に入れるべきである。少なくとも、史料がほとんど残されていない十四世紀後半～十五世紀初頭の、まさに「三山時代」における「日本」と琉球がどのような関係にあったかが焦点になるはずである。足利将軍と琉球の「三山」の王たち、とくに中山王との間にまったく関係がなければ、このような君臣関係は形成されることはないのではなかろうか。

ここでは、遅くとも十六世紀前半に舜天を琉球の王統の起点とする考えがあり、他方では為朝を琉球の創業主とする考えがあったことを確認しておくことにしたい。

二　舜天は実在したか

舜天王は南宋淳熙十四年（一一八七）に即位、南宋嘉熙元年（一二三七）に亡くなったとされる。その後、舜天王に続き、第二代舜馬順熙《しゅんまじゅんき》王（一一八五～一二四八年）は五十四歳で即位、淳祐八年（一二四八）に薨去、第三代義本《ぎほん》王は南宋開禧二年（一二〇六）に生まれ、淳祐九年（一二四九）に即位、即位十一年五十四歳の時に王位を英祖王に譲ったというのが『世鑑』の記述である。

舜天の存在については、虚構か実在かを明らかにできる史料はない。

舜天王統の虚構性については、いくつかの考えてみるべき点がある。

ひとつは、正史には舜天王統の三代にかかわる事績は、尊敦が利勇を自害に追い込み、王位に就いたこと以外に記述がないことである。さしたる事績を伴わずに王名のみが伝承されている点で、舜天（尊敦）の実在には疑いを抱かざるを得ない。

いまひとつは、『世鑑』の義本王即位の項では、舜天王統に次ぐ英祖王を天孫氏の子孫である恵《え》祖《そ》の世の主の嫡子としており、為朝の子とされる舜天を飛び越えて天孫氏に繋がっていることである。舜天王統は、天孫氏と英祖王統の間に意図的に挿入された王統であると考えられる。

舜天王統自体の虚構性の問題とは少し離れるが、『世鑑』は天孫氏や舜天王統などの初期の王統のみならず歴代の国王について記述する際に、司馬遷の『史記』などの中国の文献を下敷きにしている場合が多い。それは話の筋自体は虚構であることを示すものにほかならないが、そのことと王統そのものが虚構であることとは別の問題である。たとえば、その例は次の舜天王統の三代の義本王から英祖王に王位を禅譲する件にもみられる。

舜天王統の最後の王である義本王は四十四歳で即位するが、その翌年から飢饉があり、さらにその翌年から疫病が流行し、人民の半分を失ったので、みずからの不徳によるものであり、誰かに国を譲るべきであるとし、群臣の推薦する恵祖の世の主の子である英祖を摂政とした。賢人を登用することは、舜が八愷[44]、八元[45]を用いて土地を経営させ、四方に五教[46]を広めさせた如くである。また、不肖の人をさけることは、舜が四兇を国の果てに追いやった如くである。これによって、疫病は止み、英祖が摂政となって七年、義本王は即位してから十一年、五十四歳で王位を英祖王に譲った。南宋景定元年（一二六〇）のことである（『世鑑』）。

四兇とは、堯のような名君でさえも排斥できなかった帝鴻《ていこう》氏、少皞《しょうこう》氏、顓頊《せんぎょく》氏、縉雲《しんうん》氏の不才氏、すなわち四兇族のことであり、舜は堯の摂政となるや、ただちに辺境の地に配流したとされる。

『史記』五帝本紀第一の引用という（諸見訳注、二〇一一、五八～五九）。

『世鑑』は「密かに思うに、義本王の徳は堯であり、英祖王の徳は舜である」（諸見訳注、二〇一一、五八）と記す。『史記』では次のような話になっている。

舜の母は早くに死に、父と継母と連れ子と一緒に暮らしていたが、父は連れ子に跡を継がせようとし、舜を殺そうとする。しかし、舜は父に孝を尽くした。そうした噂が堯のもとに届き、堯は舜を摂政にしたところ、宮廷からは悪人がいなくなり、百官もよく治まった。そこで、二十年後に堯は舜に位を禅譲した（『史記』五帝本紀第一）。

義本王から英祖王に王位を禅譲する件は、『史記』の堯と舜の話を換骨奪胎したものと考えられ、その限りでは、この話は虚構と考えられる。では英祖王自体が虚構の人物かと言えば、必ずしもそうとは言えないのである。

英祖王統の次の察度王統の察度王は、琉球ではじめて中国（明）に朝貢し、『明実録』に記録が残る実在の人物だが、その察度王は天女と「浦添《うらそえ》間切《まぎり》謝名《じゃな》村奥間《おくま》の大親《うふや》」の子とされる（『世鑑』）。母が天女というのは明らかに虚構だから察度王も虚構の人物だとは言えないように、中国神話の聖天子である堯と舜の関係を下敷きにしていることを理由に、義本王と英祖王の存在を虚構とは言えないのである。

三　舜天とは誰か

十六世紀前半には王統の起点に舜天王統を置く一方で、為朝を琉球の創業主とする考えがあったことはすでに述べた。この矛盾する伝承の中で、『世鑑』は尊敦（舜天）を為朝と大里按司の妹の間に生まれた子とすることによってこの矛盾を解消し、さらに為朝ではなく尊敦が阿多氏と阿多君に伴われて今帰仁《なきじん》の運天港にきたとする伝承まで生み出されたと考えられる（『玉城村富里誌』）（中山、一九九二）。

舜天、尊敦の名前について小島瓔禮が興味深い議論を展開しているので紹介したい。

小島は舜天、尊敦の名前の語源説として国王を意味する「首里天」という言葉があるとしたうえで、その意味は何かを問題にする。なお、小島は、「尊敦」を「首里天」からの変化の一形態とみなすが、一方で舜天は「首里天」、尊敦は「首里殿」とする語源説も考えられるとし、その場合、前者は漢語、後者は和語であるとする。そこから導きだされる結論は、舜天、尊敦は東方の太陽を神格化させたものだということである（小島、二〇〇〇）。

その根拠は次のようなものである。

まず、『おもろさうし』には尊敦が謡われる次のおもろがある。

巻十四―一〇四一

一 照《て》るしなの真庭《まみや》に
君《きみ》げらへ　手摩《てづ》て
世のつほに
おぎやか思《も》いに　みおやせ
又 尊敦《そんとの》真庭《まみや》に
主《ぬし》げらへ　手摩《てづ》て

てるしな（太陽神）の真庭に
君げらへ神女が　祈って
世の宝ものを
尚真王様に奉れ
尊敦の真庭に
主げらへ神女が　祈って

大意は、太陽を祭る真庭（神祭りの場）で「君げらへ神女」（「主げらへ神女」）。「げらへる」は「造営する」の意味で、「げらへ」は「すばらしい」ほどの意味）が祈って世の貢物を尚真王に奉れ、というものである。「おぎやかもい」は第二尚氏の第三代の尚真王のことである。

このおもろでは対句部の「てるしな」が「そんとの」に変わっただけであるから、この両者を同義的対句と考えると「そんとの」は太陽の神格を表すことになる（小島、二〇〇〇）。

さらに、神格的な「そんとん」は奄美群島の神祭りの詞にもみえているとし、大島の名瀬市（現・奄美市）大熊に伝わる唱え言「祭日のクチ」を挙げる。

せんにはじまたる

せかいにはじまたる
ねりやすんとう
かなやすんとうから
うさがりようたる
ねごほんのたね
ねごほんのきみ
（『南島歌謡大成　奄美篇』亀井勝信採集）

これは稲の由来を説く部分で、「昔始まったことで、ネリヤ・カナヤのスントウからいただいた穀物の種」という意味であるから、スントウはネリヤ・カナヤ（ニライ・カナイ）の主神ということになる（小島、二〇〇〇）。

また、同じく奄美群島の沖永良部島・屋子母《やこも》の「島建てシンゴ」にも同じ伝えがあるという。

ニルヤじまうりてぃ
ハナヤじまうりてぃ
ふーぬしふがてぃ
すんとぅぬふがだりば
ぬーよじょわらべ

ふーぬしふがみゅしわ
すんとぅぬふがみゅしわ
（『南島歌謡大成　奄美篇』先田光演採集）

「ニルヤ・ハナヤの島に降りて、大主を拝んで、スントゥヌを拝むと、何か子供よ、大主を拝んだのは、スントゥヌを拝んだのは」（小島、二〇〇〇、一六四）という意味だという。

こうした事例から小島は、ニライカナイの大主とはアガルイの大主（東方の大主）のことであり、『おもろさうし』では太陽の神を意味するが、それはニライカナイがアガリの方角（沖縄の伝承では南東、正しくは南東からやや東よりの方角）にあったからだとする。沖縄諸島南東部に位置する久高島で最高の神女であるニライ大主と次位の神女であるアガリ大主が一対を成し、一体化しやすい神格であるのも、その点に理由があると述べる。そして、アガリの神の主神がソントノであり、太陽の神格だったのであろうとする（小島、二〇〇〇）。

そして次のように述べる。

空間的に、はるかに遠い神の世界にいる最高神のソントンを時間的世界に置き換え、現世の最も古い時代の最高の支配者にしたのが初代王ソントンの伝承であったろうと私は考えている。
（小島、二〇〇〇、一六五〜一六六）

このように小島は、ソントンはアガリ（東方）の主神であると理解し、空間的な遠さを時間的な古さに置き換えて初代王の尊敦としたとみなしているのであるから、尊敦は架空の王であると考えていることになる。

こうした理解に異論はないが、「舜天」の名称が「首里天」に由来するという考えは正しいのだろうか。確かに、国王を「首里天」と呼ぶことは尚清王代の「国王頌徳碑」などで確認できる。その場合、「首里天」は国王を意味する言葉としても、本来の語義は何であろうか。

後述するように、第二尚氏の尚清王以降には「天」が「日《てだ》」の意味で用いられており、「首里天」は「首里におわすてだ（太陽）」、すなわち「国王」の意味になる。仮に、舜天（尊敦）の名称が「首里天」に由来するとすれば、「首里天」の名称が成立した後にアガリの大主（大神）の意味になり、そして琉球の最初の王統の名前として用いられたことになる。後世において、過去に遡って名称を付けることはよくあることで、これらの点についてはことさら問題があるわけでない。

ただ、この議論で問題になるのは、アガリの主神である太陽神に、現世の国王を意味する「首里天」という名称を付けるだろうかということである。『おもろさうし』に表現されているように、太陽神の霊力が授けられるのは現世の国王（首里天）であり、太陽神が国王（首里天）によって霊力を高められるわけではない。簡単に言えば、名前の付け方が逆ではないかということである。

ただ、小島は「「首里」は「おそい」（襲い。統治すること）の意ともいわれている」（小島、二〇〇〇、一六二）とする一文も置いている。「首里」は地名ではないということである。この場合、

「首里」は「統治する」を意味する「知る」に由来することになるのだろうか。「知る」の連用形である「知り」（統治すること）から「しゅり」に変化することは考えられる。そうすると、「首里」は実際の「首里」という地名から離れて、「統治すること」を意味する普通名詞として考える必要がある。そうすれば「首里天」の意味は「統治する太陽」であり、「アガリの主神」の意味と理解することもできる。「統治する太陽」が元の意味であり、その名称を国王に付けたという解釈も可能になる。ただ、「天」を「日（太陽）」の意味ととるためには、やはり第二尚氏以降を考えなければならない。

いずれの解釈をとるにしても、舜天、尊敦の語源が「首里天」（または「首里殿」）であるとすれば、この王統は実在した王統ではなく、後世に作為的につくられた王統ということになる。

舜天の名前の由来を考えるうえで気になる点がひとつあるので、憶測にすぎないがあえて掲げておく。

『世鑑』では、中国の五帝のうち、儒家によって神聖視されている堯と舜の聖天子、とくに舜の徳の高さを物語るエピソードがしばしば引用されている。義本王から英祖王に王位を禅譲される時の記述が、堯と舜の神話が換骨奪胎されたものであることはすでに見たが、天孫氏のほかに歴代の国王についても舜の事績がしばしば引用されているのである。それは、徳のある人物の手本としての「舜」である。

中国神話の舜が『世鑑』の記述に一貫して引用されていることを考えれば、舜天という架空の人物の名前を、中国の聖天子である舜をヒントにして創作したと考えても、あながち無理な想定とは言えない。堯と舜が徳を持って仁政を行った人物であり、舜が堯でさえできなかった才人を登用し、朝廷内の四兇族を排斥して統治機構を整備した聖天子であるとすれば、舜を理想として、その文字を借用して創作した舜天という架空の王を、琉球の王統の起点に置いたとしても不思議ではないということである[◉47]。

しかも、舜は「十日を生んだ」とされるように太陽神としての性格を持っているのである（白川、二〇〇三）。つまり、「舜天」の名は「天にある太陽」の意味であり、「尊敦」（「てるしな」）と同一の意味を持つことになる。

ここで問題になるのは、舜が頻繁に引用されるのは『世鑑』の話であって、それより遡る尚真王代の「国王頌徳碑」の舜天についても同じことが言えるのかということである。

しかし、尚真王の事績を十一項目にわたって記す「百浦添之欄干之銘」（一五〇九年）には、冒頭に仏教（三宝に帰依し、造仏造寺に励んだ）、儒教（臣には礼儀を正し、民には租税を薄くし、治国斉家につとめた）を国家支配の支えとしたとあることを考慮すれば、儒教で理想の聖人とされる堯と舜に関する知識をすでに持っていたと考えられ、その時期まで遡ることは許されるだろう。

「そんとん」の名称について言えば、東風平《こちんだ》間切の当銘嶽《とうめたけ》の神名は「ソントノ御イベ」であり、玉城間切の喜名之嶽《きなのたけ》の神名は「ソントノマイケガ御イベ」である（『琉球国由来記』）。これらはアガリの太陽神、または太陽神と同一視された英雄的人物を指すものであろう。東風平間切も玉城間切も沖縄島南部にあり、ここで御嶽の神名に尊敦の名称が存在することは、『世鑑』で尊敦が大里按司の妹の子どもとするのはまったくの『世鑑』の創作ではなく（大里も沖縄島の南部に位置する）、尊敦が大里に結びつけられる伝承が、すでにあったことを示唆すると思われる。

舜天実在説をとる伊波普猷は『沖縄歴史物語』（一九四七年）の中で、四二五年前の尚真王代の「国王頌徳碑」（一五二二年）に出ていること、その石碑は舜天の時代から三世紀も経っていないことから実在の人物と考えて差し支えないと述べている（伊波、一九七四b）。

しかし、舜天の時代から三世紀も経ってない石碑に記載されたことだから事実であるとする論理は逆であって、創作された、ある架空の人物が実在していたと信じられるようになるにはそれほどの期間は必要でないともいえる。ことに文字が使用されていない時代にあっては瞬く間に起こり得ることであろう。共有化される強固な幻想は、容易に形成されるのである。

『世鑑』において、七〇年余りの舜天王統を英祖王統の前に置いたのは、為朝渡来時期の伝承と辻褄を合わせるためであったと考えられる。舜天王の生年については、『世鑑』で南宋淳熙七年（一一八〇）で十五歳とされるから、永万二年（一一六六）生まれということになる。そして即位したのが南宋淳熙十四年（一一八七）である。比嘉春潮は、『保元物語』で為朝が大島を抜け出し、鬼が島[48]に着いたのが永万元年（一一六五）とされていることと関連づける作為があるとする[49]（比嘉、一九七〇）。尊敦が生まれたのは為朝が「鬼が島」に着いたその翌年という計算である。この生年が『保元物語』からの逆算によって記述されていること自体、舜天王が架空の王であることを裏づけるものでなかろうか。

舜天王統の時代は十二世紀後半〜十三世紀前半である。十一世紀頃のグスク時代の幕開けが、喜界島を中心とする地域の人びとがヤコウガイなどの南海物産を求めて渡来したことによったことを考えれば、規模は小さくとも交易拠点がいくつか存在していたことは間違いなく、そうした拠点を取り仕切る有力者は、この間に相応の権力を持つようになったと考えられる。

また、グスク時代開始期からある程度の時間が経過し、土器の面からみれば従来のくびれ平底土器と新たなグスク土器との併存の時代からグスク土器のみの時代へと転換する頃である。言い換えれば、渡来集団が土着化するとともに、従来からの在地の集団を彼らが併呑していく過程が一応終わりを迎えた時期と考えることができる。

しかし、農耕を伴う社会の形成が各地で進み、それとともに在地の採集狩猟民の性格を持つ社会が消失したかと言えば、そうではないであろう。沖縄島のような農耕適地が少なく、農具も粗末で、また天水に頼らざるを得ない地域では、稲、粟、麦類の穀物栽培が始まったとしても生産力は低く、農耕に加えて、漁撈、狩猟、採集などの多彩な生業を組み合わせた複合的な生業であったと考えられる。それが生存戦略にとって最適な方法だったからである。これに加えて、ヤムイモ類やサトイモ類が栽培されていたとすれば、貯蔵に適さないとしても、より安定的な食糧供給が可能だったはずである。

つまり、グスク時代開始期以降、沖縄島で穀物栽培が始まるが、それは農業に基盤を置く「農業社会」が形成されたことを意味しない。そもそも沖縄島の耕作可能地に稲作や畑作が展開したとしても、どれほどの余剰が生じたであろうか。

来間泰男は、十七世紀まで甘藷も甘薯もなく、米は少しあったが農業全体に占める割合は五％程度であったことから、さらに遡る琉球国の成立にいたるまでのグスク時代を農業に基礎を置く社会として論じることはできないと指摘する（来間、二〇一三）。十七世紀の初めで、そのような状況であれば、それからさらに数百年遡る時代の農耕の生産力が高かったとは考えにくい。

舜天王統の時代には、正史が記述するような中山王として琉球を支配する王は存在していなかったと考えて間違いない。

第三章　英祖王統は実在したか

一　英祖王の出生と即位

『世鑑』巻二は、英祖《えいそ》王の即位について次のように記す。

英祖王は、天孫氏の子孫である恵祖《えそ》の世の主の孫である。◉50 母が上帝の夢を見て英祖を身籠もられたので、後の人々は天の子と奉った。南宋の紹定二年（一二二九）己丑に誕生された。その年、鳳凰や龍が鳴くという聖なるきざしがあった。（諸見訳注、二〇一一、六一）

英祖王統には五代にわたる王が存在したことになっているが、『世鑑』の記述にしたがえばそれぞれの王の即位時期は、英祖王が南宋景定五年（一二六〇）、大成《たいせい》王が大元大徳四年（一三〇〇）、英慈《えいじ》王が大元至大二年（一三〇九）、玉城《たまぐすく》王が大元延祐元年（一三一四）、西威《せいい》王が大元至元三年（一三三七）である。英祖王統に替わって察度王が即位するのは大元至正十年（一三五〇）のことである。

英祖王が義本王の摂政となり、疫病がなくなったので、一二六〇年に三十二歳で義本王から王位を禅譲されたとされていることについては、すでに見てきた通りである。

『世鑑』では、英祖王の出生は、母が上帝の夢を見て身籠ったとされているが、『世譜』や『球陽』では、「母が日輪を夢みて妊娠した」「日輪飛び来たりて懐中に入るを夢む」としており、いずれも典型的な「日光感精神話」の形式を取っている。これは英祖王の神名が「英祖日子《えぞのてだこ》」（蔡温『世譜』『球陽』）、「恵祖日子《えぞのてだこ》」（『世譜』）であることと符合している。

これまでもしばしば指摘されてきたように、舜天が為朝の子、英祖王が太陽の子、察度王が天女の子と、異常な出生譚を語ることによって常人にはない能力を持つことを示す意図がある。ただ、舜天と英祖は父が外部の存在とされるのに対し、察度王は母が外部の存在とされていることには何か意味があるようにも思われる。

こうした英祖王の出生が明らかに虚構であるからと言って、英祖王の実在が否定されるものでないことは察度王の場合と同じである。ただ、察度王の場合は、『明実録』に名前が残されているという実在の根拠があるのに対し、英祖王はそうした史料的な裏づけを欠いており、実在か架空かは、結局、舜天王の場合と同様に、実証することはできない。

二　英祖王の事績

英祖王の事績として記述されている内容については、その虚構性が明らかにされている。『世鑑』は、英祖が王位に即位した翌年に、自ら地方を巡って周の税法に倣って耕地の境界を正しくし、耕作地の分け方を均等にしたので役人の俸禄も均等になり、またさまざまな制度を整備したので平和を謳歌することができたとする。土地制度をはじめとするさまざまな制度を整備したとするのである。『世譜』もまた土地制度の整備をあげる。ただ、『球陽』は、天孫氏の時代には国に緊急時があれば臨時に稲束ひとつを朝廷に貢していたが、「後年に至り」国中の男女が毎年稲米一束を王に貢すとする記事を、英祖王即位二年の項に記載している。「後年」がいつかは不明だが、英祖王の項に記載されていることを考えれば、英祖王統の時代のこととして記述しているのであろう。これは要するに、租税制度を定めたということである。

『世譜』の原田禹男の注記によれば、「『孟子』滕文公《とうぶんこう》の「それ仁政は必ず経界より始む。経界正しからざれば、井地均しからず、穀禄平らならず」をそのまま引用したものである」（原田訳注、一九九八、六二）という。これらの制度の整備もまた、中国の『孟子』からの借用である。

借用かどうかという以前の問題として、英祖王在位の十三世紀後半において、田畑を均等に区分し、さらにそこから税を徴収していたとするほどの農業社会になっていたとは考えられない。後述するように、現在ある諸制度や慣習が遠い過去からすでに整っていたというのが正史の語り口である。

それでは、英祖王のほかの事績はどうだろうか。

『世鑑』は、景定五年（一二六四）に北西の諸島がはじめて来貢し、咸淳二年（一二六六）に北夷の大島（奄美大島）が通訳に通訳を重ねて来貢したとする。『球陽』には、一二六四年に久米、慶良間、伊比屋《ママ》などの島が入貢したとあるから、北西の諸島とはこれらの島々であろう。

大島が来貢した時、英祖王は「君子たるもの徳の恵みを与えることをしなければ、（人から）貢物を受け取らないし、逆に、政令が及ばなければ、君子たるもの臣下の礼は取らないという。（大島は私の支配するところではないから）何故私があなたの国の貢物を受け取ることができるだろうか」と言ったところ、大島の者は「我が国の老人が言いました。大風や水害もなく海が穏やかなことが三年続いており、これは聖徳が天地に通じ、必ずや大国に聖人が出現したのだと。ですから朝貢致しました」と述べた。王は喜んで賜り物を厚くし、使者を帰した。それ以来、大島は毎年朝貢するようになった（『世鑑』）。

これに注を付している諸見友重によれば、英祖王の言葉は『漢書』西域伝からの引用であり、大島の使者の言葉は『韓詩外伝』からの引用であるという（諸見訳注、二〇一一、六四）。中国の文献からの引用が続くのである。

十三世紀後半において、大島から沖縄島に入貢するほどの有力者が存在したとは考えられず、この記事も虚構と考えざるを得ない。この頃から奄美群島は千竈氏の所領となり、琉球が奄美大島を領土に組み込むのは十五世紀代のことである。それとても、大島では反乱が起こり、『球陽』には尚清王代の一五三七年に、大島を討って酋長の一人与湾大親を滅ぼしたという記事があり、また『朝鮮王朝実録』の尚真王代の一四九三年の記事には「琉球の附庸である大島に、近年、日本の甲兵がやってきて、島を奪おうとし、多くの戦死者が出たが、一〇回に八、九回は琉球が勝利した」とある。十五世紀に琉球国の版図に入った奄美大島も、必ずしも盤石な統治体制が整い、完全に領土化されたとは言えない状況であった。一五二九年の笠利間切への辞令書を初見として、国王から奄美に発給された辞令書が残されることになるが、この時期あたりから奄美支配が浸透するのではないかと考えられる。

この大島の朝貢の問題については、宮古、八重山の朝貢が参考になる。

『世鑑』では、洪武二十二年（一三九〇）の察度王の時代に、宮古島と八重山島が通訳に通訳を重ねてはじめて来貢し、それ以後、毎年来貢したとする。その理由は以下である。洪武の初めから琉球国が明に五年や三年に一度朝貢していたが、大風に遭って宮古や八重山に漂着することが度々あった。それによって琉球が王国であることを知り、正義を慕い、教化にしたがって来貢したというのである。『世譜』も同様の記事を載せているが、ここでは来貢したのは「麻古山」と「太平山」の二島である。原田禹男の注によれば、麻古山も太平山も宮古島のことであるという◉[51]（原田訳注、一九九八、七九）。『球陽』は、「宮古八重山、初メテ来朝シ、入貢ス」の見出しのもとで、おおむね『世鑑』と同じ内容の記事を載せている。

一三九〇年に宮古と八重山が朝貢したというのは、よく知られている一五〇〇年の八重山征討の記事とは矛盾している。もっとも、『世譜』などは、宮古も八重山も朝貢していたが、八重山島は、ここ二、三年、心変わりをして反乱し、攻撃しようとしたので、宮古が王府にこのことを伝えた結果、八重山を征討したと記す。

最近の宮古、八重山に関する考古学の成果は、こうした正史の記述を検討するうえで参考になる。八重山諸島の石垣島大浜にはフルストバル遺跡があるが、これは琉球王府に反乱を起こしたオヤケアカハチが拠点とした場所と考えられているという。この遺跡には、隣接する屋敷と石積みの一辺を共有する石囲いの屋敷が細胞状に広がる集落を形成していたと考えられるが、そこで出土する陶磁器は十四世紀代~十五世紀末のものであり、それ以降の遺物は見つかっていないという。まさに、「十五世紀の最末期、オヤケアカハチの乱をもってフルストバル遺跡は廃墟に化したのである」(村木、二〇一六、三)。竹富島の花城《はなすく》村跡遺跡、新里村西遺跡、波照間島のマシュク村遺跡も、同じような集落遺跡で十四~十五世紀に位置づけられるという(村木、二〇一六)。この考古学的知見は、正史などが記述する一五〇〇年の王府による八重山征討の記事と対応することになる。

一方、『宮古島旧記』などによると、宮古島の十四世紀頃は大小の豪族が割拠し、抗争が繰り広げられていたとされる。十四世紀の中頃に、その中から出現した与那覇原《よなはばる》軍が猛威を振るって全島を席巻するが、目黒盛《めぐらむり》がこれを討ち、平和をもたらす。与那覇原軍の生き残りである与那覇勢頭《よなはせど》が中山に渡りをつけ、暴戻な宮古は中山王府に朝貢し（一三九〇年）、徳化されたという。その間、目黒盛と与那覇勢頭は敵対関係にはなく、彼らの子孫が宮古を統治するが、十五世紀後半に目黒盛の玄孫である仲宗根豊見親《なかそねとうゆみや》の時代となる。この仲宗根豊見親が、一五〇〇年の八重山征討の先兵となるのである。

しかし、与那覇原軍に滅ぼされたとされる高腰按司《たかうす》の拠点だという高腰城跡では、十三世紀後半〜十五世紀前半までの中国産陶磁器が出土しており、こうした状況は、同じく与那覇原軍に滅ぼされたとする伝承をもつ大嶽城《うぷたきぐすく》跡やミヌズマ遺跡でもみられる。つまり、宮古では十四世紀代に画期は認められず、その画期は十五世紀前半から半ばにかけての時期だという（村木、二〇一六）。

以上の報告をしている村木二郎は、「琉球王国が、三山統一をする以前から宮古は琉球の傘下にあったとして、宮古支配の正当性を主張するために、その前提として英雄たちの争乱の時代をそれ以前に位置付けているとも考えられるのである」（村木、二〇一六、五）と述べる。

これと同じような発想が奄美大島の来貢の記事の背景にあっても不思議ではない。ことに十六世紀前半から各地に発行される辞令書の数を見てもわかるように――発見されている総数は五十八通であり、うち沖縄は三十一通、奄美は二十六通、先島諸島は宮古の一通のみ――、奄美のほうが先島諸島よりも、はるかに地域を深くとらえた支配が実現していたことから（村井、二〇一二）、奄美の朝貢を先島よりも早い時期に設定したとも考えられる。ただ、なぜ奄美大島の朝貢を一二六六年としたのかという問題は残る。

この点について思い当たることは、この頃、「千竈文書」にみるように奄美群島が千竈氏の「所領」になったと考えられることである。この時に、沖縄諸島と奄美群島の間の緊密な関係が変質し、このことが奄美大島の朝貢記事に何らかの影響を及ぼしたのではないだろうか。そればかりではなく、英祖王の即位(一二六〇年)も、同じ時期にあたっており、その辺りの事情と関係しているのかもしれない。

三　英祖王統時代の考古学的知見

英祖王統の実在については、正史の記述を検討する限り、否定的にならざるを得ない。というより、実在を示すものは何もない。

しかし、考古学的知見は、英祖王統時代に何らかの有力者が浦添に存在したことを示唆しているように思われる。考古学的知見と正史とを突き合わせながら、そこから何を読み取れるか検討していくことにしたい。

英祖王統の時代、すなわち十三世紀の半ば~十四世紀の半ば(一二六〇~一三四九年)にかけての沖縄島の社会的状況を概観すると、そこにはふたつの大きな社会変化があった(第I部第三章第二節)。

ひとつは交易の変化である。

十三世紀後半になると、沖縄島の勢力が独自に中国との交易を開始することによって福建産の粗製白磁（今帰仁タイプ、ビロースクタイプと呼ばれる白磁碗）が流入するようになる（金武、一九八八・二〇〇九）。今帰仁タイプは、十三世紀後半から琉球へ流入し始め、ピークになるのが十三世紀末〜十四世紀初めである。ビロースクタイプはⅠ〜Ⅲに分類されるが、ⅠとⅡは十三世紀末〜十四世紀初、Ⅱは十四世紀半ばから琉球に流入し始め、ピークになるのは十四世紀中頃〜十五世紀初頃であるという（金武、二〇〇九）。

ビロースクタイプのⅢが出土するようになる十四世紀半ば頃以降は、琉球で受容される中国陶磁器は質、量ともに大きく変化することになる。[52]

十三世紀半ばから沖縄島で独自に交易が開始される事実は、遅くともこの頃までには、喜界島を拠点とする交易ネットワークから独立し、自立的な交易主体が形成されたことを意味する。

もうひとつの沖縄島における大きな変化は、城塞型の大型グスクの造営が十三世紀末〜十四世紀初の時期にかけて開始されることである。図⑩「各グスクの消長」（第Ⅰ部第三章）をみる限り、十四世紀代以降に城塞型の大型グスクの造営が始まるが、十四世紀の中頃がひとつの大きな画期であり、グスクが構造化されるようになる時期である。大規模な拡張工事が行われ、城壁の拡大・整備と、基壇建物が造営されるのが、おおむねこの時期であるということである。

ここで問題になる英祖王の居城であったとされる浦添グスクをみると、十三世紀末〜十四世紀初に、低い野面積みの石垣と掘立柱の建物が造られる。ただ、この時代には、まだ本格的な造成工事は行われておらず、十四世紀後半～十五世紀初頭になって大規模な土木工事による城郭の整備が行われ、高麗系瓦葺の建物が造営されることになる。

この交易の発展と、城塞型大型グスクの造営の過程には対応関係が明瞭に認められ、城塞型の大型グスクが造営され始める時期は、福建産の粗製白磁が流入のピークを迎え、また十四世紀半ば以降の城塞型の大型グスクが構造化される時期は、中国産陶磁器が従来のそれと比較して、質、量において圧倒する時期である。城塞型大型グスクの造営にみられるような十四世紀代の沖縄島の社会変化をもたらしたのは、交易のあり方の変化であった。

英祖王とは、そうした時代の有力者であった可能性がある。沖縄島全域を視野に入れれば、必ずしも英祖だけではなく、今帰仁グスクなどが造営される前の段階にも有力者が存在したと考えられるが、後世の正統な国王である「中山王」として英祖王ひとりが正史で取り上げられたことになる。英祖王統の時代を俯瞰すれば、沖縄島が独自に交易を始め、それがある程度の規模になり、大型グスクが造営されるようになる時代である。その点に社会変化の画期を見出すことはできる。しかし、それが本格化し、急激な社会変化を遂げるのは、おおむね十四世紀半ば以降の、次の察度王統の時代である。

四　浦添ようどれは誰の墓か

蔡温『世譜』には、英祖王が即位した翌年の一二六一年には「王始築墓於浦添、名其山曰極楽山」とある。『球陽』も「始メテ経界ヲ正ス」の項に続けて「始メテ墳墓ヲ築ク」の項を設け、「始メテ墓ヲ浦添ニ築ク。其山ヲ名ケテ極楽山ト曰フ」とまったく同じ記事を載せている。この極楽山にあった墓が「浦添ようどれ」と考えられている〔写真⑤⑥⑦〕。

写真⑤　浦添ようどれ

写真⑥　復元された浦添グスクの城壁

写真⑦　浦添ようどれへの通路

浦添ようどれという巨大な墳墓を造営しえたのは地方按司などではなく王であったとする安里進は、初期のようどれは断崖下に掘削された東西二つの大きな洞窟とその前面の狭い墓庭から成り立っており、墓域を囲い込む石牆《せきしょう》や墓庭の石積みの擁壁《ようへき》はなく、洞窟も大きく広く口を開いていたとする。そして、洞窟内には高麗系瓦葺きの礎石建物が建てられ、その中に数基の屋根蓋付き唐櫃形の漆塗板厨子が安置されていたと述べる（安里、二〇〇六）。

この墓室内の高麗系瓦には「癸酉《みずのととり》年高麗瓦匠造」の銘があるが、ようどれの「瓦溜り」や「金属工房跡」からの出土遺物などを参照すれば、この「癸酉年」とは英祖王代の一二七三年のこととする（安里、二〇〇六）。しかし、第Ⅰ部第三章第二節や注28でも確認したように、これまでの考古学の研究の成果にしたがえば「癸酉年」は一三三三年のほかには考えられず、英祖王代の一二七三年とは考えられないのである（池田、二〇一二）。安里が考えるように、初期のようどれに、すでに高麗系瓦葺き礎石建物があったとすれば、その造営時期は一三三三年であり、英祖王が造営した墓ではあり得ないことになる。

浦添ようどれの高麗系の瓦葺建物に安置された人物を英祖王と考えるためには、次のような仮定を置く必要がある。

第一に、英祖王が浦添に築いた墳墓が浦添ようどれであった。第二に、英祖王が亡くなった時には崖下に掘削された洞穴である浦添ようどれに遺体を安置したが、高麗系の瓦葺の建物は存在しなかった。第三に、浦添ようどれに葬られた英祖王の遺体は新たに建築された高麗系瓦葺の建物に改葬された。改葬されたのは死後三十四年後ということになる。浦添ようどれの造営からは、実に七十二年後のことである。第四に、正史では極楽山に墳墓を築いたのは一二六一年のこととしているが、この時期は浦添グスクの造営前のことである。したがって、英祖王の居城は別にあり、浦添ようどれだけをここに築いた。第五に、浦添グスクの構造化が進むのは十四世紀半ば以降であるが、その時期は英祖王統が終焉を迎えており、その後に浦添グスクを居城とした有力者は英祖王（英祖王統）の墓である浦添ようどれを破壊することもなく丁重に扱った。

第五の仮定に関連して、英祖王統の次に浦添グスクを居城にした有力者の墳墓はどこにあるのか不明であるという問題がある。つまり、英祖王統に引き継いで浦添グスクを居城にしたのは察度王統であると考えられるが、察度王統の王たちは英祖王の墓を大事に扱う一方で、みずからの墓はどこにあるのか現在では知られていないという問題である。

以上の仮定が成り立ってはじめて、浦添ようどれは英祖王の墓であると考えてよいのではなかろうか。

この中で特に問題になるのは第五の点である。浦添グスクの城主が十四世紀半ばに英祖王統から察度王統に代わり、察度王統代に浦添グスクの構造化が進んだと考えると、浦添ようどれを前代の王統の墓のまま残しておくとは考えにくい。可能性として、英祖王統の末裔が浦添グスクを居城としたことも考えられるが、浦添グスクが大規模工事によって構造化するのは十四世紀後半以降（察度王代以降に相当する）のことであり、英祖王統の終焉後にその末裔が繁栄したことになり、これは考えにくい仮定である。

そもそも正史の記事を読むと、英祖王が造営した墳墓が浦添にあり、その山の名前は極楽山であるとしか記述されておらず、この墳墓が浦添ようどれであるという保証はどこにもないのではなかろうか。

以上の点を考慮すると、英祖王の造営した墳墓が浦添ようどれである可能性はきわめて低いと考えざるを得ない。

したがって、浦添ようどれの西室が英祖王の墓、東室が尚寧の墓とされているが、西室が英祖王の墓であるかについては慎重になる必要がある。

万暦三十七年（一六〇九）の琉球への島津侵攻の時の国王であった尚寧は、亡くなる一ヶ月前の万暦四十八年（一六二〇）八月に「ようとれのひのもん」（極楽山之碑文）を建てるが、ここには、浦添を拠点としていた前々代の王統である英祖王統の祖である英祖の墓所、極楽山の陵（浦添ようどれ）を重修工事し、浦添尚氏の祖父（尚弘業）、父（尚懿《しょうい》）の遺骨を迎え入れて自身もここに葬られるだろうと記されている。浦添ようどれに葬られているのが英祖王でないとすれば、すでに一六二〇年の段階で事実認識の点で錯誤が起こっていたと考えなければならない。

五　英祖王統の居城

この問題は、浦添グスクとは英祖王あるいは英祖王統の居城であったかということとも関連する。安里進は、十三世紀後半には「初期中山王国」が形成されたとする仮説を提示し、浦添グスクのような大型グスクは十三世紀から建造され始め、大型化、複郭化、定型化していくと述べる。ここで言う定型化とは、グスクの政治的中枢部に「正殿―御庭」が配置されることを指す。そして、この定型化は、浦添グスクを中心とする大型グスクにみられるが、それは国家が成立した証であり、広く政治規制が働いたことによる結果であるというのである。そして、英祖王が実在したこと、英祖王代に王権と呼べる権力が存在したことの根拠とするのである（安里、二〇〇三）。

この仮説は、高麗瓦の年代（一三三三年）、浦添グスクの造営年代（十三世紀末〜十四世紀初に造営開始）、さらに大型グスクの「正殿―御庭」の配置が明瞭になるのは大型グスクに基壇建物が建造された時期以降（十四世紀半ば以降）であることなどの点で、根拠に乏しい（吉成、二〇一五）。

この仮説が成り立たないとすれば、王と呼ぶべき権力の有無のみならず、英祖王の実在そのものの再検討も必要になる。

改めて振り返ると、浦添グスクの遺構が残されるのは十三世紀末～十四世紀初の時期であり、しかもこの時期には本格的な造営工事は行われておらず、低い野面積の石垣と掘立柱建の建築物があるにすぎない段階である。正史に記録される英祖王の存命期間（一二二九～一二九九年）を考えれば、浦添グスクが英祖王の居城であったとは考えにくい。たとえ十三世紀末に野面積の石垣と掘立柱の建物が造られていたと仮定しても、英祖王は晩年のわずかの時期に居城としたと考えなくてはならない。英祖王は王位に就いてからもしばらくの間、別のグスクに居住しており、その時に新たに浦添グスクの造営を始めたということになる。そして、その後、大成王、英慈王、玉城王、西威王の居城となり、西威王の時代に英祖王統は終わり、十四世紀半ば以降に浦添グスクが最も壮麗になった時は別の有力者の居城であった。これは英祖王が浦添グスクを居城としていた場合のシナリオのひとつであるが、いくつかの仮定のうえに立たなければならない。

英祖王が晩年のわずかな時期にしろ、浦添グスクを居城としていた可能性がないわけではない。後述するように、英祖王の誕生の地が伊祖グスクであるとすれば、浦添グスクとは同じ丘陵上に位置することになり、その距離はおよそ一・二キロメートルほどである。そして浦添グスクの方がより防御に適した標高の高い丘陵上に位置する。十四世紀代に一斉に大型グスクの造営が進んだのは、より防御に適した軍事的な拠点をつくるためであったのだから、英祖王も軍事的な拠点を移したとしてもおかしなことではない。

このように考えた場合、英祖王の晩年から英祖王統の最後の王・西威までの六十〜七十年間ほどが、浦添グスクが英祖王統の居城だった時期ということになる。これは、考古学から提示されている浦添グスクの造営開始時期を最も早くとった場合の仮定である。

もちろん造営時期の遅い方をとれば、英祖王は浦添グスクを居城にしたことがなかったことになる。その場合は、三十〜四十年間ほどが、浦添グスクが英祖王統の居城になった期間ということになる。

もちろん、浦添グスクは一度も英祖王統の居城になったことがないという選択肢もある。浦添ようどれに葬られている人物が英祖王でないと考えれば、十分にありうることである。

六　王名の問題

ここで英祖王統の居城の問題について視点を変えて検討することにしたい。

英祖という名前について、比嘉春潮は恵祖も英祖も「イーズ」（伊祖）の当て字であろうとする（比嘉、一九七一）。この指摘は、『球陽』が英祖王の父は伊祖按司であるとする記事に対応している。また、英祖は伊祖グスク（浦添市伊祖）で生誕したという伝承を裏づけるものであろう。[53] 英祖王統とは伊祖を根拠地として成立した王統（それが血縁による継承かという点では問題を残す）ということから名付けられた名前であり、恵祖も英祖も、漢字をかえただけということになる。管見の限り、伊祖グスクの発掘調査報告は見られないが、この議論が成り立つためには、その造営は遅くとも十三世紀前半に位置づけられなければならない〔写真⑧⑨〕。

ここで考えてみたいのは、「伊祖」あるいは英祖王統に因む王名である。

写真⑧　伊祖グスク

写真⑨　伊祖グスクから北西方向を望む

伊祖、恵祖、英祖のほかに音が近い人物を探ってみると、第三代の英慈王の名前がある。さらに、後世まで下ってみると、三山時代に、山南王叔として名前を残す汪英紫氏と山南王弟（後に山南王）として名前を残す汪応祖を挙げることができる。

「イーズ（イズ）」「ウェーズ」「エーズ」「エース」などの読みになるのである。

ちなみに、孫薇によれば漢字を表音文字として読むと、

・恵祖（huizu／フェズゥ）・英祖（yingzu／イェンズゥ）・英慈（yingci／イェンツゥ）
・応祖（yingzu／イェンズゥ）・英紫（yingzi／イェンツゥ）

であり、英祖と応祖はまったく同じ音であり、英紫と英慈はかなり似ることになる（孫、二〇一六、五五）。時代は異なるが参考になるだろう。

なぜ、『明実録』にも名前を残す山南王叔や山南王弟が、英祖王統の恵祖、英祖、英慈などの名前の音に近いのだろうか。

浦添ようどれの一三三三年の高麗系瓦葺きの礎石建物が建造された時の王は、第四代の玉城王（玉城は山南の地名）である。そして、正史ではこの玉城王の時代に沖縄島は三つの国に分かれたとする。原田禹男は、『世譜』の玉城王の注に、玉城王の居城は玉城グスクであったとの伝承があると記す（原田訳注、一九九八）。なぜ、英祖王統のひとりの王が玉城グスクを居城としたとする伝承

が成立したのだろうか。

『世鑑』や『世譜』は、一三〇六年に玉城王子になったので、後に即位してもそのまま玉城王の名前になったとする。この点について、諸見友重は『世鑑』の玉城王子に注を付し、「少なくとも第二尚氏王朝の時代には、王族や功績のあった臣下は、賜った領地の地名を冠して某王子、某按司などと称していたため、向象賢が『中山世鑑』編纂の際に資料にしたであろう国廟の位牌に玉城王と記されていることを、当時の習慣と地名に結びつけてこのように記述したのであろう」(諸見訳注、二〇一一、六七)と述べている。第二尚氏時代の慣例のように玉城に領地を持っていたから「玉城王」になったのではなく、別の理由があったということである。[54]

仮に、玉城王は玉城グスクを居城としていたという口碑を事実と考えてみると、英祖王統はこの玉城王の時代に、浦添の地を離れ、後に山南の地の一角とされる玉城に居城を移したことになる。

この仮定に立ってみると、伊祖、英祖などに近い音を持つ山南王叔(汪英紫氏)、山南王弟(汪応祖)が、後年、山南の地を拠点として朝貢主体となった理由を説明することができるのではなかろうか。山南王叔(汪英紫氏)、山南王弟(汪応祖)という英祖王統ゆかりの有力者が山南の地を拠点に、後に朝貢主体となったと考えれば、三山時代の山南で、山南王・承察度とともに明朝によって王として認められたふたりの人物が、同時期に朝貢するという混乱も説明することができる。

つまり、英祖王統の三代の玉城王が浦添の地から玉城グスクに居城を移した後も勢力を温存、または立て直しており、後に山南王・承察度に対抗するように山南王叔、山南王弟(後に山南王)として明への朝貢主体になったのではないかということである。山南の朝貢主体の並立の問題については後述する。ここでは、英祖王統の玉城王の時代に、口碑、在地の伝承で語られるように、居城を玉城グスクに移したと考えておきたい。

このように仮定すると、英祖王統が浦添グスクを居城としていたのは、どんなに遅くとも玉城王が死亡する一三三六年の直前までということになる。そして、この玉城王の時代の一三三三年に浦添ようどれに高麗系瓦葺きの建物が造営されたことになる。これは計算のうえでは成り立つが、現実的には無理であろう。玉城王の即位が一三一七年であることを考えれば、玉城グスクに居城を移した後に浦添ようどれに高麗系瓦葺きの建物が造営されたことになりかねない。

したがって、玉城王の居城を玉城グスクであったとした場合、浦添ようどれは英祖王の墓ではなく、また浦添グスク自体、英祖王統の居城であった可能性はかなり低くなるのである。玉城王が即位した時から玉城グスクを居城とし、また浦添グスクの遺構が残される時期を遅い方（十四世紀初）にとると、英祖王統が浦添グスクを居城としていた時期はほとんどなくなることになる。この場合、英祖王統は伊祖グスクを拠点としていたが、玉城王の時に伊祖グスクから玉城グスクに居城を移したと考えたほうが合理的である。

もちろん英祖王統が浦添グスクを一時、居城としていた可能性を否定するものではないが、一三五〇年に察度王が即位し、その居城が浦添グスクであったとすれば、浦添グスクとはむしろ察度王へと繋がる人物が造営を始めたと考えることができる。

『世鑑』などでは、察度は王に即位するまでは浦添按司であり、その父は浦添間切謝名村の奥間《おくま》大親《うふや》であると記す。

正史では玉城王の時に国が分かれたとするが、次の国王である西威王について次のように記す。西威王は十歳で即位する。王の母が実権を握るが、朝政は日に日に悪くなり、賢人は退隠し、小人はあらそって進み出るあり様だった。この時、浦添按司である察度王は、生まれつき徳が一世に抜きんでていたために、按司たちはみな帰服し、西威王が薨じると、人びとはその世子を廃し、察度を君主にした（『世譜』）。この話は、いかに察度が徳にすぐれ、人びとが帰服したかを述べることに主眼があり、西威王は影が薄い。

繰り返しになるが、ここで考えていることは、浦添グスクが英祖王の居城であった可能性が低く、浦添ようどれが英祖王の墓であったとは考えにくいこと、そして英祖王統が玉城王以降に玉城グスクに拠点を移したと想定すれば、後の三山時代の山南の朝貢主体の並立を合理的に説明することができるということである。

山南の地での朝貢主体の並立の背景には、次章に詳述するように、中山王・察度と同じ「察度」を含む山南王・承察度、さらに後の朝鮮王朝に亡命し、寓居していた山南王・温沙道という「サト」系統の名前の勢力と、山南王叔・汪英紫氏、山南王弟（後に山南王）・汪応祖という「イーズ（エーズ）」系統の名前の勢力の対立があったと考えられる。

英祖王の実在については、それを裏づけるものは何もないが、その一方で英祖という名称が「伊祖」に由来しており、その後の山南の朝貢主体の並立を説明できるとすれば、実在をあえて否定する理由もないことになる。

第四章　三山時代の内情

一　「察度」という名前

前章では、いくつかの仮定を置く必要はあるものの、英祖王統とは伊祖グスクを拠点としていた地方的な有力者であり、その後、玉城グスクに拠ったのではないかと想定した。では、浦添グスクを造営したのは誰かということが問題になるが、それは沖縄島に渡来した新参の勢力ではないかと考えられる。そのように考えるのには、いくつかの理由がある。

ひとつは、浦添ようどれや浦添グスクに高麗系瓦が利用されているが、それは浦添ようどれの「癸酉年高麗瓦匠造」の銘に見られるように、高麗からの瓦工の渡来を示していることである。高麗系の瓦は、単に屋根にのせればよいというものではなく、建物を建造する時から瓦をのせることを計算していなくてはならないという指摘を考えれば（高、二〇〇二）、渡来した人びとの中には建築技術者など、高麗の多様な職能集団が含まれていたと考えられる。

いまひとつは、「サト」の音を含む王名の問題が、渡来者集団についての手がかりを与えてくれることである。

『朝鮮王朝実録』の一三九四年の記事に、中山王・察度が朝鮮に対して亡命した山南王子・承察度の送還を求める記事があり、一三九八年の記事には中山王に追われた山南王・温沙道が朝鮮で寓居し、その年に没したとある。一三九二年に高麗から朝鮮に王朝が交替したのであるから、その直後に朝鮮半島に亡命する、また朝鮮半島に送還を求めるとする記事があることの意味を考えざるを得ない。なぜ山南王や山南王子は亡命先に朝鮮を選んだのか、なぜ中山王は朝鮮王朝に対して亡命者の送還を求めることができたのかという点である。[55]

この問題を考えるために、中山王・察度、山南王子・承察度、山南王・温沙道の「察度」「沙道」という名称に注目する必要がある。『朝鮮王朝実録』に登場する亡命した者、その送還を求めた者の名前のいずれもが「サト」という音を含んでいる。ほかにさまざまな名前を持つ王がいるにもかかわらず、これらの記事ではいずれも「サト」を名前に含む王たちなのである。

『朝鮮王朝実録』の一三九四年の記事によれば、中山王・察度が朝鮮に使者を送ったとされる。その目的は、礼物を捧げること、朝鮮被虜人男女十二名を朝鮮に送還させること、朝鮮に亡命中の山南王子・承察度の引渡しを求めることなどである。一方、同じく一三九四年の『明実録』の記事に、山南王・承察度が明に進貢の使者を送ったとある。双方に記録される「承察度」が同一人物とすれば、一三九四年のこれらふたつの記事は矛盾することになる。朝鮮に亡命中の承察度が明に朝貢したことになるからである。ただし、『朝鮮王朝実録』では山南王子となっており、『明実録』では山南王となっている点に大きな違いがある。ここで注目したいのは、『明実録』の底本史料（遼寧省档案館史料）では浦添の「察度」が「査都」と記載されていることにもとづいて、この読みは「サトゥ」であり、「里（里主）」（貴族の領主）というほどの意味の普通名詞であるとする見解（孫、二〇〇五）があることである。地位名と考えれば、山南王・承察度、山南王子・承察度が同時に存在してもおかしくないことになる（吉成・福、二〇〇六）。

「承察度」「温沙道」などの王名は固有名詞ではなく、普通名詞である「サト」に、それを形容する漢字を付した名称であるということである。[56]

また、孫薇は普通名詞「サト」の意味を「里主」の下略の「里」と解釈する。本当にそうだろうか。また、「承察度」を「大里」の当て字とする考えもあるが、どのようにすれば、「承」を「大《うふ》」と読むことができるのだろうか。

この「サト」という音は、高麗時代、朝鮮王朝時代に存在した地方官で領主を意味する「使道（サト）」と同じである。[57] もし、「察度」「沙道」が「使道」に由来するならば、亡命者、亡命者の送還を要求する王などの名称が、すべて「サト」を含んでいることの意味を理解することができる。[58] これらの「サト」たちは、高麗時代に反政府勢力として沖縄島に渡来した「使道」、あるいは「使道」という地位名称を知っている人びとであり、それを自らの名前としたのではないか。高麗時代の反政府的な勢力だったからこそ、高麗から朝鮮王朝に交替した後に朝鮮に亡命し、また朝鮮に、その送還を求めることができたと考えれば辻褄が合う。

ここまでみてくると、浦添グスクの造営を主導したのは高麗の人びとを含む勢力だったと考えられる。浦添ようどれを造営し、その中に眠る有力者も、そうした勢力を率いる指導者である可能性を考慮すべきであろう。これが、やがて中山王の王統として正史に記される察度に繋がっていく有力者ではなかろうか。

ただし、高麗系瓦が使用される城塞型の大型グスクは、浦添グスクのほかに首里城、勝連グスク（一の郭）があり、これらのグスクも同一の勢力、あるいはその流れを汲む勢力によって築城された可能性がある。したがって、主城と支城という関係も考えられることから、察度王統の居城を浦添グスクと限定的に考えることはできない。首里城の造営が始まるのは十三世紀末～十四世紀初であり、察度王が即位する一三五〇年頃には高麗系瓦を使用した瓦葺の建物がつくられている。◉59

十四世紀代は城塞型の大型グスクが一斉に造営されるようになる時期である。これは内的発展の結果というよりも、むしろ渡来者を含む外部からの衝撃によるものと考えた方がよいことはすでに述べた。十四世紀代に活発化する南島路も、この外部からの衝撃に大きな役割を果したと考えられる。

琉球の対外交流の問題を考える時には、中国や日本などとの関係が重視されるが、朝鮮半島との関係も重要であることは、古くから外間守善などによって指摘されてきた。

沖縄諸島南部の東海の洋上に、「神の島」と呼ばれ、琉球王府によって重要な聖地のうちのひとつとされてきた久高島があるが、その久高島で祭りの時に謡われる神歌（ティルル）の中に、次のような一節がある。

そうるからくたりたる世直《よな》わしの赤椀
そうるからくたりたる世直《よな》わしの黒椀

外間守善は、この歌の「そうる」について、琉球では短母音oはなく、まして二重母音の発音は非常に苦しいはずだが、久高島の人たちは、はっきりとソウルと発音していると述べる。また、赤椀、黒椀とは、祭りの時に神酒を入れたり、ご飯を盛ったりして神様に捧げる聖なる器のことで、八重山でも宮古でも、どの島においても必ず用いているが、久高島では、明らかに赤椀、黒椀のことを「ソウルから下ってきた世直しの赤椀（黒碗）」と言っていると指摘する。そして、従来は、朝鮮半島と琉球の間の文化の伝播は非常に弱かったと考えられてきたが、この歌からはっきりわかるように、両地方間の交流は存在しており、その点にも注目すべきだと主張するのである（外間、一九八二）。交流を示す事実が、琉球国の聖地であった久高島の神歌の中に出てくることには注意してよい。ちなみに、現在のソウルの位置に首都を置いたのは朝鮮王朝を樹立した李成桂であり、当初から「みやこ」を意味するソウルと呼ばれ（漢字表記では「漢城〔ハンソン〕」）、音の起源だけを考えれば、新羅の首都「ソラボル」に由来する。

また、十二世紀に成立した『三国史記』「雑志第一」に、新羅の第二代南解王の時に「始立始祖赫居世廟。四時祭之。以親妹阿老主祭」とする記事がある。これは、妹をして宗廟の巫女にしたということであるが、大林太良が、この記事について、卑弥呼と男弟の関係よりも琉球王国の聞得大君と王の関係に近いと指摘していることには（大林、一九七七a）、注目すべきである。新羅の時代に、その習俗が流入したなどというのではなく、聞得大君と国王の関係のモデルにしていることも十分にありうるということである。

考えてみれば、察度王に次いで即位する武寧王の名前は、現在の佐賀県の加唐島《かから》で生まれたとされる百済第二十五代の王と同名である。

また、「三山時代」の描写において、中山は主権性・神聖性（第一機能）、山北は戦士性・力強さ（第二機能）、山南は豊穣性・生産性（第三機能）に結びつけられ、インド＝ヨーロッパ語族の神話体系（三機能体系）を枠組みとしていることから、三山時代の伝説化の過程で、朝鮮半島から渡来した人びとの役割が大きかったと考えられることは、大林太良の議論（大林、一九八三）を引用しつつ、これまでも繰り返して述べてきたことである（吉成・福、二〇〇六／吉成、二〇一一）。高麗時代の『三国史記』において、新羅の初代の三王に三機能が割り振られて描写されていることからの想定である。

さらに「万国津梁鐘」の銘文の問題もある。この鐘は尚泰久王の治世下の一四五八年に首里城の正殿に掛着したとされ、銘文は相国寺の渓隠和尚の手になるものである。

「琉球国者南海勝地而　鍾三韓之秀以大明為　輔車以日域為唇歯在　此ニ中間湧出之蓬萊」で始まる銘文だが、なぜ琉球国は「朝鮮（三韓）の秀れたものを鍾め」たものとされているかという問題である（吉成・福、二〇〇六）。また、三韓が明や日本よりも先に置かれていること、琉球国が南海の勝地とされていることも、考えてみれば不思議なのである。

十五世紀代の朝鮮半島からの人の移住の問題で考えたいのは、久米村に関する記事である。『朝鮮王朝実録』には、一四五六年に久米島に漂着し、その後、那覇で四年ほど滞在した朝鮮の船軍、梁成の見聞が記録されている。

> 貢船に乗って琉球国に到り、水辺の公館（天使館）に住した。その館は王都から五里余り離れた地にある。館の傍らには土城があり、百余家がある。皆、我が国（朝鮮）及び中原（中国人）がここに居住しているという。

土の城壁で囲まれた場所とは久米村のことであろう。そこには朝鮮と中国の人、百余家が暮らしているというのである。

このほかに久米村に朝鮮の人びとが暮らしているとする史料を探すことはできないが、これまで述べてきた琉球と朝鮮との関係を考えれば、十分に検討すべき史料である[60]。

二　並立する山南の朝貢主体

三山時代の中山と山南の関係について、王名（察度と承察度）がともに察度（サト）という普通名詞を含んでいること、中山と山南は同一船で朝貢し、同一の使者を派遣している場合があること、『朝鮮王朝実録』に中山王・察度が、山南王子・承察度の送還を朝鮮に求めている記事があること（一三九四年）、明の洪武帝崩御・永楽帝即位の白詔紅詔を中山に発し、山南王一列に開読することを令達したことなどの点から、中山と山南は敵対関係にあるとは考えられず、むしろ同一の社会的基盤を持っていたのではないかと論じたことがある（吉成、二〇一一）。

しかし、山南の内部を仔細にみれば、明に朝貢した勢力には、少なくとも二つの系統があり、山南における勢力間の対立をみることができるのである。

それは「承察度」にみられるような王名に「サト」を持つ王と、すでに述べたように英祖王統ゆかりの人物と考えられる汪英紫氏、汪応祖の間の対立である。

まず、山南では山南王・承察度に追随して山南王叔・汪英紫氏が朝貢に参入する。同時期に山南から二人の朝貢主体が現れるのである。

『明実録』によると、承察度は一三八〇年十月～一三九六年四月まで、合計七回の朝貢（元旦の慶賀使などを含む）を行っており、汪英紫氏は一三八八年一月～一三九七年二月まで合計六回の朝貢を行っている。回数ではほぼ同数であり、汪英紫氏の朝貢時期が遅れて始まるという違いがみられるだけである。

明の洪武帝は一三八三年と一三八五年の二回にわたって山南に対して印鑑を下賜しており、山南王とともに山南王叔も王として認知していたと考えられる。ここで注目したいのは、承察度と汪英紫氏という朝貢主体が並立していることである。それは、察度系統の王と英祖系統の王叔（王とは名乗れなかった）が対立関係にあったことを示している。この対立を認識していたからこそ、二人に対して洪武帝は別々に印鑑を下賜したのであろう。

では、汪応祖の場合はどうだろうか。

『明実録』における冊封記事を見ると、一四〇三年三月に山南王弟として汪応祖の朝貢記事があり、その翌年に汪応祖の冊封に関する記事がある。汪応祖は承察度の「従弟」であるが、承察度には子どもがなかったため、前王の承察度によって後継者に指名され、国民をよく治めているという内容である。

こうした汪応祖の「自己申告」による記事が『明実録』に残されるのは、明に対して、あえて汪応祖が正統な後継者であることを説明する必要があったためであるという（和田、二〇〇六）。つまり、承察度と汪応祖との間には王位継承上の断絶があったのである。汪応祖は、結局、王弟としての朝貢一回（一四〇三年三月）を含めて、一四一三年八月まで合計で十二回の朝貢を行うことになる。

汪英紫氏は山南王・承察度がすでに朝貢を始めており、そこに割り込むために王叔を名乗って朝貢を始めたと考えられる。朝貢の時期は遅れるが、汪英紫氏が対明関係において承察度と力が拮抗していたからこそ可能になった朝貢であろう。これに対して、汪応祖ははじめ山南王弟を名乗るが、それは承察度が存命中であったか、死亡後であっても王と名乗れない事情があったためであろう。

こうした経過をみると、汪英紫氏と汪応祖は承察度と敵対する勢力であったこと、汪応祖は汪英紫氏の後継者であったらしいことがわかる。承察度を取り囲むように、山南王叔（汪英紫氏）と山南王弟（汪応祖）が、前後して存在していたのである。ともに王名が「汪――」であることにも注目すべきである。

以上の推定が正しいとすれば、ともに渡来者の系譜を引くものの、英祖王統はより在地的な人びとであり、察度王統は新参の勢力であったということになる。

承察度が一三九六年を最後に朝貢の記録から消えることは、『世譜』で中山王・察度が一三九五年十一月に薨去したとされることと符合するかのようである。その後、明への朝貢使などの中に「察都」（「――察都」を含む）の名を持つ人物の存在は確認できるものの、この頃を境にして、察度、承察度、温沙道など「サト」の名前を持つ王たちは一斉に歴史の舞台から姿を消すことになる。

汪応祖の次に山南王になる他魯毎《たるみ》に関しては、汪応祖の兄の達勃期《たぶち》が弟王を殺害したが、諸按司が達勃期を倒し、世子である他魯毎を次の山南王にしたとする（『明実録』）。田名真之は、これは達勃期ではなく、他魯毎による王位簒奪も想定できるのではないかとしている（田名、二〇〇四）。いずれにしろ、汪応祖は王位を簒奪され、名前から見る限り、英祖王統ゆかりの最後の王になるのである。

なお、他魯毎の読みは「タルミ」であろうが、「ミ」は「思い（ムイ）」から変化した敬称接尾辞であるとすれば、「太郎様」の意となる。

十四世紀後半の明への朝貢主体として中山王・察度、山南王・承察度が存在しているが、このふたりは対抗する勢力ではなく、一三九八年に朝鮮に寓居し、後に朝鮮で客死する温沙道とともに同一の勢力を構成する有力者であった。この点で、必ずしも中山と山南は敵対的な関係であったわけではない。

また、山南の地を拠点に前後して朝貢主体となる王叔・汪英紫氏、王弟（のちに山南王）・汪応祖もまた同一の勢力の有力者であり、対抗する山南王・承察度と並び立つように朝貢主体になった。中山王・察度と山南王・承察度は敵対的関係にはなかったが、彼らと山南王叔・汪英紫氏、山南王弟（山南王）・汪応祖は敵対関係にあったと推定され、その点では中山と山南の対立、山南内部における対立という図式に還元できるような単純な関係ではなかったのである。

三　按司という名称

「三山時代」の山北から明に朝貢した王は、帕尼芝《はにじ》、珉《みん》、攀安知《はんあんち》の三人である。

このうち攀安知の読みは「ハンアンチ」であろうが、意味は不明である。しかし、「安知」が

「アンジ」「アヂ」ではないかと推測することはできる（吉成・福、二〇〇六）。とすれば、「按司」に相当する名称の史料上の初出ということになる。

孫薇は、この固有名詞がのちに広く「按司」という普通名詞として使用されるようになったのではないかと述べている（孫、二〇一六）。按司とは最初から地位を表す普通名詞ではなく、固有名詞であったものが普通名詞になり、沖縄諸島全体で使用されるようになったと考えるのである。

孫薇が山北王のひとりの王の名前の一部が、その後の「按司」という言葉の起源になったと考えるのには理由がある。

従来、琉球ではじめて冊封されたのは、中山王・武寧、山南王・汪応祖の一四〇四年であると考えられてきたが、蔡温『世譜』には、洪武二十九年（一三九六）に「山北王珉薨其子攀安知立受封」（山北王である珉が死亡し、その子どもである攀安知が立ち、皇帝による冊封を受けた）とあり、琉球で最も早く冊封を受けたのは山北王の攀安知であったことに注目するからである。冊封使来琉の記録がないことから、詔書下賜の形式が取られたのだろうとする（孫、二〇一六）。『球陽』にも攀安知の冊封に関する同じ内容の記事がある。

孫は、この点から山北は「王権発祥の地」であり、はじめて冊封を受けた攀安知の名前の一部である「按司」という言葉が普通名詞として山北から沖縄島へと広がったと考えるのである。

攀安知は、一三九六年一月から合計十回の朝貢をしているが、うち五回が洪武帝、五回が永楽帝に対してである。永楽帝に対しては、一四〇三年一月にはじめて朝貢し、この時に使者は、国俗を変えるために冠帯と衣服を下賜するようにとの要求を伝えたが、これを受けて永楽帝は礼部に命じて、国王と臣下に冠服を下賜した。永楽帝との付き合いにおいて攀安知は積極的であり、この冠服の下賜は、永楽帝から琉球に使者が派遣され、下賜や冊封が行われる以前の出来事であったという。その後、一四〇三年三月、一四〇五年四月には朝貢、一四〇五年十二月には朝貢と一四〇六年の元旦のための使者を送った。最後になるのは、それから十年ほど経った一四一五年四月であり、攀安知の使者は中山王・思紹の使者とともに馬と方物を貢いだ。

なお、最後の朝貢は中山王・思紹の行ったものであり、山北は実際には一四〇六年には滅亡していたというのが孫の考えである。その裏づけになるのは、蔡温『世譜』が、北山の歴代の四王（今帰仁、帕尼芝、珉、攀安知）の在位期間を延祐年間（一三一四～一三二〇年）から永楽四年（一四〇六）までとしており、攀安知が一四〇六年で終焉を迎えることを明記していることである（孫、二〇一六）。

また、中山王・武寧が中山王として中国の記録にあらわれるのは一四〇五年であるが、一四〇六年に使者を送った記事を最後に記録から消える。その後、思紹が何の前ぶれもなく、一四〇七年、「琉球国中山王（武寧）世子思紹」として中国の記録に現れるが、これは思紹が武寧を滅ぼしたためである。山北の攀安知が滅んだと推定される時期と一致することになる。

山北王の明への朝貢は最も遅く、明から朝貢船の下賜も行われていない。また、官生も山北だけから派遣されていないなど、中山、山南に隠れて影が薄い。それにもかかわらず、孫の指摘を踏まえれば、早くから明に厚遇されていたことになる。北山が王権の起源であり、攀安知の「安知」が後の「按司」の語源であるという孫の考えは、その点で十分に理由のあることである。しかし、それは結果的にそう言えることであり、山北は中山や山南に比べ、明に対して従順とは言えなかったことが、逆に明からの懐柔策としての厚遇の原因になったとも考えられる。

三山時代とは、従来、考えられてきたような三つの地域で王が分立したというような単純な時代ではない。三つの地域に区分して考えることにも意味はない。朝貢主体を仕立てるための便宜的な名称である。中山と山南には同一勢力の王が存在した時期もあり、また山南に異なる系統の王が並立した時期もある。山北は中山、山南とは異質な勢力であると考えられるが、これまでの通説とは異なり、明によって冊封されたはじめての王が存在した。

そもそも「三山」時代とはいえ、この時代に王と称する人びとは、沖縄島を三つの地域に区分した地図に表現できるような面的な領域を掌握していたのではなく、拠点的な地域、あるいは彼らのネットワークを掌握した有力者を指すと考えた方がよい。

こうしたさまざまな勢力が朝貢するに際して、その業務を一手に引き受けていたのは久米村の人びとであった。中山を中心にして、山南や山北の勢力が共同で朝貢することがあるのは、そのためである。倭寇の「受け皿」としての役割を沖縄島が担い、その利害関係の調整を久米村が行っていたのである。

第五章　太陽神と権力者　「てだ」「てだこ」をめぐる問題

一　『おもろさうし』から復元できること

1　『おもろさうし』の編纂

第Ⅱ部第三章と第四章では英祖王統以降の正史の記述と考古学の成果を対応させながら、三山時代の歴史過程について検討してきた。ここでは、琉球王権、ことに「太陽の王」（末次、一九九五）としての王権の成立について検討していきたいと思う。「太陽の王」とは「王権を太陽と重ね合わせることによって神聖視する考え」のことである。この問題を検討するに当たっては『おもろさうし』が重要な役割を果たすことから、最初に『おもろさうし』の史料としての性格について簡単にふれておきたい。

『おもろさうし』の編纂事業によって巻一が成立するのは尚清王代の嘉靖十年（一五三一）のことである。それから八十二年後の万暦四十一年（一六一三）に巻二、天啓三年（一六二三）に残りの巻三〜巻二十二が編纂されることになる。巻一と巻二以降の編纂の間には、一六〇九年の琉球への島津侵攻がある。

やがて康熙四十八年（一七〇九）に首里城が炎上した際に『おもろさうし』も焼失し、その翌年の康熙四十九年（一七一〇）に書き改め（再編纂）が行われることになる。この時に再編纂された『おもろさうし』が、現在伝えられている『おもろさうし』である。

再編纂された『おもろさうし』には、巻をまたがっての重複や、同一の巻の中での錯簡もあり、これらは再編纂の過程で生じたものであり、完全に元の状態に復元されたものではないという。また、散逸したおもろも想定されるという（島村、二〇一〇）。したがって、書誌学的には『おもろさうし』は一七一〇年を遡ることのできる史（資）料ではなく、その時を遡って論じることには、あらかじめ限界があることになる。

なお、島村幸一は、再編纂が行われた近世琉球においては、実際に謡われていた巻二十二（公事おもろ）が聖典であり、巻一から巻二十一までは、その聖典を支える根拠だったのではないかと論じている[61]（島村、二〇一〇）。そのように考えれば、再編纂にとって重要なのは巻二十二のみであり、巻一〜巻二十一までの再編纂は、ある程度、杜撰なものでもよかったことになる。

しかし、本書の論点にかかわる『おもろさうし』の「史料」としての価値について言えば、近年の日本中世史の成果を援用すれば、その内容をよく理解できるおもろが散見されることから、おもろごとに吟味しながら検討すれば、「史料」として十分に利用できるのではないかというのが、ここでの立場である。

2　おもろの謡われた時期

仮に「史料」として利用できるにしても、まだまだ考えなければならない課題がある。たとえば、『おもろさうし』に収録されたおもろとは、一体いつ頃から謡われていたのかという問題である。しかし、この問題に対する解答は明快にならざるを得ない。古くから謡われていたかどうかにかかわらず、おもろの編纂事業が尚真王代に始まり、次の尚清王の時に、少なくとも巻一が成立したとされる以上、われわれが実際に目にすることができるおもろは、筆録、編纂された時期、すなわち尚真王時代よりも過去には遡ることができないのである。換言すれば、尚真王代以降の編纂された時点を基準として、その時期より古い時代を謡うおもろであれば、その時点から過去を振り返って謡ったおもろであるとしなければならないということである。また、尚真王代より遡っておもろが謡われていたとする根拠もない。

ひとつの例を挙げるならば、おもろでは英祖王を「若てだ」（巻十二―六七一）と表現するが、これは同時代的に英祖王が「若てだ」と呼ばれていたとする史料がない以上、尚真王代以降に「若てだ」と謡われていたことを示す史料でしかない。

おもろの謡われていた時期についてもう少し検討してみたい。ここでは本書でしばしば取り上げる地方で謡われたとされるおもろ（地方おもろ）を例にとることにする。

島村幸一によれば、「地方おもろ」がどのようなかたちで謡われていたかはまったくと言ってよいほどわかっておらず、「地方おもろ」に限らず、おもろが「地方」で謡われている痕跡はほとんどないと言ってよいという。その中にあって、島村は今帰仁と久米島に注目する（島村、二〇一〇）。

今帰仁については、『尚姓家譜（具志川家）』に尚真王の第四子である尚韶威《しょうしょうい》の記事がある。その記事によれば、弘治年間（一四八八～一五〇九年）に尚真王が尚韶威を「北山監守」として派遣するが、この時に脇差、鎧、盃、盃台、緞紳などを特賜し、それとともに「唄雙紙一冊」を贈り、節毎に禮を行わせたという。この「唄雙紙」とはおもろのことと考えられるという。というのは、「唄雙紙」の割注には、一七〇九年に『おもろさうし』が焼失した際の「書き改め」の資料になっている旨が記載されているからである（島村、二〇一〇）。

また、久米島には『君南風由来幷位階且公事』（一六九七～一七〇六年頃の成立）という史料があるが、この中に「稲大祭」「稲穂祭」の記事があり、前者では「おもろ赤頭弐拾人」、後者では「おもろ赤頭拾人」の記載があり、おもろが謡われていたと考えられるという。そこで謡われたおもろは記載されていないものの、史料の前半部には「仲里城祭礼之時おもろ」十四首が記されており、これらは「稲二祭」の時に謡われたおもろである可能性が高いという。つまり、王権儀礼として謡われていたおもろが久米島に持ち込まれ、それが断片化しながら謡われていたと考えることができるというのである（島村、二〇一〇）。

今帰仁の事例は尚真王代のこととされ、久米島の事例は近世琉球のことである。このいずれにおいても、王府からおもろを持ち込んだ事例と考えることができ、年代としては尚真王の時代を遡ることはできないのである。[62]

おもろが謡われていたのが尚真王代を遡ることができないことを別の側面から考えてみたい。『おもろさうし』の巻一は聞得大君に関連するおもろ群であるが、初代の聞得大君は尚真王の妹である「音智《おとち》殿茂金《とのもいかね》」（月清）であり、巻一が成立したのが最も早いことを考えれば、尚真王の時代を遡ることはできないことになる。

また、地名の変遷を検討することによっても謡われた時期を想定することができる。たとえば、今帰仁という土地に関連する一連のおもろがある。これらのおもろでは「今帰仁」を、すべて「みやきせん」と表記している。今帰仁という地名の推移を辿ってみると、「伊麻奇時利《いまきじり》」（『海東諸国紀』申叔舟、一四七一年）、「ミやきせん」（「玉陵の碑文」一五〇一年）、「今鬼神」（『琉球神道記』袋中上人、一六〇三年）、「今きじん」（『琉球渡海日々日記』一六〇九年）などと表記されている。

一五六三年～一六一二年までの七通の辞令書は「ミやきせん」の表記であり、「今帰仁」の表記の初出は一六四三年の辞令書である（孫、二〇一六）。

つまり、『おもろさうし』の「みやきせん」の表記は、尚真王代以降、十六世紀代を通して使用されていた「ミやきせん」（「み」と「ミ」の違いはある）の表記ということになる。したがって、

『おもろさうし』の今帰仁にかかわるおもろは、その時代に謡われたと考えられる。沖縄諸島の言語状況を考えても「地方おもろ」が地方で謡われていたとは考えにくい面がある。この点について、池宮正治は、もしおもろが地方から集められたものだとしたら、方言差が反映されていてもよいが、おもろの表記について地方差がまったくなく、おもろの表記は後の首里那覇方言に対応していることを指摘している（池宮、一九八二）。

さらに、『おもろさうし』には「定型句」とでもいうような表現が頻出することも、右の考えを後押しする。

たとえば、「ちよわれ」（動詞「ちよわる」〔行く、来、有り、居り〕の連体形）、「みおやせ」（動詞「みおやす」〔奉る〕の已然形・命令形〕）、「降れわちへ」（動詞「降れる」の連用形「降れ」に、尊敬の補助動詞「おわす」の接続形「おわして」が結びついたもの）などの表現が頻用され（島村、二〇一〇）、また地方の権力者を「按司（あぢ、あんじ）」「てだ（太陽）」などと呼ぶ表現も多用されている。しかし、各地方でこのように一様に表現していたとは到底考えられないのである。

こうしたことを勘案すれば、おもろの表現とは国家祭祀の言語で構成されており、少なくとも「地方おもろ」とは、それぞれの地方で口頭によって継承されてきたものが、そのまま筆録されたものではないことは明らかである。しかも、「地方おもろ」が地方で謡われた形跡がないことを考えれば、さらに踏み込んで、おもろとは王府の官人やおもろ歌唱者などの創作なのではないかと考えざるを得ない。この仮定が正しければ、「地方おもろ」の創作時期として、尚真王代以降を考えるべきである。

　国家祭祀の言語を持ち、そしてそれが王府内にとどまらず、地方をも謡う言語になっているということは、王権が強化され、地方支配も相当に進んだ時期でないと考えがたい。状況証拠から考えるならば、やはり中央集権化が進み、官僚制度も整う尚真王の時代を考えるべきである。辞令書の発給が最初に確認されるのも尚真王代の一五二三年のことであり、官僚制の成立をみることができるのである。

　もちろん、おもろが官人やおもろ歌唱者の創作だとしても、元になる伝承があり、それに基づいて謡ったものであろう。その「元になる伝承」とは何かについては不明としか言えない。それは歌謡――おもろという形式を否定するものではない――であったかもしれないし、口頭で伝承されてきた歴史伝承などであったかもしれない。そうした歴史伝承が「史料」としての信頼性をまったく欠いているとは言えないことは、いくつかのおもろを検討すれば明らかになることである。沖縄における話し言葉の持つ濃密さを考えれば、またそれが文字を使用していない社会でのことであれば、そうした口承の中に十分に信ずべき歴史を含んでいたとしても不思議ではないことは了解されるだろう。その一方で虚構が強固な歴史になることもあることはすでに見てきた通りである。それらの真偽は他の歴史といかに整合するかという視点から判断するほかない。

　歴史を語る口頭伝承の中から史実を抽出すること自体、困難な作業であることは疑いないが、しかし本書で「おもろごとに史料としての価値を吟味しながら検討すれば十分に利用できる」と考える理由は、この点にある。

3　『おもろさうし』と尚真王

『おもろさうし』の冒頭が聞得大君のおもろであることが示すように、『おもろさうし』の基本的なテーマのひとつはオナリ神信仰（姉妹は生得的に持っている霊的な力によって兄弟を守護するとする信仰）によって聞得大君や高級神女たちが国王を守護することであるが、それとともに尚真王の国王としての正統性を謡うことも重要なテーマになっている。

『おもろさうし』には「おぎやかもい（尚真王様）に……みおやせ（奉れ）」という形式のおもろが繰り返し謡われているのである。すでに、福寛美との共著の中で論じたことがあるが（吉成・福、二〇〇六）、ここではその中からいくつかを改めて掲げることにしたい。

- 巻一―四……聞得大君が天の祈りをすれば「てるかは」も誇り（喜んで）笠利を討って尚真王に奉れ。
- 巻三―一二二……聞得大君が天の祈りをすれば「てるかは」も誇り（喜んで）島添えて尚真王に奉れ。
- 巻三―一二七……聞得大君が降りて栄え、世揃《よう》えて（国中を）尚真王に奉れ。
- 巻四―一六〇……煽りやゑ神女は地天のせぢ（霊力）を降ろして尚真王に奉れ。尚真王は永遠にましませ。
•巻五―二四〇……あまみきよ、しねりきよがすぐれた細工をして首里杜・真玉杜（首里城）を造営して尚真王に奉れ。
•巻五―二四一……あまみきよは大島を造り、永遠に英祖王の末裔である尚真王に奉れ。
•巻五―二八三……円覚寺の孵で水を奉れ。
•巻七―三四六……聞得大君が「かぐら」にある雲子石《くもこいし》（美しい石）に祈って（国の平安を）尚真王に奉れ。
•巻十二―六六五……せん君が首里杜に降り、こがねすへ（すぐれた霊力）を尚真王に奉れ。
•巻十二―七〇七……久米の世寄せ君が首里杜に降り、君ぎやせぢを尚真王に奉れ。
•巻十四―一〇四一……照るしな・尊敦（舜天）の神庭に君げらへ、主げらへ神女は祈り「世のつほに」（貢物）を尚真王に奉れ。
•巻十五―一〇八〇……浦襲《うらおそい》の根国に泉、清水（井泉）を造り、孵で水を尚真王に奉れ。
•巻十六―一一四九……丈清《たけきよ》らの親のろ（平安座ののろ）が東方に通い、「世のつほに」を尚真王に奉れ。
•巻十六―一一五〇……伊計《いけ》グスクの親ノロが綾子橋を架けて、島かねて（島を支配して）尚真王に奉れ。
•巻十八―一二六〇……百名《ひやくな》（根国）から上って、島を揃えて永遠に尚真王に奉れ。

・巻十九―一二八七……佐敷からもたい子が来て、永遠に白い米を尚真王に奉れ。
・巻十九―一二八九……佐敷（苗代）にあまみや（遠い昔）からある孵で水を尚真王に奉れ。
・巻二十二―一五三九（巻七―三四六と重複）……聞得大君が「かぐら」にある雲子石に祈って尚真王に奉れ。

このように、「おぎやかもい（尚真王）に……みおやせ（奉れ）」と謡われるおもろは、ほぼすべての巻にあると言ってよいほど、全体を通して謡われるのである。尚真王に奉られる物は、歴代の王統（舜天、英祖・察度（浦襲？））、第一尚氏（佐敷））に因む霊物であり、また沖縄諸島の各地からの霊物である。このことが意味するのは歴代の王統、各地の霊物を奉られることによって、尚真王の国王としての正統性を謡っているということである（吉成・福、二〇〇六）。

こうしてみると、『おもろさうし』の基本的なテーマのひとつは、尚真王を賛美することにあると言ってよい。これらのおもろは、『おもろさうし』の全体を通して、「尚真王に収斂する構築された世界」を紡ぎ出すために、前代の偉大な国王を振り返って賛美していると考えられる。

二　「てだこ」としての国王

1　「天上の太陽」と国王

『おもろさうし』では国王を「てだ―こ」、「てだ―か―すへ―あんし―おそい（てだが末按司襲い（太陽神の末裔である国王））」、「あち―おそい―てだ（按司襲いてだ（按司を支配する按司））」など、「太陽《てだ》（日）」で表現する場合が多い。

「太陽（日）神」「天帝」など、天上の世界（神）が概念化されるようになる過程で、ひとつの画期があったことは比嘉実の指摘から知ることができる。それは「若太陽《わかてだ》思想」と「太陽子《てだこ》思想」にかかわる議論を通してである。

比嘉実は「若太陽思想」と「太陽子思想」の間にある断絶について、おおむね次のように述べる。

若太陽思想とは、地方の族長や権力者が、再生を繰り返し生命力の横溢する存在、不死の象徴としての若太陽（昇りつつある太陽）との同一化を望むということであり、国王を日神の末裔とする太陽子思想とはまったく異なる。太陽子思想は、太陽の光を浴びて受胎した女性から子どもが生まれたとする「日光感精神話」を媒介として形成されるが、それがはじめて記録されるのは、琉球国はじめての正史である『世鑑』（一六五〇年）の英祖王に関する記事である。ここには、日神、その精を受けた英祖に、国王を系譜的に位置づけようとする作為がある（比嘉、一九九一）。

しかし、文献史料から見る限り、尚真王以後の四代尚清王の時代（一五二七〜一五五五年）からすでに、神号などの中に、天や日神に国王を系統化する意図が明瞭に読み取れる。その理由のひとつは、尚清王の即位にあたって中国側から、その即位には整合性を欠いているのではないかという疑いがかかり、それ以降、王位を系譜化することが促進されたからである。『世鑑』において創世神話における日神が天帝と記述されることにみられるように、王権が日神に由来するという論理形成にあたっては中国思想としての天の思想と日光感精神話が大きな影響を与えており、その時期は尚清王の時代である（比嘉、一九九一）。

比嘉のこの指摘は、第二尚氏四代の尚清王の冊封にあたって（一五三四年）、明は王府の三司官以下の臣下らの連名による、新しい国王が正統な後継者であることを保証する「結状」を提出させたが、以後、冊封を受ける時には事前に「結状」の提出が義務づけられることになったことと対応するものであろう（赤嶺、二〇〇四）。明から国王の継承の正統性に疑義が提起されたことで、明に対しては新国王の正統性を保証する「結状」を提出するようになり、一方、王府内では中国の天帝を太陽に置き換え、国王が「てだこ」（太陽の末裔）であるとする系譜化を図ったということになる。末次智によれば、蔡温『世譜』などの正史に「天帝子」という言葉が出てくるのは、「太陽（日）子」の意味を持たせるためであるという。「てだ」→「てだこ」の変化が、「天帝」→「天帝子」の変化に対応しているのである（末次、一九九五、一六六〜一六七）。

『世譜』や『球陽』によれば、歴代国王の神号は以下の通りである。

•舜天王統：舜天王＝尊敦（そんとん）、舜馬順熙王＝其益美（ちゃむい、ちゃみい）[63]、義本王＝神号不伝

•英祖王統：英祖王＝英祖日子（ゑぞのてだこ）または恵祖日子、大成王＝神号不伝、英慈王＝神号不伝、玉城王＝神号不伝、西威王＝神号不伝

•察度王統：察度王＝大真物（おおまもの）、武寧王＝中之真物（なかのまもの）

•第一尚氏：思紹王＝君志真物（きみしまもの）、尚巴志王＝勢治高真物（せじたかまもの）、尚忠王＝神号不伝、尚思達王＝君日（きみてだ）、尚金福王＝君志（きみし）、尚泰久王＝那之志与茂伊（なのしよもい）または大世主（おほよのぬし）、尚徳王＝八幡之按司（はちまんのあぢ）または世高王（せだかおう）

•第二尚氏：尚円＝金丸按司末続之王仁子（かなまるあじすえつぎのおうにせ）、尚宣威王＝西之世主（にしのよのぬし）、尚真王＝於義也嘉茂慧（おぎやかもい）、尚清王＝天続之按司添（てんつぎのあぢそへ）、尚元王＝日始按司添（てだはじめあぢそへ）、尚永王＝英祖仁耶添按司（えぞにやそへあぢ）または日豊操王（てだほこりわう）[64]、尚寧王＝日賀末按司添（てだがすえあぢそへ）、尚豊王＝天喜也末按司添加那志（てんぎやすえあぢそへ）

神から神号が与えられたとする最も古い正史の記事は『世鑑』巻四の尚円王の時代であり、即位の翌月のこととして次のようにある。

去程ニ其翌月五月守護ノ神出現有テ名ヲバ金丸アンヂヲスエ末続ノ王ニセイトゾ付給

守護の神が降りてきて国王に神号を与えたというのである。たとえば、尚真王が『おもろさうし』では一貫して「おぎやかもい」という神号で謡われるのは、おもろが聖なる時空で謡われることをよく示している。

また、尚清王の神号については『世鑑』巻五に次のようにある。

御即位ノ翌日正月十六日天神アフキラノカミヲリサセ給テ御名ヲバ天継アンヂヲスエ末続ノ王ニセイトゾ付奉給

すでにふれた尚清王代の「国王頌徳碑」に記載された尚清王の神号である「天つぎ王にせ」は『世鑑』の記述に比べると省略され単純である。神聖であるはずの神号を省略してよいのかという疑問を持つが、神号は祭祀空間のみで使用されることと関係があるのかもしれない。

さて、この神号の一覧を見ると、比嘉が指摘するように、第二尚氏の四代の尚清王以降、すべての王の神号に「天」または「日」が含まれていることがわかる。尚永王は「英祖仁耶添按司」（「英祖王の末裔の王」の意味）であるが、英祖王は母が日輪の光を受けて授かった「太陽（日）子」とされていることを考えると、この神名も結局は「太陽（日）」にゆかりのある名称ということになる。第一尚氏の四代の王である尚思達王の神号は「君日」であるが、これは『世譜』によるもので、『世鑑』では尚忠王が薨去したので世子の「キミテダ」が即位したとあるのみである。これが神号であるかどうかは不明である。[65]

　尚真王の神号は「天」も「日」も持たないが考えるべき点がある。それは『おもろさうし』の巻一の成立が最も古く、この巻一が『おもろさうし』にかかわるさまざまな事柄の年代を考えるうえでの基準になるという見方からの検討である。

　尚清王代に編纂された巻一の中で有力者を「てだ」と呼ぶ用法は一例のみで、その表現は「英祖《えぞ》にや真末按司襲《ませあぢおそ》い／てだが末按司襲《すゑあぢおそ》い」（巻一―四〇）である。比嘉が指摘しているように、また歴代の国王の神号で確認したように、国王を「太陽の末裔」と表現するようになるのは尚清王の時代のことであるとすれば、この「てだが末按司襲い」の表現は尚清王代の表現であるということになる。

　しかし、問題はそれほど単純ではなさそうである。巻一には「神てだ」の表現もあるからである（巻一―二）。これは「太陽神」を意味する言葉である。「神てだ」について、岩波文庫版『おもろさうし　上』の脚注には「地上の最高権者国王に対応する天上の最高神として観念されている」

（外間、二〇〇〇、一五）とある。おもろの本文は「神てだの／守りよわる按司襲い」であり、文字通り解釈すれば「太陽神の守護なさっている国王様」であり、ここでの「神てだ」は太陽神であろう。しかし、「神てだ」が太陽神であるとすれば、単に「てだ」と言った場合、これは何を意味するのだろうか。「神てだ」という表現の裏には、外間守善が指摘するように「地上の最高権者国王」としての「てだ」が存在していると考えなければならない。したがって、国王を「てだ」と呼ぶことが、尚真王時代にはすでにあった可能性がある。ただし、これはあくまで『おもろさうし』の中での話である。

この点に関連して考えなければならないのは尚真王の神号である「おぎやかもい」である。この語義について、池宮正治は「お」と「もい」はそれぞれ敬称辞であり、「ぎやか」は「輝く」の語幹「かが」の変化形「きやか」で、「輝けるお方」の意味になるという（池宮、二〇一五）。これもまた「太陽」を意味することになる。

神号を見る限り、第二尚氏の四代の尚清王代から、国王を「天」「日」で表現するようになる。これは、まさに「太陽子思想」の成立に伴うものであろう。この場合、「天」とは「日《てだ》」を表現していると考えなくてはならない。

ここで注意しなければならないのは、尚清王代にいたってはじめて国王が太陽に系譜化され、関連づけられるということであり、後述するように、王が同化を望む太陽とは一貫して「東方から昇りつつある太陽」であったということである。

「太陽（日）子」に関する神号を付ける慣例が第二尚氏の尚清王代以降に始まったとすれば、英祖王の神号である「英祖日子」もこの時期以降に付けられたものであり、「日光感精神話」による誕生という伝承も同じ時期に創作されたものと考えられる。

『おもろさうし』では、国王を次のように表現する場合がある。「ゑぞーにやーすへ（ゑ）（英祖にや末）」「ゑぞーにやーすへ（ゑ）ーあち（あんし）ーおそい（英祖にや末按司襲い）」「ゑぞーにやーませーあちーおそい（英祖にや真末按司襲い）」などである。これらは、いずれも「英祖王の末裔である国王様」の意味である。英祖王に「英祖日子」の神号が与えられたのが尚清王代以降のこととすれば、「英祖王の末裔である国王様」とは「太陽子である英祖王の末裔」の意味ということになり、このおもろの表現もまた尚清王時代以降のものということになる。

2　王統の起点は舜天王統か英祖王統か

正史で英祖王に「日子」の神号を付し、『おもろさうし』で国王を「英祖にや末」と表現することは、第二尚氏の歴代の王の始まりは「太陽（日）子」である英祖王と認識されていたことを示すものにほかならない。このことと、尚真王、尚清王時代の碑文（尚真王代の「国王頌徳碑」〔一五二二年。石門之東之碑文〕、尚清王代の「国王頌徳碑」〔一五四三年。かたのはなの碑〕）では舜天王を王統の起点とする認識を示していることの間には、大きな懸隔があると言わなければならない。同時代でありながら発生しているこの懸隔は何に由来するのだろうか。どちらかが建前であり、他方が本音なのだろうか。

この問題を考えるうえで想起すべきことは、尚真王、尚清王時代の「国王頌徳碑」の銘文の起草者は円覚寺の仙岩と檀渓という禅僧であったことである。これに対して、『おもろさうし』は王府の官人らがかかわっていたと考えられる。この違いが、歴代王統の起点を舜天、尊敦とする立場と、英祖王とする立場の違いとなっているのではないだろうか。禅僧の立場からすれば、あくまで王統の起点は舜天、尊敦でなければならなかったということであり、また舜天、尊敦が為朝に深くかかわる人物であるという背景も、そこにはあったと考えられる。

先に論じたように、舜天の神号である尊敦もまた太陽を意味する言葉である。舜天王統は、もともと架空の王統であったと考えられるが、歴代の王統の始まりに置くにあたって、その始祖もまた「太陽」に結びつけられたものと考えられる。

架空の王統を、あえて英祖王の前に置いていることを考えると、「王府の内側」では実際に王統の起点になるのは英祖王統であることを認識していながら、「王府の外側」に対しては為朝を琉球の創業主とする王統を置く必要があり、王名も神号も「太陽」の意味を持つ舜天と尊敦にしたのではないか。

十六世紀前半に、舜天（尊敦）を王統の起点とする認識と、為朝が琉球の創業主とする考えが並存していたことを考えると、結局、なぜ英祖王統の前に、舜天王統を置く必要があったのかという問いは、なぜ為朝にこだわる必要があったのかという問題に帰結することになる（第Ⅱ部第二章第一節)。

三　按司たちは「てだ」と呼ばれたのか

『おもろさうし』では地方的な権力者を「てだ」と呼ぶ場合がある。

比嘉実は、地方的な権力者が、再生を繰り返し生命力の横溢する存在、不死の象徴としての昇りつつある太陽（若太陽）との同一化を望む思想を「若太陽思想」と呼ぶ。

東方聖地として玉城、知念、久高島などが国家の信仰の対象になるように、また玉城グスクから東方を望む「てだが穴」と呼ばれる門にも表現されているように〔写真⑩⑪〕、昇りつつある、生命力の漲る太陽に対する信仰は確かに存在したと考えられるが、その信仰を地方的な権力者と重ね合わせる思想が古くからあったのだろうか。

地方の権力者が「てだ」と表現される事例は、巻の順に沿ってみると次のようになる。なお、地名は岩波文庫版『おもろさうし』による。

巻二―六〇　屋宜《やぎ》（中城《なかぐすく》村）……「按司襲いてだ」
巻二―六二　新垣の根高杜ぐすく（中城村）……「てだ」
巻二―八三　越来《ごえく》（沖縄市越来）……「越来のてだ」

巻五―二七四（按司一般を指す）……「てだ」（「按司　てだ　敬《うや》まて　へらい」）
巻八―四六三　山城（糸満市山城）……「果報てだ」
巻八―四七〇（按司一般を指す）……「てだ」（「てだは　かに　あればど」）
巻十一―五六九（巻二十一―一四二〇の重複おもろ）・五九七・六〇七・六〇八　福地儀間（久米

写真⑩　玉城グスクの「てだが穴」（夏至の日に太陽が昇る方角に造られている）

写真⑪　玉城グスクから久高島を望む

島・仲里村儀間）……「かさす若てだ」
巻十一―六四三　久米の中城……「てだ」
巻十二―六七一　伊祖（浦添市伊祖）……「若てだ」（伊祖の戦《いくさ》もい）
巻十四―一〇四五　中城（中頭郡中城村）……「てだ」（「珍しや去らんてだ」（立派で忘れることができない按司様」）
巻十四―一〇四六　安谷屋《あだんや》（中頭郡北中城村安谷屋）……「てだ」（御愛《みかな》しのてだ）
巻十五―一〇五七　沢岻《たくし》（浦添市沢岻）……「沢岻太郎《たら》名付《なつ》けてだ」
巻十五―一〇七五　浦添（浦添に支配者をお招きする）……「てだ清ら」（支配者の美称）
巻十五―一〇九三　棚原《たなばる》（中頭郡西原町棚原）……「棚原のてだ」
巻十五―一一〇三　宜野湾（宜野湾市）……「宜野湾のてだ」
巻十五―一一〇六・一一〇七　北谷《ちやたん》（中頭郡北谷町北谷）……「北谷のてだ」（北《にし》の世の主）
巻十六―一一三六・一一四〇　勝連（中頭郡勝連町）……「勝連のてだ」「勝連の鳴響《とよ》みてだ」（阿《あ》麻和利《まわり》）
巻十七―一一七八　恩納《おんな》・安富祖《あふそ》（国頭郡恩納村恩納、安富祖）……「見れども飽《あ》かんてだ（見ても飽きることのない立派な按司様）」
巻十七―一一九五　今帰仁《なきじん》（国頭村今帰仁村）……「今帰仁《みやきぜん》の聞《きこ》へてだ」「王にせてだ」
巻十七―一二一九（巻十八―一二四九の重複おもろ）　稲福（島尻郡大里村稲福）……「てだ」

巻十七―一二三二　玉城（島尻郡玉城村）……「島の主てだ」

巻十七―一二四五（巻十八―一二七五の重複おもろ）　糸数《いとかず》（島尻郡玉城村糸数）……「てだ」

巻十七―一二四六　糸数……「糸数てだ」

巻十八―一二七九・一二八〇　糸数・玉城（島尻郡玉城村糸数）……「てだ」

巻十九―一二八一　佐敷《さしき》（島尻郡佐敷町）……「肝《きむ》あぐみてだ（人びとから待ち望まれている按司様）」

巻十九―一二九六　佐敷……「名揚《なあが》り聞《きこ》ゑてだ（名高く轟いた領主様）」

巻十九―一三三〇（巻二十―一三九三の重複おもろ）　玻名城《はなぐすく》（島尻郡具志川村玻名城）……「御愛《みかな》しのてだ」「苦世《にがよう》　甘世《あまよ》　成《な》す　てだ」

巻二十―一三五七　大里（糸満市大里）……「大里のてだ」「桜色《さくらいろ》のてだ」

このように、地方的な権力者を「てだ」と表現する事例は多い。

この中には、国王とまったく同じ表現で讃えられる権力者がいる一方で、「棚原のてだ」のように、きわめてローカルな権力者と思われる場合もある。

国王と同じように表現する例として、巻十七―一二三二で、玉城の権力者は「島の主てだ」と表現されているが、これは巻五―二二三では尚真王（おぎやかもい）を「島の主てだ」と表現するのと同じである。また、巻十七―一一九五では今帰仁の権力者は「天より下の　王にせてだ」（天下の国王様）と表現されるが、これは首里城にいる尚真王（おぎやかもい）に対する表現とまったく同じである（巻五―二三〇。「天より下の　王にせてだ」）。

今帰仁の「天より下の　王にせてだ」も、玉城の「島の主てだ」も、尚真王と同じ表現で賛美されているのは、尚真王が今帰仁（山北）も玉城（山南）も統一している国王だということを表現しているからかもしれない。尚真王は、沖縄島に存在していた諸勢力を統一した国王の系譜を引く正統な国王であることを再確認しているおもろではないかということである。

この地方的な権力者を「てだ」と表現する一覧を眺めてみると、伊祖の「若てだ」（伊祖の戦もい）は英祖王を指しており、また糸満市山城の「果報てだ」、糸満市大里の「大里のてだ」「桜色のてだ」、玉城村糸数の「（糸数）てだ」などは、山南に存在した明への朝貢主体を指している可能性に思い至る。玉城の「島の主てだ」も同じである。佐敷の「肝あぐみてだ」「名揚り聞ゑてだ」は思紹か尚巴志が最初に思い付く名前である。「勝連のてだ」は阿麻和利、中城の「珍しや去らんてだ」は『おもろさうし』に名前が出ることはないが、護佐丸が思い浮かぶ。

こうしてみてくると、さまざまな人物が「てだ」と呼ばれており、地域的な偏りも見られない。こうした事実は、『おもろさうし』で国王が「てだ」と呼ばれるようになってから地方的な有力者も時間を遡って「てだ」と名付けられたことを示唆する。それは理由のない考えではない。

国王でさえ、第二尚氏の三代の尚真王以前の時代には、太陽の意味を持つ舜天、尊敦を除けば、その神号に「てだ」を持つのは英祖王（「英祖日子」）と第一尚氏の尚思達王（キミテダ。神号かどうか不明）のみである。にもかかわらず、第一尚氏時代にいたるまでの地方的な権力者の多くが、一様に「てだ」と呼ばれていたとするのは、いかにも不自然であるというのが第一の理由である。「太陽子思想」がなくとも「若太陽思想」が存在していたのであれば、神号に「てだ」を持つ国王がもっと存在していてよいはずである。[66]

第二に、『おもろさうし』の地方を謡うおもろ（地方おもろ）は、かつて存在していた権力者や神女を賛美し、その土地の繁栄を賛美することを目的のひとつとするものであるという点である。地方の権力者たちを「てだ」と謡い、その土地を賛美するのは、前代の優れた地方的な権力者たちから継承した権力や霊力を掌握した者こそ、現在の琉球国王にほかならないからである。

それとともに、すでにみたように沖縄島の言葉に著しい地方差がある中で、地方の権力者の多くを「てだ」と呼んでいたということは考えにくい。ことに、三山時代について論じた際にも述べたように、中山と山南には同一の社会的基盤があるのではないかとしたが、それはまた山北が異質な社会的基盤を持っていたことを意味するものでもある。

以上のほかに、より根本的な理由がある。

比嘉実は「若太陽思想」とは、地方の族長や権力者が、再生を繰り返し生命力の横溢する存在、不死の象徴としての若太陽（昇りつつある太陽）との同一化を望むこととしている。しかし、昇りつつある太陽との同一化を望むだけで、特定の有力者が果たして「てだ」と呼ばれることになるのだろうか。「てだ」と呼ばれるためには、昇りつつある太陽と一体化した存在とみなされ、しかもその認識が社会の構成員によって共有される必要がある。そして、太陽と一体化した存在とみなされるためには、他の権力者たちを凌駕する政治的権力を持ち、特権的に太陽を独占することが必要になるのではなかろうか。昇りつつある太陽の霊力を受け取るだけの存在では「てだ」ではあり得ない。したがって、国王は太陽を独占できるだけの政治的な基盤を獲得してようやく太陽と同一視され、「てだ」と呼びうる存在になると考えられる。換言すれば、昇りつつある太陽と同一化を望むだけでは、それは太陽に対する信仰にとどまると言わざるを得ないということである。

このようなことから、国王が「てだ」と呼ばれるようになって、はじめて他の有力者たちもまた「てだ」と呼ばれるようになったと考えられる。ただし、それは「権力者」を意味する普通名詞としてであり、しかも『おもろさうし』の世界に限定されていたのではないか。

なお、大林太良が、一般論として、太陽が王権と結びつくのは、よそから乗り込んできて王者になる場合に多いこと、さまざまな宗教が入り乱れて、それぞれが自分の神を持ち出してくる時に、統一的なイデオロギーを作ろうとするうえで太陽は非常に都合がよいこと、太陽は特定の土地にも家系にも結びつかず、皆が仰ぎ見ることができ、非常に強力であることなどを指摘していることにも注意したい（大林・吉田、一九九八、二一八）。

末次智は、すでに『おもろさうし』において地方的な領主を本当に「てだ」と呼んだのかという問いを提起し、「〈おもろ〉のなかで、地方の領主を「てだ（太陽）」と表現するのは、王を太陽と呼ぶのを地方領主にもあてはめたのではないか。だから「てだ」が「てだこ」へと変化したのも、

第二尚氏の内部のことではないか、という可能性を提示しておきたい」（末次、一九九五、一六六）と述べ、地方的な領主を「てだ」と呼ぶのは、後世の作為であることを指摘している。末次は、アメリカ大陸の大西洋岸で支配的な太陽崇拝が発達したのはペルーとメキシコという真に政治的に組織化された民族だけであることを参考にすれば（エリアーデ、一九七七）、琉球における地方的な領主が太陽神学を背景とするだけの政治的な力を持つのは三山時代以降か尚王統以降と考えられると述べ、また従来、地方的な領主が「てだ」と呼ばれていたとすることに疑問が持たれなかったのは、「地方おもろ」の内容は地方領主割拠時代を直接反映しているとする歴史学的な考えがあったからだと指摘する（末次、一九九五、一六六）。

地方の権力者たちを「てだ」と呼ぶのが後世の創作であるならば、先にも取り上げた「島の主てだ」（尚真王、玉城の権力者）、「天より下の　王にせてだ」（尚真王、今帰仁の権力者）の表現も、尚真王の時代以降に創作されたものであり、尚真王を賛美する表現を、玉城と今帰仁の権力者に割り振ったのではないかと考えられる。この見方が正しければ、国王（尚真王）が山北の今帰仁の「てだ」と山南の玉城の「てだ」の権力と霊力をも掌握しているという発想は、尚清王代以降のものということになる。

これらのおもろは、過去に名声を誇った（と伝えられている）各地の権力者たちを「てだ」と呼ぶことで、彼らの権力と霊力を国王が引き継いでいることを宣言しているのである。それは、王の支配する国土を賛美し、王権の正統性を再確認することである。ただ、すべての権力者を「てだ」

と呼んでいるわけではないことを考えれば、何らかの意図に基づいた選択が行われていると考えるべきである。その点が明らかになれば、第二尚氏時代の王権を支える基盤とは何かという問題を明らかにする手がかりがつかめるように思われる。

ただし、『おもろさうし』の中で多くの地方的な権力者を「てだ」で表現するようになったのは尚清王以降のことであったとしても、それ以前の国王などが「てだ」と呼ばれたことがなかったかと言えば、それを断定するだけの根拠はない。『おもろさうし』では尚思達王を「君日（きみてだ）」と呼ぶ事例はないが、正史には「キミテダ」の名称が記載されており、これが尚清王以降の命名とするだけの証拠はないからである。きわめて限定された国王や地方的な権力者を「てだ」と呼ぶ事例はあったが、それは例外的なものであり、その後に広く権力者を「てだ」と呼ぶようになった可能性も留保しておきたい。

第六章　「太陽の王」の成立

一　冬至と太陽の復活

王を太陽と同一視することによって王権を神聖視するのが「太陽の王」であるとすれば、「太陽の王」の問題を議論するにあたって注意しなければならない点がある。それは、単に、この世に恵みをもたらしてくれる太陽に対する信仰にとどまるのか、太陽と王を同一視する観念があるのかという違いである。

浦添グスクは浦添市の石灰岩堤に築かれているが、湧上元雄によれば、その東端の「上の山拝所」と一〇〇メートルほど先の巨岩別れ岩《ワカリジー》（「離れ岩《ハナリジー》」ともいう）［写真⑫］とを結ぶ一直線上の方向に久高島が見渡されるという。その姿は、冬至の日の前後には、久高島中央の蒲葵《くば》の原生林である蒲葵《ふぼう》御嶽の真上から朝日が昇ることで、たれこめた雲間から、燦爛と金色の光を放射して、さなが

写真⑫　別れ岩（ワカリジー）

ら海上楽土を連想させずにはおかないが、日中は冬の薄日の加減で、島影は青い大きな穴に姿をかえて洋上に出現する。湧上は、これが『おもろさうし』に四十八例も登場する「てだが穴」ではないかと述べる。そして、この光景は浦添市や隣接する西原町の台地からのみ望見できるものだという（湧上、二〇〇〇）。

　湧上は「太陽の復活儀礼である冬至祭りには、「太陽岩《ウティダイシ》」というべきワカリジーの岩と久高島とを通して太陽が穴を遥拝したと思われる」（湧上、二〇〇〇、二三）と述べ、浦添グスクから、久高島の蒲葵御嶽から太陽が昇るのを遥拝する太陽の復活儀礼を想定するのである。

　小島瓔禮は、湧上の議論からさらに踏み込んで、冬至の太陽の復活と国王の復活を重ね合わせる「王権の復活儀礼」が行われていたのではないかと推定する。

　浦添グスクの「離れ岩」を舜天王の居城の跡とする伝承があり◉67、浦添グスクから南東の方角にあたっていることから、そこがニライの大主であるソントンを祀る聖地であったかもしれないとする。

また、琉球神道で、久高島が聖地として遥拝されたのは、久高島が沖縄諸島の最も南東に位置し、しかもその南東海岸にニライカナイの拝所（伊敷泊《いしきどまり》）があることから、久高島を拝むことがニライカナイを拝むことに等しかったからだと述べる（小島、二〇〇〇）。そして、北半球の東西の文明は冬至を一年の折り目の指標とし、新年の儀礼は王者の権威の確認の儀礼でもあったとし、次のように推定する。

私は、かつてこの離れ岩に向かって冬至祭りが行われていたことを想像している。浦添城の領主の王権儀礼である。冬至の日の出は、沖縄のアガリの方角にあたる。その新たなる太陽の再生とともに、王権の発展を願うのである。アガリにはニライの大主のソントンがいる。そのソントンの霊威をうけ、ソントンと一体化するのが中山王の王権であったと考えている。

（小島、二〇〇〇、一六六）

冬至の日に離れ岩の方角に見える、久高島（てだが穴）から太陽が昇る光景を踏まえて、日の長さが最も短くなる冬至の日に、王権の復活儀礼があったと考えるのである。この浦添での王権儀礼が、その後、東方聖地として久高島を王府が聖地とみなす原点になったということであろう。

王の身体（小宇宙）が、自然の運行（大宇宙）に呼応しているとする思考が広く見られることを考えれば、太陽が最も衰弱する冬至の日に王権の復活儀礼が行われたとしても不思議ではない。王が活力に満ちていれば、自然も正常に運行されることになるからである。

しかし、これだけで冬至に行われた王権儀礼を想定するには無理があるように思われる。そもそも、浦添の「離れ岩」で冬至儀礼が行われていたとする根拠は、この場所から、冬至の朝に久高島から太陽が昇ってくる姿を望見でき、その後の王統、ことに第二尚氏においても久高島が太陽に関連する聖地として重視されていたということでしかない。冬至にどのような儀礼が行われていたのか、知る手がかりはほとんどないのである。

浦添グスクが位置する石灰岩堤の東端から望む久高島が『おもろさうし』で謡われる「てだが穴」の光景であったとしても、そのことが直ちに王権と太陽を重ね合わせたことの根拠にはならない。後に、正史に「英祖日子」の神号で記載される英祖王が、この浦添グスクを居城としていた可能性は限りなく低いばかりでなく、英祖王の太陽にまつわる神号も同時代的に名づけられたものではなく、後世、過去に遡って名づけられたと考えられることはすでに述べた通りである。

また、そもそも浦添グスクの時代に太陽と同一視されるような王権が存在したかという問題もある。琉球で自らを王であるとする意識が芽生えるのは、明に朝貢し、琉球国中山王（山南王、山北王）を名乗るようになってからのことであろう。これとて、明の洪武帝が琉球に朝貢を招諭するという他者からの働きかけによるものであり、仔細に見れば、倭寇の猖獗に悩む明が海禁政策、朝貢貿易体制の構築などによって、倭寇を徹底的に中国の沿海地域から排除するために沖縄島が倭寇の「受け皿」となった結果、生み出された王であった。

また、英祖王統の時代のみならず、三山の一角を占めたとされる中山王・察度王の時代でも、今帰仁グスク、浦添グスク、首里城、勝連グスクなどに有力者が割拠していた。そういう時代に、浦添グスクの城主が冬至に王権の復活儀礼を行うほどの政治的な権力を持っていたとは考えられないのである。王を太陽に重ね合わせ、冬至に久高島の蒲葵御嶽（「てだが穴」）から昇る太陽を特権的に独占するほどの権力を持っていたとは考えがたいということである。

すでに述べたように、三山時代の国王を支える政治体制は、久米村の華僑が就いた王相、長史、典簿などであり、しかも彼らは特定の王の直属ではなく、広く三山の王たちを支える存在だったと考えられるのである。三山の各王に王権としての基盤が存在していたとは到底思えない。

浦添グスクの「別れ岩」から見える、冬至の日の久高島の「てだが穴」の光景は、低く見積もれば、次のように表現される。湧上元雄自身が述べている言葉である。

上の山（「別れ岩」の方角を望む場所——引用者）からはこの岩の延長線上の辰の方角に久高島が見渡され、冬至の日には島の中央の「蒲葵御嶽」の蒲葵林の真上に日が昇り、垂れこめた雲間から黄金の光を放って、さながら海上楽土を幻想させる。そして城内のトキ（方言、トゥチ。男性巫覡）が、夏至には勝連半島のあの岩山から、春分には棚原高地のこの森陰からと日の出を観測しては「世の主」に農時を告げたに違いない。

（湧上、二〇〇〇、一二三）

つまり、久高島からの日の出は、それぞれの季節によって見える場所が決まっており、どこで見えるかが時を計る目安になっていたということである。湧上は、この文章に続けて、さきに引用した「別れ岩」から久高島を望む冬至の日の太陽の復活儀礼を想定しているのである。湧上が述べるように、時を知るための手段として久高島からの日の出が利用されていたにすぎないとすれば、あえてそこに冬至の日の国王の復活儀礼を考える必要はないことになる。この段階では、王と太陽を同一視するのではなく、太陽に対する信仰にとどまるのである。

二　史料の中の冬至祭

冬至の日に国王による儀礼が行われていることを示す史料は存在するものの、それらは国王と太陽が直接的にかかわっていることを示してはいないように思われる。

『球陽』巻十一尚敬王の「冬至元旦元望ニハ、百官仍ホ九叩ヲ行フテ朝ニ見ユ」の項には冬至の日の儀礼にふれて、次のような記述がある。

旧礼冬至元旦ニハ、国王百官ヲ率ヰ、其年値フ所ノ歳徳方位ニ向ツテ以テ拝礼ヲ行フ。既ニシテ王、登殿スルヤ、百官九叩頭ヲ行ヒ以テ朝賀ヲナス。（後略）

十八世紀前半の記事ではあるが、冬至の日に国王を拝する儀礼が行われていたことがわかる。『球陽』には、これよりはるかに遡る察度王の項にも、冬至に関して次のような記事がある。

往古ノ時ヨリ除夜ハ五更ヨリ卯ノ時至ルマテ、螺赤頭等三次ノ吹鼓アリ。且ツ元旦、冬至、正月十五日ハ勢頭官、吹鼓手ヲシテ楽器ヲ庭上ニ排安セシム。即チ評定所里之子二員アッテ甬道ノ左右ニ立ツ。既ニ辰ノ刻ニ到レハ頭鼓ス。辰ノ半刻再鼓シ、巳ノ刻三鼓スレバ、百官以テ朝賀ノ礼を行フ。窃カニ世譜ヲ按スルニ、洪武年間、閩人国ニ抵リ、礼楽ヲ製作シ、以テ国ニ教フ。此ヨリノ後、音楽洋々乎トシテ耳ニ盈ツルコト中国ニ異ナラスト云爾。由是考之、本国ノ音楽、三十六姓ヨリシテ始マルヤ巳ニ疑ヒナキナリ。

この記事は、近世琉球の冬至の儀礼について記述しており、尚敬王の冬至儀礼の記事を補うものであると考えられる。つまり、冬至儀礼の音楽に焦点を当てた記事であり、冬至の儀礼が楽器を奏でて行われることから、琉球に明の福建の人びと（いわゆる「閩人三十六姓」）が渡来してからのことではないかとしている。しかし、それはあくまでも近世琉球の冬至儀礼が、その時代以降の形態だというだけで、冬至儀礼そのものの起源について語っているわけではない。察度王の項にこの記事があるのは、福建の人びとの渡来が察度王代のことであることを踏まえてのものであろう。◉68

いずれにしても、『球陽』の冬至儀礼の記事からは太陽との関係を窺うことはできないのである。

それは『琉球国由来記』でも同じである。同書には「朝拝」等として、元旦、十五日、冬至の日の祭祀について記述している。その中で、冬至には国王が百官を率い、玉庭で北極星を拝むとしており、太陽に関連する儀礼ではないように思われる。

このように、琉球王府によって編纂された史資料を見る限りでは、冬至儀礼と太陽の結びつきがほとんど見出されないのである。冬至の日に南東の海上に望むことのできる久高島の蒲葵御嶽から太陽が昇ってくる光景から、久高島を「てだが穴」と観じ、太陽と同一視される王権の復活儀礼が行われていたとすれば、冬至に王権の復活儀礼を行うことこそが肝要であるはずである。

なお、豊見山和行は、王府で行われていた「祭天儀礼」の存在を想定し、王府の祭天儀礼（天の御拝）の根底に古琉球以来の天と王権を結び付ける根強い観念があり、琉球の祭天儀礼は太陽崇拝を基盤にして、やがて天と国王を一体とする観念に移行すると述べている（豊見山、二〇〇四、二四一）。ここで指摘されている「祭天儀礼」とは中国から移入された「天」の観念に基づくものであり、琉球の根生いの観念ではなく、またこの場合の「天」が太陽崇拝を基盤としているとすることにも、これまでの検討から躊躇《ためら》いを覚える。

三　久高島と国王の復活儀礼

浦添グスクが王都だった時代に「太陽の王」が存在していたかはともかくとして、「てだが穴」

の原風景とも言うべき冬至の日の久高島の光景が、王権儀礼と関連していることを窺い知ることのできる史資料は確かに存在しているように思われる。ただし、近世琉球の事例である。

浦添グスクの後に王城となったとされる首里城の北東約一キロメートルのところに弁ヶ嶽《べんがだけ》がある。海抜は一六五メートルとされ、参道を挟んで東側の小高い場所が大嶽、南側の低い場所が小嶽であ

写真⑬　弁ヶ嶽の大嶽の入口

写真⑭　弁ヶ嶽の小嶽（久高島を望む祭壇）
樹木のために視界が遮られている

る［写真⑬⑭］。
鎌倉芳太郎は『沖縄文化の遺宝』（岩波書店、一九八二年）の中で、冬至の日に小嶽から望むと太陽が久高島の真ん中から昇るとしたうえで、次のように述べる。

この弁の嶽の大嶽こそは、尚巴志以前、王権が浦添城にあった時代には、中山王の取り行う重要な神事の祭壇の地ではなかったか。尚真王はその故事に従って王権を守るため、この大嶽を王国最高の聖地として石門を造りこれを壮麗なものとしたのではなかろうか。

（鎌倉、一九八二、八六）

鎌倉は、浦添グスクでは冬至の日に久高島から太陽が昇るのを見ることができると知っていながら（沖縄県立芸術大学編、二〇〇六）、なぜ浦添の地ではなく弁ヶ嶽の大嶽に、浦添グスクに王権があった時代の祭場を想定するのだろうか。それは、鎌倉が戦後、弁ヶ嶽を訪れた時の回想と関係があろう。鎌倉は、米軍の砲撃によって大嶽が丸坊主になっており、この大嶽石門の「御向う」として、その山頂の前方正面に浦添グスクが見えたと述べているのである（鎌倉、一九八二、八六）。『琉球国由来記』巻一には「行幸于久高島」に割注して「行幸無之年ハ、弁之嶽へ行幸、アガルイ有御拝也」とある。久高島の行幸が行われない時には、弁ヶ嶽から東方を拝んだのである。弁大嶽（弁ヶ嶽の大嶽）の神名は「玉ノミウヂスデルカワ御イベツカサ」であり、同小嶽御イベの神名が「天子」とある（『琉球国由来記』巻十三）。「天子」とは「てだこ」であり、「国王」の意味であろう。

弁大嶽の神名が「玉ノミウヂスデルカワ御イベツカサ」であることについて、鎌倉は、大嶽の石門（尚真王代に造営したとされる）の左横下に「井川《いかー》」があってここを水源地として祀っているために、この神名が付けられたとしている（鎌倉、一九八二）。また、小嶽には「久高島を遥拝する石造方形の祭壇があり、それが太陽神の冬至における日出点を「御的」として造られていることは、その方形祭壇の方向と、冬至の日出点がその方向にある久高島の中央部であることを、実際にこれをこの目で見た私の目によって証明することができる」（鎌倉、一九八二、八六）と述べる。

鎌倉が、弁ヶ嶽を浦添グスクに王権があった時代の祭場に想定するのは、結局、浦添グスク、弁ヶ嶽、久高島が一直線に並んでおり、冬至には浦添グスク、弁ヶ嶽の双方で久高島の中央から太陽が昇ってくるのが見えることによるのであろう。

ところで、大嶽の神名が「玉ノミウヂスデルカワ御イベツカサ」であるのは、確かに井川があって、そこが水源地になって信仰の対象であるからであろうが、しかしそればかりとは考えられない。神名に「スデルカワ」という言葉が含まれているからである。「スデル」とは「復活する、再生する」の意味を持ち、この井川の水で復活・再生の儀礼が行われていたことを推定させるのである。しかも、小嶽の神名は「天子」（国王）であり、冬至の朝に久高島から太陽が昇るのを望める場所である。

このように考えれば、『琉球国由来記』による限り、弁ヶ嶽は冬至の日であったかどうかは不明ながら、国王の復活、再生の儀礼を行う場所であったと考えられる。

ただ、「天子」が「てだこ」であることを考えれば、この小嶽の神名は尚清王代以降に名づけられたものと考えなければならない。したがって、弁ヶ嶽で国王の復活儀礼が行われるようになったのは尚清王以降ということになる。

また、久高島への行幸が行われない年に、弁ヶ嶽で東方を拝むのであれば、国王が久高島で行った儀礼もまた国王の復活儀礼であったはずである。

では、久高島に行幸していた時には、どのような儀礼が行われていたのだろうか。

この国王の復活儀礼を考えるうえで興味深い史料がある。

豊見山和行は、十七世紀中頃まで、国王自身が直接久高島へ渡り、同地で農耕儀礼を執行していたとし、久高島と王権の結びつきを指摘する。久高島が穀物発祥の地とする王朝神話の、儀礼的再現を行っていたと考えるのである（豊見山、二〇〇二）。その時の儀礼の様子を知ることができる史料が久高島の地頭職を代々務めた『恵姓家譜』の中にあるという。豊見山にしたがって「久高島え御祭礼のため行幸遊ばされ候時、御規式の事」の概略を引用する。

> 首里王府では、旧暦二月[69]に久高島へ渡る日撰《ひえらび》をした上で、国王をはじめ、聞得大君・司雲上《つかさくもい》按司《あぢ》・アゴムシラレ・首里大アムシラレなどの一団の神女（女官）らをお供にして未明に首里

城を出発し、与那原《よなばる》で朝食をとる。同地での儀式を済ませて出立し、琉球随一の聖地である斎場《せーふぁ》御嶽（島尻郡知念村）へと向かう。そこで「のろ」（馬天のろか）が「潮の花」（海水）を国王の手に注ぐ。そして久高島へ渡り、同地のヤグルカー（井戸）でも三度それを行う。ついで、島でもっとも重要な御嶽であるクボー御嶽（蒲葵御嶽――引用者）へ入って祭礼を執り行う。その際、男性官人らは御嶽のなかに入ることは禁じられているため、女性だけが国王へ付き従っていた。クボー御嶽から国王が「御殿」（国王専用の邸宅）に還御すると、久高地頭から祭礼の祝儀を言上し、三司官《さんしかん》が取り次ぐ。（豊見山、二〇〇二、一七〇）

国王は毎年久高島へ行幸していたが、やがて隔年の渡海となった。行幸のない年は、王府から麦の穂を献上する日撰を通達されると、献上日の前日に久高地頭は同島へ渡り、島役人や島の神女（ノロ）と儀式を済ませて、麦の初穂（ミシキョマ）などを持参し、神歌（おもろ）を歌って送り届けた。献上当日の未明に首里城へ上って国王へ初穂を献上し、ついで聞得大君などへも献上したという（豊見山、二〇〇二）。

なお、『琉球国由来記』巻十三の久高島のコバウノ森（蒲葵御嶽）の項には「昔聖上行幸之時、親行拝礼」とあり、伊敷泊の項には「東方へ御拝被遊也」とある。二月の麦のミシキョマには、『琉球国由来記』にあるようにコバウノ森を拝んだ後に、伊敷泊で国王は東方を拝むことになっていた。『恵姓家譜』の記録が麦の初穂儀礼であることから、国王の久高島への行幸は二月である。したがって、冬至の儀礼ではないことになる。

ただ、麦の初穂儀礼であるとしても、この儀礼は弁ヶ嶽での儀礼と同じ構図を持っているのではないかと考えられる。

というのは、冬至の日に、久高島の蒲葵御嶽から太陽が昇るのであれば、国王が蒲葵御嶽に行って儀礼を執り行うことは、国王の復活儀礼に相応しいからである。つまり、太陽が蒲葵御嶽で復活するように、国王も蒲葵御嶽で復活するということである。ここでは、太陽と国王が重ね合わせられている（同一視されている）と言ってよい。また、弁ヶ嶽の大嶽の神名が「玉ノミウヂスデルカワ御イベヅカサ」という再生のための水であるように、国王の手に注がれるヤグルカーの水も同じ意味があるのではなかろうか。ヤグルカーは久高島で行われる多くの村落祭祀で、ノロなどの神女たちが祭りの前に身を清める井戸である（吉成、一九八五）。久高島への行幸のないときに、弁ヶ嶽で儀礼が行われるのであれば、このふたつが同一の儀礼的意味を持つのは当然のことである。

国王が太陽と同一視されるのであれば、それは太陽に対する信仰とは明らかに一線を画しており、新しい王権の段階を迎えたということになる。

また、第二尚氏の尚清王代に、国王は「てだこ」として天上にある太陽に系譜化されたとはいえ、あくまでも国王が同一視されるのは東方から昇りつつある太陽であったことを知ることができる。

この国王の久高島の行幸は二月の麦の初穂儀礼のこととされているが、冬至の日であった可能性もあり、これについては後述する。

国王の復活・再生を行うための儀礼と考えるには史資料は少ないが、毎年いずれかが行われる弁ヶ嶽の儀礼と国王の久高島の行幸には、かすかに国王の復活儀礼の痕跡を読み取ることができるのである。そして、その儀礼は、聞得大君以下の神女が存在しなければ成立しない儀礼であったと考えられる。

初代の聞得大君が尚真王の妹であったことを考えれば、『恵姓家譜』に記述される儀礼のはじまりは、尚真王以降であることは明らかである。

弁ヶ嶽の小嶽の神名が「天子」であることから、弁ヶ嶽での国王の復活儀礼は尚清王代以降のこととし、聞得大君が関与していることから、久高島での国王の復活儀礼は初代聞得大君が誕生する尚真王代以降のこととした。しかし、弁ヶ嶽での儀礼と久高島での儀礼は交替可能であるが、もともとは毎年、久高島での国王の復活儀礼が行われていたとすれば、小嶽の神名である「天子」は後世に名づけられたと考えてよく、また聞得大君職が成立するまでは、その当時の最高神職が行っていたと考えれば、あえて尚真・尚清王代以降に限定しなくともよいことになる。ただし、くり返すが、国王が毎年、久高島に行幸していたということが前提になる。

改めて鎌倉芳太郎の議論に注目すると、尚真王代に弁ヶ嶽に石門が造られるが、その理由は、王権が浦添グスクにあった時代には、弁ヶ嶽が中山王の取り行う重要な神事の祭壇の地だったことであり、尚真王はその故事に従って王権を守るため、この大嶽を王国最高の聖地として石門を造りこれを壮麗なものとしたことなどを指摘している（鎌倉、一九八二）。鎌倉が、弁ヶ嶽で行われる儀礼を国王の復活儀礼と考えているか、国王に霊力を与える太陽の復活を願う儀礼にとどまると考えているかは不明である。

すでに述べたように、冬至の日に久高島からの日の出の太陽が望めることと、王権と太陽を一体化させる儀礼が行われていたこととは別の問題である。この世に恵みをもたらす太陽の復活儀礼であったと考えても何ら問題はない。太陽を独占的に国王と結びつけるほどの権力が浦添グスクに存在したとは考えにくいことは、すでに述べた。さらに重要な点として、各地に有力者が割拠していた、いわゆる「三山時代」に、知念半島沖の久高島を自らの祭祀圏と認識することができるのか、聖地として行幸することはできるのかという問題がある。

『世鑑』巻四の尚円王の項には、尚徳王の時代のこととして、先王からの制度では、知念、久高島の行幸の時には、首里からの道程が険しく長いので、お供の臣下を労うために与那原で酒食を振る舞うのが習わしだったが、尚徳はそれをしなかったとの記述がある。『世鑑』にしたがうならば、遅くとも第一尚氏の尚泰久王の時代には知念、久高島への行幸が行われていたことになる。この時代に『恵姓家譜』にみるように、国王が蒲葵御嶽で儀礼を行っていたのであれば、国王の復活儀礼が久高島で行われていたことは十分に考えられる。第一尚氏時代であれば「三山時代」とは異なり、実態はともかくとしても、名目的には諸勢力を統一した王権が存在する。国王の復活を太陽の復活と同一視する儀礼が行われていたとしても不思議ではない。

いくつもの仮定を置いてのことではあるが、国王を太陽と同一視する王権、すなわち「太陽の王」の観念が成立したのは、第一尚氏が「三山」を統一した時期以降から第二尚氏の尚清王にいたるまでの時代、『世鑑』の尚徳王に関する記述を信じるとすれば、第一尚氏の尚泰久王の時代までは遡れることになる。

しかし、第一尚氏の時代になっても、久米村の華僑が王府の役職に就いていたことは三山時代と変わらない。懐機は、永楽十六年（一四一八）に中山の長史として入貢しているが、その後『安国山樹華木記碑』（一四二七年）には「国相」（王相に同じ）として名前が登場し、その翌年からは、王相として明やその他の諸国との間で礼物のやりとりをするようになる（『歴代宝案』）。この懐機は、宣徳八年（一四三三）の柴山《さいざん》の『千仏霊閣碑記』によれば「王、己を上に欣しみ、王相、政を下に布く」と表現されるほど、外交面のみならず、内政面においても相当の権力を持っていた様子が窺えるという（富島、一九八五、一九二）。統一王権が成立したとはいえ、その初期においては依然として華僑集団が大きな役割を果たしていたのである。

第一尚氏時代の王権の基盤が脆弱なものであったことは、すでに指摘したことがある（吉成、二〇一五）。

正史によれば、思紹、尚巴志が王位にあった期間は、それぞれ一四〇六〜一四二一年、一四二一〜一四三九年と長期間にわたるものの、第三代尚忠王以降はきわめて短命である。尚忠（尚巴志の子。一四四〇年〜）、尚思達（尚忠の子。一四四四年〜）、尚金福（尚巴志の子。一四四九年〜）、尚泰久（尚巴志の子、金福の弟。一四五三年〜）、尚徳（尚泰久の子。一四六〇〜一四六九年）であり、尚泰久が在位七年、尚徳が在位九年と比較的長いものの、尚忠王から尚金福までは四、五年である。

この短命さは、政権基盤が脆弱であったことを示しているが、そもそも王位継承が本当に世子などの血縁原理によってなされてきたのかという点は疑問である。たとえば、尚泰久は「志魯・布里の乱」という混乱の直後に即位した王である。

この「志魯・布里の乱」にしても、『明実録』に記録されている尚泰久の「自己申告」（奏文）が、その後、史実として流通しているにすぎないのである。『明実録』一四五四年（景泰五）の記事はおおむね以下のようになっている。


琉球国の国事を掌握している王弟・尚泰久が遣使を遣わして朝貢した。そして奏するには、長兄の国王・金福が薨じて次兄の布里と姪の志魯が争い、府庫を焚焼し、二人とも傷つき、死んだ。先に賜った鍍金銀印は溶けて無くなってしまった。本国の臣民は、国事を行うようわたしを推している。鋳して、国民を鎮める鍍金銀印を賜らんことを願う。（皇帝は）役所に命じてこれを支給し、使臣に宴を設け、鈔幣などを賜った。


こうした「自己申告」が必要になるのは、正統な王位後継者ではなかった場合であり、三山時代の山南王・承察度にかわって山南王弟・汪応祖が王位に即位する際にも見られたことである。

こうしてみると、むしろおかしいのは尚泰久を尚巴志の子、尚金福の弟とする正史の記述のほうではないかと考えてみる必要がある。そうした第一尚氏の時代に、国王が「太陽の王」と呼べるほどの権力基盤を持っていたとは考えにくいのは確かである。

したがって、ここでは「太陽の王」の観念の成立を、第一尚氏の尚泰久王以降から第二尚氏の尚清王代までの時期としておきたい。

四 「てだが穴」と国王

冬至に久高島の蒲葵御嶽から太陽が昇る姿が「てだが穴」の原風景であり、その太陽が国王に重ね合わせられているとしたら、『おもろさうし』で「てだが穴」の謡われるおもろの解釈を改めて確認する必要がある。「てだが穴」から現れるのは太陽であると同時に国王でもあるからである。

なお、東方の洋上から太陽が昇る時、その太陽が昇ってくる場所は「てだが穴」であり、したがって「てだが穴」は東方洋上のどこにでも想定しうるが、しかし太陽の昇る場所を「穴」と強く観ずることができるのは、やはり島の背後から太陽が昇る時であろう。やがて、「てだが穴」は東方洋上にあることから、単に「東方」を意味する「あがるい」と対語で使用されることになる。

『おもろさうし』巻二十二は、近世琉球の国家祭祀で謡われたおもろ（「みおやだいりおもろ御さうし」）を収録した巻であるが、その中の「知念久高行幸之御時おもろ」には「てだが穴」の語句を含むおもろがいくつかある。

たとえば、「御船帆上ゲの御時」と詞書のある次のおもろがある。

巻二十二―一五三六（巻十三―八三二の重複おもろ）

一東方《あがるい》の大主《ぬし》　　東方の大主
　ややの真帆《まほう》　　美しい帆を
　押《お》し上《あ》げて　走《は》りやせ　　高く上げて　船を走らせよ
又てだが穴《あな》の大主《ぬし》　　てだが穴の大主

このおもろの「東方の大主」「てだが穴の大主」は『おもろさうし　下』（岩波書店、二〇〇〇年）でも『日本思想大系18　おもろさうし』（岩波書店、一九七二年）でも、「太陽」の意味とされているが、これらの言葉には「国王」の意味もあるのではないだろうか。冬至に「てだが穴」から昇る太陽と国王を重ね合わせる国王の復活儀礼が行われていたとすれば、「てだが穴の大主」「東方の大主」は太陽であるとともに国王をも意味していると考えるべきであろう。

同じく次のおもろでも「てだが穴の大主」が出てくる。

巻二十二―一五四三（巻十三―八二〇の重複おもろ）

一東方《あがるい》の大主《ぬし》　　東方の大主

日《ふゑ》の鳥《とり》の　佳声《かこゑ》の　　鶏の　よき声が
うらうらと　聞《き》き《ゝ》清《きよ》らや　　のどかに　聞こえて　美しいことだ
又てだが穴《あな》の大主《ぬし》　　てだが穴の大主

ここでも前掲の両書では「太陽」の意味のみをとっており、岩波文庫版『おもろさうし　下』の脚注は「東方の大主」「てだが穴の大主」について「太陽。太陽の擬人化」としており、太陽と国王が同一視されているという考えはない。それは『おもろさうし』の中の「神てだ」と「てだ」の関係において論じたように、国王が同一視されるのは「天上にある太陽」とする考えがあるからである。しかし、このおもろでも「国王」の意味を併せ持つと考えるべきであるように思われる。

巻十三の、七九四、八二〇~八三二、八三五、八三六のおもろは、すべて「東方の大主」と「てだが穴の大主」が対句として謡われるおもろである。これらのおもろの中にも、明らかに「太陽＝国王」の意味にとった方がよいおもろがある。また、太陽神ととらなければ意味の通らないおもろはない。

巻十三―八二七
一東方《あがるい》の大主《ぬし》　　東方の大主
声《こへ》加那志《がなし》鳴《な》り清《きよ》ら　　鼓の「声加那志鳴り清ら」を

打《う》ちちへ　島《しま》襲《そ》いれ　　打って　島を支配せよ
又てだが穴《あな》の大主《ぬし》　　てだが穴の大主

鼓を打つことによって霊力が高まるという観念があったことを考えると、その高まる霊力をもって国王は島を支配せよと謡っていることになる。ここでは国王は東方から昇る、霊力の漲る太陽と重ね合わせられていると考えられる。

巻十三―八三一
一東方《あがるい》の大主《ぬし》　　東方の大主
大主が　このみす　　太陽神のお考えで
ゑそこみ御船《おうね》　このたれ　　大型の船を　造り給うた
御肝《おぎも》の　撓《しな》お様《や》に　走《は》りやせ　　お心に　調和するように　船を走らせよ
又てだが穴《あな》の大主《ぬし》　　てだが穴の大主

このおもろを字句通りに解釈すれば「太陽神のお考えで大型の船を造った」ということになるが、船をお考え通りに造ったのは国王であるとみるべきで、このおもろでもやはり太陽神とは国王であるとする考えがなければ成り立たないのではなかろうか。

従来、「てだ」とは太陽であり、また国王を意味するとされながらも、おもろの解釈においては、その考えは認められない。それは、繰り返しになるが、天上の太陽こそが国王と同一視された存在と考えられてきたからである。

五　東方聖地と「てだ」

近世琉球においては、首里から見て東の方角に当たる知念、久高島、玉城の地が国王、聞得大君などの行幸の行われる聖地であった。二月の麦と四月の稲のミシキョマにおいては久高島、知念、玉城への行幸が行われていた。その背景にあるのは、次のような神話である。

『琉球国由来記』では、アマミキヨがギライカナイより稲種子をもたらし、玉城間切百名村の人に作り方を教えて、浜川浦原親田に植えさせたのが稲の植え初めとされる。そして、稲の作り方を教えられた人はアマミキヨから「米之子」と名付けられ、以来、米之子家の者が、親田の高マシカマノ田より、稲穂三筋をとって来て巫火神に祭ったのが稲穂祭の始まりだとし、国家祭祀としての稲シキョマにおける国王の玉城行幸の由来を説いているのである。稲を除く五穀については、『琉球国由来記』は、久高島の始祖である根人のアナゴノ子《シ》とアナゴノ姥《ファ》という老夫婦が、島の東海岸の伊敷泊に流れ着いた白い壺を拾い、その中の物種子を蒔くと、稲を除く五穀、御嶽の聖なる植物である蒲葵、アザカ（ナガミノボチョウジ）、シキョ（トウヅルモドキ）が生じたとする。

なお、久高島の東海岸にある伊敷泊はニライカナイ（久高島ではニラーハナー）に祈願する場所であるとともに、稲を除く作物はニライカナイからこの浜にもたらされたと考えられている（吉成、一九八五）。

また、『世鑑』には、阿摩美久が天に上り、五穀の種子を乞うて、麦、粟、豆、黍を久高島に植え、稲は知念大川の後ろ、玉城ヲケミゾに植えたとある。『世譜』『球陽』では、穀物はそれぞれ久高島と玉城に自生した（天然に生じた）ことになっている。

『世鑑』の神話ではアマミキヨは天上から稲、麦、粟などの穀物をもたらしたとされるが、『琉球国由来記』の神話では、東方のニライカナイ（ギライカナイ）からもたらされたとされている点で違いがある。これはまた、アマミキヨがどこから来たかの違いになって表現されることになる。いずれにしろ、玉城は稲、久高島は麦、粟などの作物が植えられたことになっており、玉城、知念、久高島という東方聖地に国王が行幸することに変わりないが、その東方聖地が『琉球国由来記』では東方洋上のニライカナイに結びつけられているのである。

先に論じたように、東方聖地（玉城、知念、久高島）への行幸の基層にあるのは久高島での国王の復活儀礼であり、それが後世に、稲や麦などの初穂儀礼に変化し、それとともに行幸の時期も冬至から二月、四月に移ったというのが、本書での考えである。

末次智は、『琉球国由来記』巻一（王城公事）の「久高行幸」「知念・玉城行幸」が、国王の行幸の最終的に成立した姿であり、記録によって復元できる限りでの行程は与那原から出港し久高島に渡るものだったと述べ（末次、一九九五、一〇六～一〇七）、次の二点を指摘する。

第一に、一六〇六年の尚寧王の冊封のために中国から派遣された夏子陽の『使琉球録』には、女王（聞得大君）は五穀がみのった時に、必ず久高島に行き、成熟した数穂をかむと各地はそれに続いて収穫するという記事があり、聞得大君のみで行う麦の祭りがあったこと、第二に『球陽』尚質王二十年（一六六七）は聞得大君が久高島の祭りのたびに渡海したとしており、この聞得大君の行幸と国王の行幸は区別されていたことなどである（末次、一九九五、一一二～一一三）。

このように、国王の麦の穂祭りになる前の祭祀が聞得大君によるものであったとすれば、古くから見られる国王の久高島への行幸の理由は何であったのかという疑問を提起し、次のような解答を与える。

小島（瓔禮――引用者）は浦添城の古代祭式を「太陽が生まれかわる冬至の日の朝、城主がアガリーの海のかなたからのニライの大主をまつり、太陽の神の繁栄を祈り、そして太陽の神との一体化をはたしていた」ものであったと想定している。このような信仰があとの王統まで続いたとすれば、王城が首里にうつったのちも久高島は王権にとっては重要な島であったはずである。さきにみた王のふるい久高島行幸の記録には渡島の時期はしるされておらず、これはもしかすると冬至であったかもしれない。首里城にとって、浦添城の離れ岩のような太陽崇拝の聖地となった久高島にわたった王は、島の東側にある伊敷浜からのぼる太陽を拝んだのかもしれない。

（末次、一九九五、一一三～一一四）

つまり国王の久高島への行幸が二月の麦の穂祭りになる以前は、冬至に、久高島の東側の伊敷浜から太陽を拝む祭祀があったと考えているのである。『琉球国由来記』巻十三の「伊敷泊」（伊敷浜）の項には「東方へ御拝被遊也」とある。伊敷泊の神名は「一御前　ギライ大王／一御前　カナイ真司」である。

しかし、すでに述べたように、太陽を拝むだけでは、いまだ太陽への信仰にとどまると考えるべきである。末次自身、「コバウノ森」（蒲葵御嶽）の項に「昔聖上行幸之時、親行拝礼也」（『琉球国由来記』巻十三）とある点にふれているが、この蒲葵御嶽において冬至に太陽が復活するように、国王もまた復活する点が重要であると考えられる。

六　ニライカナイと「てだ」

それでは、アマミキヨがやってきたのが東方のニライカナイからとされるのはなぜだろうか。ニライカナイとは海の遥か彼方にある豊饒をもたらす世界である。豊饒のみならず、時には災厄や死をもたらすと考えられている場合もある。

この問題を考えるために、こうした海の信仰に関係し、海の遥か遠くにあると信じられている

「幻の島」（酒井、二〇〇七）について考えてみたい。

「幻の島」として、まず思い浮かぶのはウファアガリの島（大東島。東海の果ての島）からアマミキヨが渡来したという伝承である。この伝承の本場とも言えるのは沖縄島南部の玉城であり、その舞台になるのは『世鑑』で阿摩美久が造営したとされる「藪薩ノ浦原」である。

「藪薩ノ浦原」とは、旧玉城村新原ビーチの東寄りにある「受水走水《うきんじゅはいんじゅ》」や「ヤハラヅカサ」と呼ぶ聖地のある海岸線を起点にし、北方の標高一二〇メートルのミントングスク跡まで奥行一キロメートル、幅三〇〇〜四〇〇メートルの大聖地帯を指す。この聖地帯は四月の稲ミシキョマ（初穂儀礼）の時に国王が聞得大君らを従えて親拝する「浜川、砂川ウケミヅハリミズ（受水走水）、アイハンタ嶽、同小嶽御イベ、ヤブサツノ嶽」を含んでいる。「浜川（御嶽）」の神名は「ヤハラ司《づかさ》潮花《ぱな》司《づかさ》ノ御イベ」であり、この「ヤハラヅカサ（司）」とは、アマミキヨがニレーカネー（ニライカナイ）にあるウファアガリの島から渡ってきて、上陸第一歩をしるした海中の岩礁と伝えられ、ウファアガリ（大東）への遥拝所であるという。そして、ここを起点にして、アマミキヨはついにミントングスクに安住の地を得たとされる（湧上、二〇〇〇）。

「幻の島」はまた、奄美群島の南部に位置する沖永良部島でも聞くことができる。元日の早朝に、信仰の厚い人だけが見ることのできる「アガリヒラシマ」がある。また、徳之島や沖永良部島では、人間の追い求める至福の場所を「アガリムナシマ」と言うが、これは東方の太陽の昇るところをさしているらしいという。これらの「幻の島」は単に、海上の聖地というだけではなく、霊場と呼んだほうがしっくりくる場所であり、「死者の島」でもあったとされる（酒井、二〇〇七）。

沖縄諸島やそこに近い地域の人びとは東方の洋上に「人間の追い求める至福の場所」、すなわち理想郷としての「幻の島」を想像しているのである。また、「アガリムナシマ」のように「死者の島」としての性格を持っている場合もあるが、その場合、地先にあるとされる「オーシマ（青の島）」との関係をどのように考えればよいかが問題になる。

仲松弥秀は、沖縄島の大宜味《おおぎみ》村喜如嘉《きじょか》の海神祭の神歌を検討し、この神歌の中に海の彼方から訪れる神が「アフの神」と呼ばれていることを指摘するとともに、ニライカナイもまた「青の世界」と観じられていたとしたうえで、次のように述べる。

> ニライ・カナイは、万物成長豊かな世界でもあり、われわれの現世にそれらの福を与えてくれるという側面を持っている。
> だからこそ、死者の赴く「青の世界」に対しては、誰も憧憬しないが、ニライ・カナイに対しては「行ってみたい」という積極的な憧れをもつようになった。
> ニライ・カナイは、ニライ・カナイの神のもとに安らかな世界をなしている。われわれの父祖もここに安住しているといわれているばかりでなく、あらゆるものの根源の世界ともなっている。いわば二つの側面を担っている世界なのである。
> （仲松、一九九〇、一四六）

仲松のこの文章は意味が取りにくい点がある。「オーシマ（青の島）」に死者はゆくが、そこで浄化された父祖の霊が、さらにニライカナイにゆくということであろうか。いずれにしても、死者は理想郷的な世界で死後を送ることができると考えられていたというのが仲松の考えである。

沖縄諸島やそれに近い地域では東方に理想郷的な島を想像し、そこが同時に死者の赴く「死者の島」として考えられていたのである。

海上他界の観念は、世界的にみても「死者の島」においてきわめて明瞭な形をとっており、東南アジアで海上他界あるいは「死者の島」がみられるのは、大陸部ではマレー半島だけであるが、インドネシアではメンタウェイ諸島、ニコバル諸島を除けばほとんどが東部インドネシアに集中しているという。また、メラネシア、ポリネシアでは広く分布しており、これらの地域では、「死者の島」は日の出や日没の方向にあると考えられているという（大林、一九七七b、一九八）。

沖縄諸島とそれに近い地域とは異なり、八重山諸島では「幻の島」は南である。

岩崎卓爾の『ひるぎの一葉』に記載されている「南波照間島（パイパテローマ）」の伝承について、酒井卯作の要約にしたがってみることにしたい。

人頭税に苦しむ島民を救おうとしたヤクアカマリという者が、ひそかに島を出て海を漂っていると、美しい島があって、そこに豊かに暮らしている人たちを見た。これが南波照間島《ぱい》である。男は自分の島に戻ると、四、五十人を伴って、南波照間島に向かって島を脱出しようとしたが、一人の婦人が鍋を忘れたことに気づいて島に戻った。しかしなかなか舟に戻ってこないので、婦人をおいて舟は出てしまう。乗り遅れた婦人は鍋をかきながら悲しんだ。それが田の傍だったので、その田を鍋かき田と呼んだ。（酒井、二〇〇七、二二〇～二二一）

島の人たちにとってこの話は半ば現実であったという。笹森儀助『南嶋探験』の中に、笹森が島を訪れる前年、当時の県知事が南波照間島の調査を海軍省に依頼したところ海軍省では、そんな所在不明の島の探索は必要なしとして、あっさり断られた経緯が記載されている。それほど南波照間島の存在は現実味があったのである（酒井、二〇〇七）。

南波照間島と同じように与那国島の南には「南与那国島（パイドナン）」が想像されている。南波照間島の伝承の中にある「そこに豊かに暮らしている人たちを見た」というのは、南波照間島が「死者の島」であることを暗示している。

「幻の島」にしてもニライカナイにしても、沖縄諸島を中心とする地域では東方を強く指向しているという事実は、沖縄島が王権の成立した土地であり、王権が昇りつつある太陽と同一視されることと関連していると考えられる。もっとも、ニライカナイや「幻の島」が東方に想念されるためには昇りつつある太陽に対する信仰があれば十分であるが、ここではさらに国王と東方の太陽が同一視されるに及んでその想念が強化されたと考える。そのように考えるのには理由がある。

第二尚氏の尚真王の時代に聞得大君を頂点とする神女組織が確立し、それ以降、王府の祭祀世界の影響が地方にまで及ぶようになる。神女組織の末端にはノロ（奄美群島、沖縄諸島）やツカサ（宮古諸島、八重山諸島）が置かれ、そうした神女たちが直接、間接を問わず王府と地方を結ぶ役割を果たしたと考えられる。海上他界であるニライカナイ信仰が広く展開したことも、そうした流れの一環であった。神女たちによって行われる祭祀の中のニライナカイ信仰の内容の一様性が、そのことを物語っている。こうした王府の宗教政策による強制がなければ、ここまでの同質性を獲得するにはいたらなかったであろう。

神女たちが担う祭祀の中にみられるニライカナイの内容は奄美群島から八重山諸島まで、地域的な違いはあるものの同質であると言ってよい。これに対して、八重山諸島を中心として分布する、年齢階梯的な男子結社によって行われる仮面仮装の儀礼に結びつくニライカナイは、かなりニュアンスが異なる。たとえば、神女たちに結び付くニライカナイはあくまでも水平的な世界であるが、男子結社による祭祀の中では、大地の底を意味する「ニーレスク」（小浜島）、手の届かぬ土の底を意味する「ニーレイスク」（新城島上地）、底の知れざる深い穴を意味する「ニーロー」あるいは「ニールー」（石垣島宮良）など（村武、一九七五／植松、一九六五／喜舎場、一九七七）、地下世界を指向する傾向が強いのである。

神女組織によって担われる水平的なニライカナイとともに、地底を指向する世界が琉球弧の西の縁辺において並存している事実は、神女組織と男子結社に結びついているのは、同じニライ系の言葉で表現されるとはいえ、本来、異質な世界であったことを物語っている（吉成、二〇〇三）。

こうした状況をふまえれば、あくまでも水平的な海上他界を指向するニライカナイとは琉球王府によってもたらされた他界観であり、地下世界を指向するニーレスク、ニーローなどは在地の他界観であったのではないかと考えられる。ニライカナイという言葉も、王府の宗教政策に伴って創作され、広がっていった可能性を考えてみる必要があろう。海に対する信仰は古くからあったことは言うまでもないが、それが新たな「ニライカナイ」という他界観によって画一的になったのではないかという疑いは捨てきれない。

以上の仮定が正しければ、神女組織が確立するのが尚真王代のことであり、それ以降にニライカナイ信仰が広がっていったと考えられることから、王府の宗教政策によるニラカイカナイが東方であることの理由は、単に東方から昇る太陽に対する信仰に基づくというばかりではなく、東方から昇る太陽と国王を同一視する観念によるものであったと考えるべきである。

王権が成立した場所である沖縄島に近いほど王府の宗教政策が徹底され、遠いほど徹底されなかったことは、「幻の島」が八重山諸島では南に想像され、また地下の世界を指向する他界が残されていることに現れていると考えられる。

国王が東方から昇る太陽と同一視されていたとすれば、神女組織が行う儀礼で表象される太陽神は同時に国王の意味を持っていると考えるべきであろう。このことは、神女組織によって行われる各地方の祭祀の中には王権儀礼としての性格を持つものがあったという推定に導かれる。ここでは深入りすることは避けるが、東方のニライカナイから「豊穣（世）がもたらされる」などの意味を持つ祭祀は、太陽＝国王が豊穣をもたらすという含意があったのかもしれない。
外間守善は、斎場御嶽の聖域化の問題にふれながら次のように述べる。

アマミク神が、史書でも口碑でも色濃く活躍し、稲作地を拓いていった知念、玉城の大きな囲みの中で、斎場御嶽が特殊な形で聖域化されるようになったのは、アマミク時代よりもっとずっと後の世の、琉球王朝時代のことであり、王国の信仰体系の正当化のために、ニライ信仰、太陽神信仰を重ねあわせることのできる恰好の地として斎場御嶽が聖域化されたものであろう。

（外間、一九九〇、二一）

そして、斎場御嶽のキョウノハナの拝所から東方の久高島を拝む香炉の前方に、太陽神と関連する桑の木の古木が植えられているのも偶然だとは思えないとし、聞得大君の即位儀礼である「御新下り」がこの御嶽で行われていることも、国王と琉球国に君臨した王権のあり方と深くかかわっていたからであろうと述べる（外間、一九九〇）。

外間は、斎場御嶽が聖域化されるのは、アマミク神の時代——外間は海人部の時代を想定する——よりももっと後世の琉球王朝時代のことで、「ニライ信仰、太陽神信仰を重ねあわせることのできる恰好の地」と述べていることは注目すべきであろう。そこにはニライ信仰と太陽神信仰は、本来、別のものであり、それを一体化させることが王国の信仰の正当化につながるとする考えがあるからである。もちろん、国王と結びついた太陽神信仰がニライ信仰に合流したということになる。

ここで重視されている太陽とは、斎場御嶽から久高島を拝むとされているように、明らかに東方から昇りつつある太陽であり、天上の太陽ではない。古琉球時代、おそらくは第二尚氏以降に、昇りつつある太陽と同一視される国王に、海の信仰としてのニライカナイ信仰が結びつき、東方を聖地とみなす観念が強固に形成され、国家的祭祀のみならず、民間の祭祀をも大きく規定することになったのである。

結論

本書は、琉球の初期王統である舜天《しゅんてん》王統と英祖《えいそ》王統は果たして実在した王統であったのかという疑問から出発した。浦添《うらそえ》グスクの造営開始期は十三世紀末〜十四世紀初であり、正史における英祖王の在位期間（一二六〇〜一二九九年）とは時期的にズレが生じてしまい、英祖王は本当に浦添グスクを居城としていたことがあるのだろうかという疑いが生じるからである。

さらに、正史では一二六一年に英祖王が造営したとされる浦添ようどれから出土する「癸酉年《みずのととり》高麗瓦匠造」の銘の「癸酉年」が、考古学的には一三三三年説で確定しており、少なくとも浦添ようどれの中に建築された高麗瓦を使用した瓦葺きの建物は英祖王代のものではないという事実も、その疑いを後押しするものであった。

結局、近年の考古学の成果を参照すれば、浦添グスクと英祖王の関係、さらに言えば浦添グスクと英祖王統自体との関係に疑問を持たざるを得なかったことから始まった議論である。議論はそこにとどまらず、英祖王統以前の舜天王統の実在性の問題、さらに琉球国形成にいたるまでの正史の記述の信憑性を、考古学や歴史学の成果と対応させて検討するという課題に発展することになった。

さらに、英祖王の問題を検討すると、正史には英祖王の神号として「恵祖日子《てだこ》」または「英祖日子」と記述されていることから、英祖王は太陽と同一視される存在であるとされてきた従来の見解にも疑問が及ぶことになった。それは、英祖王の時代に太陽と同一視されるような王権の基盤が果たして存在していたのかという問題に行き着く。

本書で論じた問題は多岐にわたるが、ここでは右に述べた本書の中心的課題に絞って要約し、結論としたい。

舜天王統と為朝伝説

舜天王統の実在を裏づける根拠は何ひとつない。むしろ、否定的にならざるを得ない理由がいくつかある。

正史では舜天王統の事績がほとんど語られていないこと、また舜天王統の次の英祖王統が天孫氏の系譜を引くとされており、舜天王統は天孫氏と英祖王統の継承ラインの間に挿入されたかたちになっていることなどである。

そして何よりも舜天の神号である「尊敦《そんとん》」という言葉の語義にかかわる問題がある。『おもろさうし』では「そんとの」は「てるしな」（太陽）の対句となっており（巻十四―一〇四一）、また奄美の神歌では「ねりやすんとぅ／かなやすんとぅ（ねりやかなやの大主）」（奄美市名瀬）、「ニルヤじまうりてぃ／ハナヤじまうりてぃ／ふーぬしふがてぃ／すんとぅぬふがだりば（ニルヤハナヤ島に降りて大主を拝んで、すんとぅぬを拝むと）」（沖永良部島屋子母）などとなっており、「そんとん」とはニルヤハナヤの大主、すなわち「太陽」を意味する言葉である。太陽を意味する言葉が王を表現するようになることはあっても、その逆はあり得ないことを考えれば、尊敦という王の実在を認めることはできない。

また、舜天の語源を「首里天」（この場合、尊敦は「首里殿」。漢語と和語の対とする）とする見方があるが、この語義は「首里におわすてだ」であろう。しかし、「天」を「日（てだ）」の意味で用いるようになるのは第二尚氏の尚清王代以降のことである。したがって、「首里天」が語源であるとすれば、後世の命名ということになり、ここでも舜天の実在は疑わしいことになる。

尊敦（舜天）を考える上で重要な点は、『世鑑』では尊敦は源為朝が琉球に渡来し、大里の按司の妹との間にもうけた子どもとされることである。為朝の琉球渡来伝説は架空の話であろうが、なぜこうした話が流布したのかということである。

琉球渡来伝説の初出は、京都五山の僧である月舟寿桂《げつしゆうじゆけい》（一四七〇～一五三三年）が琉球出身の僧である鶴翁《かくおう》智仙《ちせん》から聞いた琉球の情報などを記した「鶴翁字銘并序」（『幻雲文集』）であるとされる。

そこには「吾国有一小説、相伝曰、源義朝舎弟鎮西八郎為朝（中略）走赴琉球、駆役鬼神、為創業主、厥孫世々出干源氏、為吾附庸也」とあり、為朝が琉球の創業主であるという点で、『世鑑』が記す為朝と大里の按司の妹の間に生まれた子どもが国王になるという話とは異なっている。袋中《たいちゅう》上人の『琉球神道記』でも為朝が琉球を統治することになっており、その点では「鶴翁字銘幷序」と同じである。「鶴翁字銘幷序」では、すでに琉球附庸説も語られている。この為朝の琉球渡来伝説は「吾国有一小説、相伝曰」とされていることから、月舟寿桂が記す以前から禅僧の間では知られていたと考えられる。

十六世紀前半の、尚真王代の「国王頌徳碑」(一五二二年。石門之東之碑文)と尚清王代の「国王頌徳碑」(一五四三年。かたのはなの碑文)では舜天、尊敦を王統の起点とする認識が示されている。碑文の起草者は、前者は円覚寺の仙岩、後者は同じく円覚寺の檀渓である。

仙岩も檀渓も日本と琉球を往来していた禅僧であり、「鶴翁字銘幷序」の作者である月舟寿桂とかかわりのある人物である。ことに、仙岩は月舟寿桂に琉球情報を提供した鶴翁智仙の師に当たる人物である。とすれば、仙岩や檀渓は為朝の琉球渡来伝説を知ったうえで、舜天を歴代王統の起点においた可能性がある。この矛盾を『世鑑』では為朝と大里の按司の妹の子として尊敦を位置づけることによって解決したと考えられる。

琉球の王統の起点を舜天とする認識は、実は『おもろさうし』にみる認識とは異なっている。『おもろさうし』では「英祖《ゑぞ》にや真末按司襲《ませあぢおそ》い/てだが末按司襲《すゑあぢおそ》い」(英祖王の末裔である国王/太陽の末裔である国王)と国王を表現し、しかもこれは一五三一年に成立した巻一(四〇)にすでにみられることから、「国王頌徳碑」と同じ十六世紀前半には、国王は英祖王の末裔とされているのである。

ともに十六世紀前半でありながら、一方では王統の起点を舜天王とする認識があり、他方では英祖王とする認識が存在しているのである。この理由について、対外的には王統の起点を舜天（尊敦）としているが、王府内部では英祖王と認識しており、対外的に舜天とすることには為朝の琉球渡来伝説が関係していたのではないかと推定した。

英祖王と浦添ようどれ、浦添グスク

英祖王が浦添に墳墓を造営したのは一二六一年とされる。英祖王即位の翌年である。この墳墓が浦添ようどれに比定されている。しかし、ようどれの中にある高麗瓦葺の建物が建築されたのが一三三三年とすれば、英祖王の死後、三十四年を経てからのことであり、ようどれの造営から数えれば、実に七十二年後に造られたことになる。

浦添ようどれの高麗系の瓦葺建物に安置された人物を英祖王と考えるためには、本論で述べたように、いくつかの仮定を置く必要がある。その中で特に問題になるのは浦添グスクの構造化（城壁などの大規模拡張工事や基壇建物の造営）が進むのは十四世紀半ば以降であるが、その時期は英祖王統が終焉を迎えており、その後に浦添グスクを居城とした有力者は英祖王（英祖王統）の墓である浦添ようどれを破壊することもなく、丁重に扱ったとしなければならないことである。

もし、英祖王統の終焉後も浦添グスクが英祖王統ゆかりの人びとの居城となっていたとすれば、

浦添グスクの構造化が進むのはその時期のことであり、王統終焉後に栄華をきわめたとしなければならない。しかし、その可能性はほとんどない。浦添グスクが察度王統の始まる一三五〇年以降、察度王の居城になったとすれば、過去の王統の鼻祖である英祖王の墓を丁重に扱ったとは考えにくい。また、察度王の墓が現在、知られていないことにも注意すべきである。

したがって、浦添ようどれが英祖王の墓である可能性はきわめて低いと考えざるを得ない。

浦添グスク造営の工事が始まったのは十三世紀末~十四世紀初である。この時期には低い野面積の石垣と掘立柱建の建築物があったとされる。

この造営開始時期の早い時期をとれば英祖王は晩年のわずかな時期にしろ、浦添グスクを居城としていた可能性がある。この場合、英祖王の晩年から英祖王統の最後の王・西威までの六十~七十年間ほどが、浦添グスクが英祖王統の居城だった時期ということになる。造営時期の遅い方をとれば、英祖王は浦添グスクを居城にしたことがなかったことになる。その場合は、三十~四十年間ほどが、浦添グスクが英祖王統の居城になった期間である。また、浦添グスクは一度も英祖王統の居城になったことがないという選択肢もある。これは浦添ようどれに葬られている人物が英祖王でないとすれば十分にありうることである。

いずれにしても、英祖王の居城はどこであったか、そもそも英祖王統の居城はどこであったのかを改めて検討する必要がある。

王名に見るふたつの勢力

この問題を検討するにあたって、本書では視点をかえて王名に注目した。

英祖王の生誕の地は、口碑でも伝えられているように伊祖グスクであったと考える。それは、従来から指摘されているように、英祖の父である「恵祖世の主」(あるいは伊祖按司)も英祖も、地名の伊祖(「イーズ」)に因んだ名前と考えられるからである。英祖王の晩年の居城が浦添グスクであったとしても、伊祖グスクで生涯のほとんどの時期を過ごしたと考えられる。

ところで、英祖王以降に、英祖王に音の似た王名を探すと英祖王統第三代の英慈王をあげることができる。そればかりではなく、後の三山時代に、山南の地から明に朝貢した山南王叔・汪英紫氏、山南王弟(後に山南王)・汪応祖もかなり近い音であることは本論で論じた通りである。このふたりだけは、三山時代に朝貢主体になった人物のうち、王としてではなく王叔、王弟の名義で朝貢しているのである。

その意味を考えるうえで注目したのは、『世鑑』では英祖王統第四代の玉城王の時に国が三つに分かれるとされていることである。この記事を額面通りに受け取ることはできないが、玉城王の時代に何らかの事件があったことを暗示していると考えることはできる。

その事件とは何かを考えていくと、『世鑑』に注を付している諸見友重が指摘しているように、玉城王の居城は玉城グスクであったとする伝承に突き当たる。また、玉城王が久高島のミコ思樽(ンダル)を玉城ミコに引き立て、英祖王統最後の西威王を生んだとする在地の伝承がある。これらは単なる伝承に過ぎないが、事実とすれば、三山時代の朝貢主体をめぐるいくつかの問題を整合的に解決することができることになる。

つまり、もし英祖王統の玉城王の時代に、後の山南の一角を占める玉城グスクを居城にしたとすれば、その後、山南王・承察度と並んで汪英紫氏という英祖王統ゆかりの人物が王叔の名義で朝貢主体となり、さらには汪応祖というやはりゆかりの人物が王弟（のちに山南王）として朝貢主体となったのではないかと考えることができるからである。王叔、王弟の名義は、すでに山南王・承察度が明に朝貢していたからであり、そこに割って入ったのが汪英紫氏であり、汪応祖だったのではないかということである。

山南には承察度がおり、中山には察度がいるが、これら「察度」の名称をともに持っている人物はもともと対立的だったとは考えにくい。一三九四年に中山王・察度は、朝鮮に亡命した山南王子・承察度の送還を朝鮮王朝に対して求めているからである。互いに覇を競うような関係であれば、このような事態が生じるとは考えにくい。また、承察度が朝鮮に亡命できたということ、またその承察度の送還を察度が要求できたということから、このふたりの人物と朝鮮王朝との関係を窺い知ることができる。

さらに、『朝鮮王朝実録』の一三九八年には、温沙道が朝鮮の瀋陽に寓居し、同年には死亡したとする記事がある。温沙道の「沙道」も読みは「察度」と同じく「サト」である。したがって、三山時代の中山と山南に限定して言えば、山南王の王叔、王弟を名乗る英祖王統ゆかりの人物（汪英紫氏、汪応祖）と、「サト」の名称を持つ王たち（察度、承察度）のふたつの勢力が朝貢主体となった時代であったと考えることができる。これらのふたつのグループは対抗的であったからこそ、山南の地では朝貢主体として並存することになったと考えられる。山南王としてすでに承察度が朝貢を開始しており、王叔、王弟というのは、そこに新たな朝貢主体として参入するための架空の名義であった。

結局、英祖王統にゆかりの王たちとは、英祖王統の終焉の後も山南の一角を占める玉城グスクなどで勢力を温存させていた人びとであり、相対的に言えば土着的な勢力ということになる。一方の「サト」を含む王名を持つ王たちは、朝鮮半島の人びとを含む新参の勢力だったと考えられる。

後者について言えば、十四世紀代には高麗瓦の瓦工や、その瓦を使用した建築物を造るための技術者が渡来し、また高麗の象嵌青磁も大型グスクから出土するというように、朝鮮半島との交流は無視できず、こうした流れは、すでに十一世紀から明瞭になる奄美群島の喜界島や徳之島と高麗の関係の延長線上に位置づけられる。また、王名の「サト」とは高麗、朝鮮王朝時代の「貴族の領主」である地方官の名称である「使道（サト）」に由来するというのが本書での考えである。

中山、山南の実体は決して地図で表現できるような面的な領域を支配する政治勢力ではなく、それぞれの王と名乗る人物は拠点的な地域を掌握した有力者に過ぎなかった。それぞれの有力者たちの間で連携や対立がみられたのが、三山時代であったと考えた方がよい。

改めて英祖王統と浦添グスクの関係について考えると、ここでは玉城王の時代に玉城グスクを居城としたとすれば、後の三山時代の中山と山南の関係、山南の内情がうまく説明できることから、英祖王統が浦添グスクを居城としたことはなかった、あるいは居城としたとしてもごく短期間のことであったと考える。英祖王の実在を裏づける史資料はほとんどないが、後世の三山時代の山南の朝貢主体に関する仮定が正しいとすれば、それは英祖王の実在を裏づけることになる。

山北は中山、山南とは異質である。山北の最後の王である攀安知は、蔡温『世譜』には洪武二十九年（一三九六）に「山北王珉薨其子攀安知立受封於朝」（山北王である珉が死亡し、その子どもである攀安知が立ち、皇帝による冊封を受けた）とある。冊封使来琉の記録がないことから、詔書下賜の形式が取られたのだろうとする見解がある。この見解にしたがえば、琉球の王権の成立の問題についても改めて検討が必要になる。

十四世紀代のこうした人びとの動きには、南北朝時代になると活況を呈することになる、肥後高瀬～琉球～福建を結ぶ「南島路」の果たす役割が大きかったと考えられる。沖縄島が日中貿易の中継地になることによってその重要性が増すとともに、海商たちや海商たちと表裏一体の関係にある倭寇的勢力も蝟集したものと考えられる。南島路は、十五世紀に八重山諸島の与那国島に漂着した朝鮮の金非衣ら三人が那覇から朝鮮へと帰還した時に利用した航路でもあった。ただ、「南島路」が十四世紀半ば以降に活発化するようになる以前から、沖縄島を経由して九州と中国を結ぶ交易路は存在していたはずである。十三世紀後半以降に、沖縄島社会では独自に中国産の陶磁器を受容しているからである。

英祖王は「太陽の王」か

正史では英祖王の神号を「恵祖日子」「英祖日子」とし、母が日輪の飛び来たりて懐中に入るのを夢見た結果、懐妊したという典型的な「日光感精神話」の形式で語られている。文字通り太陽の末裔として描かれているのである。

しかし、国王が太陽の末裔として系譜化されるのは、第二尚氏第四代の尚清王の時代である。この時から国王の神号に「日」「天」を含むことが慣例化されるが、「天」とは「天上の太陽」の意味である。つまり、国王が天上の太陽の末裔として系譜化されるのである。こうした系譜化の契機になったのは、尚清王が正統な国王かどうかについて明から疑義が出たことである。これを受け、尚清王の代から明に対して、三司官以下の臣下らの連名による、新しい国王が正統な後継者であることを保証する「結状」を提出することになる。それに対応するように国王は「天上の太陽」の末裔として系譜化されるのである。

したがって、「日子」の神号は尚清王代以降のものであり、過去に遡って英祖王に「日子」の神号が与えられたことになる。

『おもろさうし』では各地の有力者に「てだ」の名称が与えられているが、これは国王が「日子」とされるようになる以降のことである。尚清王以前に「てだ」の名称を持つのは英祖王を除けば第一尚氏時代の尚思達王の「キミテダ（君日）」のみであり（これとても神号だった可能性は低い）、ほとんどの国王が「てだ」の神号を持たないにもかかわらず、第一尚氏時代にいたるまでの地方的な権力者の多くが、一様に「てだ」と呼ばれていたとするのは、いかにも不自然である。地方の有力者を「てだ」と呼ぶのは、従来の指摘にもあるように、「てだこ」である国王の下に秩序づける意図があったものと考えられる。なお、『おもろさうし』で国王を謡う時には、国王の名前ではなく神号を使用する。

こうした史資料からの議論とは別に、英祖王が太陽と同一視されていたとする見解がある。浦添市の石灰岩堤には浦添グスクが築かれているが、その東端の「上の山拝所」と百メートルほど先の巨岩別れ岩《ワカリジー》とを結ぶ一直線上の方向に久高島が見渡され、冬至の日の前後には、久高島中央の蒲葵の原生林である蒲葵御嶽から朝日が昇る光景を見ることができる。つまり、冬至に太陽が復活するように、国王もまた復活する儀礼が行われていたとするのである。

しかし、冬至に太陽の復活儀礼が行われることと、太陽と同一視される国王の復活儀礼が行われることとでは次元が違う。前者は太陽に対する信仰にとどまるもので、後者の太陽と国王を重ね合わせることとは意味が大きく異なるのである。したがって、浦添グスクの東端において、冬至に久高島の蒲葵御嶽から太陽が昇って来るのが見えるという事実だけでは（これが「てだが穴」の原風景である）、国王の復活儀礼が行われていたとする根拠にはならないのである。

そもそも英祖王の時代に王権と呼べるような政治基盤が形成されていたかについても疑問がある。英祖王は、すでに述べたように伊祖グスクを居城としており、その晩年に浦添グスクを居城としていたとしても、その時期には低い石垣積の城壁と掘立柱の建物があるだけである。また、十四世紀に入ると大型グスクが各地で一斉に造営されるようになり、各地に有力者が割拠している時期に英祖王のみが太陽を独占することができたとは考えにくい。

そして、英祖王統後の察度王統になってはじめて明に朝貢するようになるが、その察度王にしても王の名義は名ばかりであり、中国の王相府または王府の制を模倣した王相、長史、典簿などの官職は、久米村の華僑集団に委ねられていたのである。王相とは国の重事を掌る役職である。ましてや、三山時代に久米村の華僑集団が中山のみならず山南、山北の朝貢貿易をも一手に引き受けていたとすれば、各王を支える政治基盤は脆弱であったと考えて間違いない。こうした状況は三山が統一したとされる後も続き、たとえば懐機は王相（国相）として外交面のみならず内政面でも権力を持っていたのである。

察度王から遡る英祖王の時代に、太陽と同一視される国王が存在しうる政権基盤があったことのみならず、王と呼びうる権力者が存在する基盤が存在していたということすら、疑ってかかる必要がある。

久高島と国王の復活儀礼

しかし、近世に入ると国王と太陽が同一視されていることを窺わせる史料がある。

それは国王が久高島に行幸に行かない時は、弁ヶ嶽で東方を拝むとする『琉球国由来記』の記事である。

首里城から一キロメートルほどのところに弁ヶ嶽があり、そこに大嶽と小嶽がある。小嶽には東方を拝む祭壇があり、そこからは冬至の朝に久高島から太陽が昇る光景を見ることができるという。この小嶽の神名は「天子（てだこ）」であり、大嶽の神名は「玉ノミウヂスデルカワ御イベツカサ」である（『琉球国由来記』）。天子は国王のことであるが、注目したいのは大嶽の神名に「スデル」（復活する）を含んでいることである。これらの神名や小嶽の祭壇の方向から推定できることは、久高島から太陽が復活するように国王も復活する儀礼が、冬至に行われていたのではないかということである。

一方、国王が久高島に行幸する時には、聞得大君らの神女とともにヤグルカー（井戸）で三度手を清めた後、神女たちとともに蒲葵御嶽に入り祭礼を行うという（『恵姓家譜』）。蒲葵御嶽で行われる祭礼の具体的な内容についてはわからないが、国王の久高島行幸と弁ヶ嶽での儀礼はパラレルであると考えられる。つまり、大嶽におけるスデルための水がヤグルカーの水であり、蒲葵御嶽での祭礼は、太陽が蒲葵御嶽（てだが穴）から復活するように国王が蒲葵御嶽で復活することを意味しているのではないかということである。

久高島への行幸は、麦の初穂祭り（ミシキョマ）のための行幸であり、冬至の日の行幸ではない。しかし、麦の初穂祭りには聞得大君が行幸するのが本来の姿であり、国王の行幸は別に行われていたとする従来の指摘を踏まえれば、国王の久高島行幸の眼目は、蒲葵御嶽に入って祭礼を行い、太陽が蒲葵御嶽から復活するように国王もまた復活することであったと考えることができる。もちろん、久高島の東の浜にある「伊敷泊」（神名は「一御前　ギライ大王／一御前　カナイ真司」）から東方を遥拝することも重要な儀礼であったであろう。

　このように見てくると、確かに第二尚氏の尚清王代から国王は太陽の末裔として位置づけられることになるが、国王に重ね合わせられる太陽とは、あくまでも東方から昇りつつある太陽であったことになる。東方聖地である久高島への国王の行幸の基礎にあるのは、「てだが穴」から昇る太陽と同一化することであった。実体として国王が「天上の太陽」と同一視されることがあったかどうかについては、慎重に検討する必要があろう。

　この考えが正しいとすれば、『おもろさうし』における太陽をめぐる従来の解釈も見直さなければならない。「東方の太陽」とは国王を意味すると考えなければならないからである。

巻十三―八三一

一東方《あがるい》の大主《ぬし》
〳〵
大主が　このみす
ゑそこみ御船《おうね》　このたれ
御肝《おぎも》の　撓《しな》お様《や》に　走《は》りやせ
又てだが穴《あな》の大主《ぬし》

東方の大主
太陽神のお考えで
大型の船を　造り給うた
お心に　調和するように　船を走らせよ
てだが穴の大主

このおもろの「東方の大主」「てだが穴の大主」とは太陽神であろうが、同時に昇りつつある太陽に重ね合わせられる国王を意味していると考えられるのである。

琉球弧において海に対する信仰は、古くからあったであろうが、それがニライカナイの名称を持ち、またノロなどの神女によって担われる各地の村落祭祀においてニライカナイの内容が同質的であることには、王府の宗教政策による影響を考えないわけにはいかない。沖縄諸島を中心にニライカナイが東方に固定される傾向が強いことの背景には、国王を昇りつつある太陽と重ね合わせる観念の影響があると考えられる。

◉ 注

1——ピロリ菌、言語の研究成果は、いずれも二〇〇九年一月二七日付『朝日新聞』夕刊による。

2——フィリピンのスールー諸島サンガサンガ島のバロボック岩陰遺跡から、シャコガイの磨製貝斧の成立過程に関する知見が得られた。六〇〇〇～五〇〇〇年前頃の「上層文化」から土器が発見され、八〇〇〇～七〇〇〇年前頃の「下層文化」からは剝片石器とシャコガイの打製貝斧が出土する。上層文化からは、全面磨製石斧も出土したが、これは遺跡表面から採集されていたシャコガイ製の貝斧と瓜ふたつだった。このことから、打製貝斧が、磨製の丸ノミ形石斧の影響を受けて、研磨された「磨製貝斧」が成立したというシナリオを描くことができるという（小田、二〇〇二、三二一～三二三）。

3——丸ノミ型石斧の年代を、小田は一万二〇〇〇年前とし、加藤は一万一〇〇〇年前とする。

4——徳之島を意味する「度感」が tokan であるとすれば、語尾の an が脱落し、tok＞toku になった可能性がある。『海東諸国紀』（申叔舟、一四七一年）の「琉球国図」には「度九島」と表記されており、toku に由来することを示唆している。

5——小島は肥人を「クマビト」ではなく「ヒビト」と読む。

6——沖縄県北中城村渡口で「ソージムヤー」の語形が現れるが、これはイモリ科のシリケンイモリ、あるいはヤモリ類の方名にみられるものであり、再調査が必要であるとしている（当山、二〇〇七、六）。

7——崎山理は「アマン（ヤドカリ）」のほかにも、やはり航海や漁撈に深く関係すると考えられる「南」あるいは「南風」を意味する「ハイ、ハエ」などいくつかの例をあげる。たとえば、「ハイ、ハエ」は次のように解釈される。原オーストロネシア語の再構形 ***payi**（デンプウォルフの再構形）は「エイ

（魚）」を表し、古ジャワ語pe「南十字星」、マライ語pari「南十字星」、サンギル語pahi「さそり座」、ロティ語hai「エイ」などがその例である。これらのなかで最も古典的な、古ジャワ語、マライ語では、そのかたちの類似から「南十字星」を「エイの星」とみなす。南十字星はコンパスを持たなかった古代の人びとにとっては方位認識のための重要な指針であった。奈良時代の上代日本語の音韻体系に従うとすれば、payiは古代日本語ではpayiを経て、「ハイhai」となり、奈良時代の母音重複を避けるために「ハエhaye」という二次形が形成されたとする。なお、波照間島でpai ga pusi（南の星）は「ケンタウルスα・β」を指すという（崎山、一九九一、二三八〜二四〇／崎山、一九九三b、七六）。

8——これらの神話の構成で興味を引くのは、白保神話と同じように『中山世鑑』でも「天からの土砂による島造り」のモチーフを持っていることである。大林太良によれば、このモチーフはスマトラ、ボルネオ、セレベス、フィリピン、ミクロネシア、西部ポリネシアに分布するという（大林、一九七三、三四四）。

9——希釈したフェノール水溶液に籾を漬けておくと、一般的に、インディカ種は黒く着色するのに対し（プラス）、ジャポニカ種とジャバニカ種は着色しない（マイナス）。

10——縁の遠い品種同士を交配すると、F1雑種は両親より旺盛な生育を示すことが多いが、なかにはひどく貧弱な生育を示すものがある。この現象を雑種弱勢と呼ぶ。特定の交配組合せで決まって起こるので、遺伝的な要因によって起こるとされる。

11——近世末期のことになるが、名越左源太の『南島雑話』の中にも、奄美では焼き畑にダイジョを植えていたことを知ることができる記述がある（名越、一九八四、一七〜二二）。

12——『琉球新報』二〇一三年一二月二四日（WEB版）「人生懸けた熱き勝負　山芋スープ」による。

13——琉球に搬入された九州系縄文土器は多いが、それとは逆に、九州に搬入された北部琉球の縄文土器もまた存在しており、両者の関係は一方的なものではなかった。

14――「西北九州型結合釣針」と呼ばれる長さ七センチを越える大きな釣針は、軸部と針部を別づくりにした漁具であり、菜畑遺跡（佐賀県）の曾畑式土器を含む地層から出土したものが最も古く、佐賀県、長崎県を中心に二〇点ほど発見されている。この結合型釣針は、朝鮮半島の新石器時代の初め頃に使われていた「鰲山里型《オサンリ》」と呼ぶ、軸部が石製の結合釣針とよく似ていることが指摘されていたが、熊本県の大矢遺跡から石製の軸部が発見され、朝鮮半島と九州の漁撈民の相互の移動が想定されるようになった（木﨑、二〇〇四、四〇）。さらに、鹿角製の軸に装着して銛頭とする石器にも一致が認められる。これには二種類あり、ひとつは石鋸と呼ぶ、ノコギリのような刃部を持つ石器を、軸部にいくつか組み合わせて装着した銛頭である。ほとんどが西北九州で発見されており、似た石器は朝鮮半島や沿海州など、東アジア一帯で確認されている。いまひとつは、石銛と呼ぶ槍先型の石器で、これも西北九州結合釣針の分布と重なりながら、さらに南九州まで分布域を広げているという（木﨑、二〇〇四、四〇）。

15――縄文後期前葉の面縄東洞式には市来式を模倣した一群がみられるが、面縄東洞式の通例と異なり、市来式と同程度の大形の深鉢型土器が若干存在する事例や、また黒川式の影響が色濃い縄文晩期後葉の在地土器様式に、それ以前の形式組成にはなかった浅鉢形土器が加わる事例をあげ、これらの例は一時的でその後に継続はしないが、在地土器文化に、本来不要の土器機能の必要性がにわかに生じたことを意味し、生活様式を携えて琉球縄文社会に合流した九州縄文人の存在を考えることができるとする（伊藤、二〇〇〇、七）。詳細は（新里、二〇一三）として報告されている。

16――二〇〇九年一一月二一日に徳之島伊仙町で開催されたトマチン遺跡に関するシンポジウム「墓からみえる徳之島の原始生活」による。

17――ただ、貝交易の問題を考える上で注意しなくてはならないことは、現在のイモガイの産地は太平洋岸では房総半島にまでおよび、日本海岸では能登半島におよんでいることである。もちろん珊瑚礁が形成されている地域では種類も多様であり、産出量も豊富であろうが、現在より温暖であったとされる時代のイモガイの産地を現在の姿から類推するのは困難であろう。たとえば、イモガイのシェルディスクがフィリピンのシェルディスクと系譜的な関係があるとすれば、琉球弧から運ばれたことはほぼ間違いないと言えるが、単にイモガイの模倣品の場合、模倣されたイモガイの産地を特定することは難しい。

18——城久遺跡群のほかにも小野津八幡神社には伝世品の越州窯系青磁の水注を含む「五つ甕」が保管され、志戸桶の七城《ななじょう》近隣からは滑石製石鍋一点、カムィヤキ五点が出土している（高梨、二〇〇八）。

19——池田榮史は石鍋片について、琉球弧各地で石鍋模倣土器が成立するとともに、滑石の粉末を混入した土器が広く製作されるようになることから、最初から破片で搬入された可能性を指摘している（池田、二〇〇三）。

20——『続日本紀』には八四〇年に、遣唐使第二船に乗って帰路遭難し、辛うじて生還した人びとの報告に、前年八月、「南海の賊地」に漂着し、交戦したという記事がある。この記事についてふれている鈴木靖民は、戦利品の兵器が中国の兵仗に似ていないとあり、この「南蛮の賊地」が琉球か、台湾あたりか、奄美の島嶼に関係があるのか不明であるとする（鈴木靖、二〇〇八、二〇）。

21——「キカイガシマ」は喜界島のほかに、硫黄島、あるいはいくつかの島々の集合名称として用いられる場合がある（永山、二〇〇七、一六五）。

22——鈴木靖民は、これらの国司層などは南島の特産物や宋からの交易品を獲得し、摂関家をはじめとする貴族に献上し、在地勢力化しながら蓄財を増やし、しかも中央の京との人間関係を結んでいたと考えられるとしている（鈴木靖、二〇〇七）。

23——器壁が厚く、焼成が堅緻で外器面には叩き痕、内器面には格子目文様の当て具痕を残すA群と、焼成が軟質で外器面の叩き文様はナデ、ケズリによって消去され、内器面には細い平行線文の当て具痕が残る

B群に分類する（新里亮、二〇〇七、一三六）。

24――これまで琉球弧で出土が確認されていた高麗青磁は十四世紀以降の製品であり、出土遺跡も首里城跡、浦添グスク跡、今帰仁グスク跡など大型グスクが大半を占める。高麗末期に量産された象嵌青磁である（赤司、二〇〇七、一二五）。城久遺跡群の初期高麗青磁の年代は、象嵌青磁の流通時期に比べると大きな隔たりがあり、突出して古いことになる。

25――カムィヤキには一部の断面に小豆色をした資料があるが、この初期須恵器に似た焼成方法は高麗陶器との類似性を指摘できるという（赤司、二〇〇七、一二八）。また、赤司善彦によれば、カムィヤキ古窯跡の窯は地面を刳り貫いた地下式登窯で、焚き口が窄まったイチジク状の特徴ある平面形を成しているが、高麗陶器窯でも初期には丘陵斜面を利用した地下式の単室登窯で、下方が広く上部が窄まる長楕円形タイプが一般的だという。また、赤司は羅善華の研究として、韓国の西海岸にはカムィヤキ古窯跡と類似する焚き口が窄まる形状の窯跡が多いことを紹介している（赤司、二〇〇七、一三〇）。

26――グスク時代の豪族が本土から渡来した人びとであったとする考えは、すでに仲松弥秀によって提出されていた。仲松弥秀はグスク＝聖域論を展開する中で、沖縄において豪族化した人物のほとんどは本土から海を渡り、島々を経て渡来した者たちで、商業貿易への関心と才能を持っていた人物であったと述べる。そして、こうした渡来者の中で良港を控え、海上はるかに展望の利く場所に拠った者が次第に優位に立っていったとし、今帰仁、座喜味、勝連、中城、大里、佐敷、南山、首里、浦添をあげる。ただ、仲松は渡来者の数は少なく、ごく近親の者を連れてきたくらいであり、地域住民からの信頼を得ることによって勢力を増し、自己目的の貿易掌握に近づくことができたと述べる（仲松、一九九〇、一〇〇～一〇一）。

27――穀物栽培の開始時期の問題に関連していささか気になるのは、炭化種子の炭素14年代測定法による年代を示したが、奄美群島（喜界島、奄美大島）では粟がみられないのに対し、沖縄島では粟が重視されているらしいことである。高宮によれば、沖縄諸島の屋部前田原貝塚ではアワ一七三粒／片、イネ一〇四粒／片、オオムギ九五粒／片、コムギ六七粒／片、ムギ類七四片、キビ三粒／片、ウガンヒラー北方遺跡ではアワ九七粒／片、コムギ二四粒／片、ムギ類一四粒／片、イネ二〇粒／片、キビ一粒、小堀原遺跡ではアワ一〇八粒／片、イネ十四粒／片、オオムギ八粒／片、コムギ一片、ムギ類十三粒／片が出土したとされ、高宮自身、この粟の出土について注意を向けている（高宮、二〇一五）。

28――琉球大学法文学部の池田榮史氏のご教示による。

29――一三三三年とする根拠は以下の通りである。一九八六年には浦添グスク跡の発掘調査において高麗系瓦の製作時期は十四世紀中葉に置かれていたが（古渡、一九八六）、その後、グスクの発掘調査が進むと、高麗系瓦は基壇建物など限られた造営物に用いられており、その年代は十四世紀前半であることが広く認められるようになった（山本、一九九九・二〇一〇）。また、韓国論山郡開泰寺出土の銘文瓦はA～D類に分類されるが「癸酉年」銘文瓦はA類に含まれ、その年代は十四世紀前半代、すなわち一三三三年であること（清水、一九九八）、琉球においては高麗系瓦と日本系瓦の技術の融合した瓦が出現するが、その出現時期は日本の中世V期（一三三三～一三八〇年）の中の一三四〇～一三六〇年であり、これに先行する高麗系瓦技術の琉球の伝来時期は十四世紀前半に位置づけられること（山崎、二〇〇〇）などである。

30――沖縄諸島で発見される十四～十五世紀初期の青磁の輪花形の小碗、皿とまったく同じものが九州とくに熊本県の諸遺跡から出土していることも（三上、一九八七）、この交易ルートと関係があろう。

31――喜界島の先山遺跡から出土している馬の遺骨の一部が、七～十二世紀に位置づけられているが（西中川、一九八七）、この遺跡は攪乱されており、正確な年代は不明である。しかし、七～十二世紀という年代から考えて、ほぼ沖縄諸島と同時期か、それ以前と考えておきたい。

32——この譲与状の中に硫黄の産出する硫黄島（口五島）が含まれているにもかかわらず、ことさら重視されているとは思えないのは、十四世紀初期までは薩摩守護家である島津総州家が実質的に支配しており、その後、十五世紀中頃までは伊集院氏が引き継いだとされ（伊藤、二〇一五、三九六）、硫黄の利権は譲与とは無縁であったからである。

33——規模の大小はともかくとして、にわかに「争乱の時代」を迎えたことを考えると、従来のような、各地の有力者たちが抗争を繰り返し、その結果、沖縄諸島に三つの有力な勢力が生まれ（「三山時代」）、それらの勢力が互いに争うようになったとする考えは採れない。

34——明への朝貢では貢期のほかに、朝貢使節が入国する経路が定められていたが、明代初期の琉球はこの貢道の規定から、ある程度自由であった。琉球の朝貢船は泉州から入国する決まりになっており、さらに永楽年間以降は福州を出入国の窓口としていた。しかし、『明実録』宣徳七年（一四三二）四月の記事からは、福建、寧波、瑞安にも恒常的に来航していたことがわかる。

35——琉球以外の主要海外朝貢国の多くは、入貢に際して明朝の発給した勘合の手続きが必要であった。これは朝貢使節の入貢窓口を固定する結果をもたらしたが、中国製品の入手のために、ある程度自由に入貢地点を選択できる琉球との格差は明らかであった。

36——「輔祖察度四十余年」を察度が朝貢を開始してから仕えるようになったと解釈せずに、それ以前から中国との間で交易を行っていた察度に仕えていたとしても問題はない。その場合、長史になったのは朝貢貿易開始以降ということになる。

37——山南王叔として記録に現れる汪英紫氏については、琉球の正史でも『明実録』でも「汪英紫氏」と表記されているため、以降、汪英紫氏と記載する。「汪英紫」と表記される場合が多いが、それは「氏」を

38――接尾辞とみなしているためであろう。しかし、ほかの名前に「氏」をつけて表記している事例は見いだせず、また先述した官生（中国への留学生）の名前に「三五郎亹《サングルミ》」があるが、この「亹」（ミ）も「思い」（ムイ）から変化した敬称接尾辞と考えられるものの、これも名前の一部とみなされていることから、たとえ「氏」が接尾辞に由来するとしても名前の一部とみなすべきである。

39――この「ハーミンジョー」の丘の頂には神聖視されている祠があり、地元の人びとが旅立つ時には、拝みにいったとされる（孫、二〇一六）。

40――天孫氏、舜天王統は巻一、英祖王統、察度王統は巻二、第一尚氏は巻三、第二尚氏の尚円、尚宣威は巻四、それ以降の王は巻五で取り上げるという構成になっている。

41――奄美群島においては沖縄諸島に比べてアマミキヨの神話は希薄である。与論島の原初洪水型の兄妹始祖神話において、かろうじてアマミク、シヌグクの名前が出てくるなど少ないのである（小野、一九八二）。

42――この対訳の最後の三行の解釈については異論もある。「生すな」の「な」を「禁止」と取るのではなく、相手に同意を求める「な」と取るのである。解釈は、「あまみや人を生むかい／しねりや人を生むかい／血筋の正しい人を生み給え」となる。

43――この「伝播原理」とは、古代史の水野祐が次のように述べていることによる。「弥生文化は北九州沿岸地帯にはじめて根をおろしたが、水稲耕作を覚えた弥生人はヤポネシアの沿岸各地に、港湾入江を辿り、河川を遡行して低湿地をみつけて定着し、半農半漁の生活を営んだ」。外間守善の本文には、この文章は「水野祐の発言として」引用されているが、出典は不明である。

――なお、矢野美沙子は、尚泰久時代の「万国津梁之鐘」（一四五八年）の銘文に「定憲章于三代之後」という文言が確認できることから、「三代」とは尚氏以前の舜天、英祖、察度の各王統を指しているという推測も成り立つとする（矢野、二〇一〇）。舜天を王統の起点とする考えは、第一尚氏の終わり頃には存在していたことになるが、矢野が指摘するように「万国津梁之鐘」が国のあるべき姿を打ち出したものであり、第一尚氏末期から第二尚氏初期にかけての王統交代期は琉球王府が王権の確立を模索していた時代であったことを考えれば（矢野、二〇一〇）、尚泰久時代に舜天を起点とする王統の正統性に対する強い意識が存在していたことも十分にありうることである。

44——堯でも登用できなかった高陽氏の八人の才子（諸見訳注、二〇一一、五八〜五九）。

45——高辛氏の八人の才子（諸見訳注、二〇一一、五九）。

46——父の義、母の慈、兄の友、弟の恭、子の孝、を指す（諸見訳注、二〇一一、五九）。

47——義本王と英祖王の関係が、堯と舜の関係に喩えられているのであれば、英祖王こそ舜という名を持つべきではないかという反論があるかもしれないが、英祖王とは、後述するように、恐らくは実在した人物であり、架空の名前は必要でなかったと考えられる。

48——『保元物語』の鬼が島を、『世鑑』では琉球としたことになる。

49——『保元物語』では、為朝は大島に流された後、そこを抜け出し、翌朝鬼が島に着き（一一六五年）、付近の七島を征服したが、一一七〇年に討手のために三十三歳で鬼が島で討ち死にしたことになっており、『世鑑』の筋立てとは異なる。ここでは、鬼が島とは琉球であるとする説を踏まえている。

50——英祖王は、『世鑑』の義本王の項では恵祖の世の主の嫡子とされており、『世鑑』の中での記述の食い違いがみられる。蔡温『世譜』でも「恵祖世主之長子英祖」とあり、恵祖の世の主の長子としている。

51——しかし、二島としている以上、ここでも宮古と八重山を想定している記事と思われる。

52——完形かそれに近い形で世界に遺存しているものは五百を超えない至正様式の元染付の破片や、至正様式に近い完形品が沖縄島から発見されている。元染付の至正様式が出土したのは、沖縄島中部の勝連グスク跡や首里城跡、北部の今帰仁グスク跡などであるという（三上、一九八七）。

53――伊祖グスクを、英祖王の生誕の地とする伝承や英祖王の居城とする伝承がある。伊祖グスクには「県指定遺跡　伊祖城跡　昭和三六年六月一五日指定」とする案内板（昭和六〇年三月二五日、沖縄県教育委員会、浦添市教育委員会）があり、そこには英祖王の生誕の地とされ、発掘調査は行われていないとある。その後現在にいたるまで、伊祖グスクの発掘調査報告書は見いだしていない。

54――湧上元雄は、島建て国建ての神であり、村人にはじめて稲作をもたらしたアマミキヨにゆかりの玉城のミントンの按司の後をついで玉城を領有したのは、英祖王統の玉城王であるとする伝承、また玉城王が久高島のミコ思樽（ンダル）を玉城ミコに引き立てて、英祖王統最後の西威王を生んだとする伝承があることを述べている（湧上、二〇〇〇、四二二）。

55――もっとも中山王・察度は一三八九年十月に使節・玉之を高麗に派遣し、倭寇の被虜人を返還している。『高麗史』によれば同年二月に対馬島の倭寇を討ったと聞いて、遣使に踏み切ったという。村井章介は、高麗の対馬討伐の余波が琉球に及ばないように保険をかける意図が感じられるとしている（村井、二〇一三）。

56――洪武二十五年（一三九二）十一月の中山王・察度の明への遣使の名前は「察都」であり（『明実録』）、これも音は「察度」と同じである。『明実録』による限り、王は別としても「―察都」の名前の遣使は「察都」のほかに「阿不察都」（「阿不」は「大」か）などがいる。

57――朝鮮時代の「使道」については（武田、一九八九）による。また、高麗時代については韓国・木浦大学校の崔鉛植氏（高麗史）のご教示による。

58――時代は下るが、第二尚氏の尚清王の冊封使として一五三四年に来琉した陳侃の『使琉球録』には、「王之下則王親、尊而不与政也、次法司官、次察度官、司刑名也、次那覇港官、司銭穀也、次耳目之官、司訪問也（後略）」とあり、「法司官」（三司官）の下に裁判を担当する「察度官」がみえる（原田訳注、

一九九五、二〇五）。

59――翻って考えてみれば、十四世紀代に造営された「中山」に存在する城塞型大型グスクの典型的なものとして、浦添グスクのほかに首里城がある。しかし、十四世紀代の「中山」の王統、有力者として知られているのは、英祖王統と察度王統とその各王だけである。そこには、正史に王として記述される人物のほかにも、有力者が当然存在していたはずである。

60――『海東諸国紀』（申叔舟、一四七一年）の「琉球国紀」は、尚巴志の名は億載（尚は姓、巴志は号とする）、尚金福の名は金皇聖、尚泰久の名は真物、尚徳の名は大家であるとしており、金皇聖は朝鮮の人らしく思われる名前である。

61――島村幸一は巻二十二が近世琉球において聖典としての性格を持っていたことから、この巻は、巻二十一までよりも遅れて成立したと考えている（島村、二〇一〇）。

62――今帰仁の事例では、尚韶威が派遣される時、「唄勢頭四人」に土地の「唄勢頭」とともに祭祀を執り行わせたとあることから、土地の「唄勢頭」とはおもろの歌唱者達であろうという（島村、二〇一〇）。この記事から、今帰仁に「唄勢頭」が古くから存在していた可能性もあるが、この時に「唄雙紙一冊」を贈り、節毎に禮を行わせたということから考えると、今帰仁に存在していた「唄勢頭」とはもともとおもろの歌唱者であったのかという疑いがないわけではない。また、おもろの歌唱者であったとしても、その存在が尚真王代を遡ることができるかどうかという問題もある。

63――この読みは、原田禹男が『世譜』の注に「其益美」を「チャムイ」「チャミィ」と読むとの説があると記すことに基づいている。また、舜馬順煕を「島尻か」とする（原田訳注、一九九八、五七）。

64――この神号の読みは（池宮、二〇〇五）にしたがった。

65――池宮正治によれば、神号とは王位即位後に守護神が出現し、それによって名づけられるものであり、即位前に神号を授かるのはまったくの例外であるという（池宮、二〇〇五）。

66——国王の神号についてではあるが、比嘉実は、尚清王以降は、天の末系、日の末系統になるが、それより前は日系統、真物系統、世の主系統にわけられることを指摘している（比嘉、一九九一）。ただし、神号は『おもろさうし』が謡われるようになってからのものであり、それ以前の国王の神号はすべて過去に遡っての創作である可能性も否定できない。神号が必要になるのはおもろを謡うためではなかろうか。

67——舜天の居城とする伝承は、地元では新しい伝承であると説明されることがある。しかし、舜天の居城とする伝承がなくとも、小島の議論が成り立たないわけではない。なお、この「離れ岩」は舜天グスクと呼ばれ、この岩から為朝が弓を放って、矢の落ちたところに祀ったのが安里八幡宮だとする伝承があるとも記している（小島、二〇〇〇）。

68——『球陽』や『琉球国由来記』の記事を見る限り、これらの冬至儀礼は中国の冬至の「祭天儀礼」を移入したものと考えられる。しかしそれは単なる移入ではなく、豊見山和行は、琉球の土着の信仰、簡単に言えば「太陽神と王を一体とする王権観念」（豊見山、二〇〇六、二四一）を根底に持つ「天の御拝」への再編であることを指摘している。

69——豊見山は「十一月」としているが、『恵姓家譜　支流久高家』「久高島由来記」を確認したところ、「二月」となっていたため、ここでは改めている。

◉——引用・参考文献

赤司善彦「高麗時代の陶磁器と九州および南島」（『東アジアの古代文化』一三〇）、二〇〇七年。

赤司善彦「高麗と喜界島城久遺跡群」（北島万次・孫承喆・橋本雄・村井章介『日朝交流と相克の歴史』校倉書房）、二〇一〇年。

赤嶺守『琉球王国　東アジアのコーナーストーン』講談社、二〇〇四年。

安里進「琉球国の形成と東アジア」（豊見山和行編『琉球・沖縄史の世界　日本の同時代史18』吉川弘文館）、二〇〇三年。

安里進『琉球の王権とグスク』山川出版社、二〇〇六年。

安里進・高良倉吉・田名真之・豊見山和行・西里喜行・真栄平房昭『沖縄県の歴史』吉川弘文館、二〇〇四年。

安里進・土肥直美『沖縄人はどこから来たか——琉球＝沖縄人の起源と系譜』ボーダーインク、一九九九年。

五十嵐陽介「琉球語を排除した「日本語派」なる系統群は果たして成立するのか？——「九州・琉球語派」と「中央日本語派」の提唱」（国際日本文化研究センター共同研究会「日本語の起源はどのように論じられてきたか——日本言語史の光と影」第三回共同研究会）、二〇一六年八月三〇日。

池田榮史「穿孔を有する滑石製石鍋破片について」（『名瀬市文化財叢書4　小湊フワガネク遺跡群遺跡範囲確認発掘調査報告書』名瀬市教育委員会）、二〇〇三年。

池田榮史「類須恵器と貝塚時代後期」（高宮廣衛・知念勇『考古資料大観12　貝塚後期文化』小学館）、二〇〇四年。

池田榮史『科学研究費補助金研究成果報告書　南島出土類須恵器の出自と分布に関する研究』、二〇〇五年。

池田榮史「古代末〜中世の奄美群島」（『吉岡康暢先生古希記念論集　陶磁器の社会史』桂書房）、二〇〇六年。

池田榮史「古代・中世の琉球諸島」（『東アジアの古代文化』一三〇）、二〇〇七年。

池田榮史「沖縄における高麗瓦研究と今後の展望」（琉球大学『人の移動と21世紀のグローバル社会』プロジェクト韓国班（リーダー・法文学部津波高志）編）、二〇一一年。

池田榮史「琉球国以前——琉球・沖縄史研究におけるグスク社会の評価をめぐって」（鈴木靖民編『日本古代の地域社会と周縁』吉川弘文館）、二〇一二年。

池田榮史「沖縄におけるグスクの構造化」（吉成直樹・高梨修・池田榮史『琉球史を問い直す——古琉球時代論』森話社）、二〇一五年。

池宮正治「琉球国王の神号と『おもろさうし』」（『日本東洋文化論集』一一）、二〇〇五年。

池宮正治『琉球史文化論』笠間書院、二〇一五年。

伊藤幸司「硫黄」（村井章介編集代表『日明関係史研究入門——アジアのなかの遣明船』勉誠出版）、二〇一五年。

伊藤慎二『琉球縄文文化の基礎的研究』ミュゼ、二〇〇〇年。

稲村賢敷『琉球諸島における倭寇史跡の研究』吉川弘文館、一九五七年。

伊波普猷『日本文化の南漸』（『伊波普猷全集　第五巻』平凡社）、一九七四a（一九三九）年。

伊波普猷『沖縄歴史物語——日本の縮図』『伊波普猷全集　第二巻』平凡社、一九七四b（一九四七）年。

入間田宣夫・豊見山和行『北の平泉　南の琉球』中央公論新社、二〇〇二年。

岩崎卓爾『ひるぎの一葉』（谷川健一・宮本常一編『日本庶民生活史料集成　巻一』三一書房）、一九六八（一九二〇）年。

上勢頭亨『竹富島誌　民話・民俗編』法政大学出版局、一九七六年。

植松明石「八重山・黒島と新城島における祭祀と親族」（東京都立大学南西諸島研究委員会編『沖縄の社会と宗教』平凡社）、一九六五年。

江口司『不知火海と琉球弧』弦書房、二〇〇六年。

榎本渉『僧侶と海商たちの東シナ海』講談社、二〇一〇年。

エリアーデ、ミルチャ（久米博訳）『エリアーデ著作集　第一巻　太陽と天空神――宗教学概論』せりか書房、一九七七年。

太田弘毅『倭寇――商業・軍事史的研究』春秋社、二〇〇二年。

太田弘毅『倭寇――日本あふれ活動史』文芸社、二〇〇四年。

大林太良「琉球神話と周囲諸民族神話との比較」（日本民族学会編『沖縄の民族学的研究』財団法人学術振興会）、一九七三年。

大林太良『邪馬台国』中央公論社、一九七七年a。

大林太良『葬制の起源』角川書店、一九七七年b。

大林太良『東アジアの王権神話』弘文堂、一九八四年。

大林太良「日本のなかの異族」（佐々木高明・大林太良編『日本文化の源流――北からの道・南からの道』小学館）、一九九一年。

大林太良『北の神々　南の英雄』小学館、一九九五年。

大林太良「沿海と内陸水界の文化」（大林太良編『日本の古代8　海人の伝統』中央公論社）、一九九六（一九八七）年。

大林太良・吉田敦彦『世界の神話をどう読むか』青土社、一九九八年。

岡本弘道『琉球王国海上交渉史研究』榕樹書林、二〇一〇年。

沖縄県教育委員会『沖縄県文化財調査報告書69　金石文――歴史資料調査報告5』沖縄県教育委員会、一九八五年。

沖縄県教育委員会『沖縄県史　各論編三　考古』沖縄県教育委員会、二〇〇三年。

忍澤成視「縄文中・後期におけるタカラガイ・イモガイ加工品の社会的意味」（安斎正人・高橋龍三郎編『縄紋時代の社会考古学』同成社）、二〇〇七年。

小田静夫『黒潮圏の考古学』第一書房、二〇〇〇年。

小田静夫『遥かなる海上の道――日本人の源流を探る黒潮文化の考古学』青春出版社、二〇〇二年。

小田静夫「海を渡った旧石器人」（『考古学ジャーナル』五三六）、二〇〇五年。

小渡清孝「浦添の古瓦」（浦添市史編集委員会『浦添市史　第六巻　資料編五』浦添市教育委員会）、一九八六年。

小野重朗『神々の原郷――南島の基層文化』法政大学出版局、一九七七年。

小野重朗『奄美民俗文化の研究』法政大学出版会、一九八二年。

小原一夫『南嶋入墨考』筑摩書房、一九六二年。

岡本弘道『琉球王国海上交渉史研究』榕樹書林、二〇一〇年。

沖縄県立芸術大学編『鎌倉芳太郎資料集　ノート編　第二巻　民俗・宗教』沖縄県立芸術大学、二〇〇六年。

加藤晋平「台湾・長濱石器文化の系譜について――香港考古学事情」（『国学院雑誌』九六―七）、一九九五年。

加藤晋平「南西諸島への旧石器文化の拡散」（『地学雑誌』一〇五―三）、一九九六年。

金関丈夫『琉球民俗誌』法政大学出版局、一九七八年。

金久正『奄美に生きる日本古代文化』刀江書院、一九六三年。

鎌倉芳太郎『沖縄文化の遺宝』岩波書店、一九八二年。

神谷正弘「新羅王陵・大伽耶国王陵出土の夜光貝杓子（貝匙）」（『古文化談叢』六六）、二〇一一年。

上村俊雄「南西諸島出土の石鏃と黒曜石――その集成と意義」（『人類史研究』一〇）、一九九八年。

亀井明徳『日本貿易陶磁史の研究』同朋社、一九八六年。

亀井明徳「南島における喜界島の歴史的位置」（『東アジアの古代文化』一二九）、二〇〇六年。

菅浩伸「東アジアにおける最終氷期最盛期から完新世初期の海洋古環境」（『岡山大学　地球科学研究報告』一一―一）、二〇〇四年。

菅浩伸「琉球列島におけるサンゴ礁の形成史」（『考古学ジャーナル』五九七）、二〇一〇年。

喜界町教育委員会『喜界町埋蔵文化財発掘調査報告書（九）　城久遺跡群　山田中西遺跡Ⅱ――畑地帯総合整備（担い手育成型）事業城久地区に伴う埋蔵文化財発掘調査報告書』喜界町教育委員会、二〇〇八年。

喜界町教育委員会『喜界町埋蔵文化財発掘調査報告書（十一）　城久遺跡群　前畑遺跡・小ハネ遺跡』喜界町教育委員会、二〇一一年。

喜界町教育委員会『喜界町埋蔵文化財発掘調査報告書（十四）　城久遺跡群――総括報告書』喜界町教育委員会、二〇一五年。

木﨑康弘『豊饒の海の縄文文化　曾畑貝塚』新泉社、二〇〇四年。

岸本義彦「先島諸島の貝製品・骨角牙製品」（高宮廣衛・知念勇『考古資料大観12　貝塚後期文化』小学館）、二〇〇四年。

木下尚子「韓半島の琉球列島産貝製品」（西谷正編『韓半島考古学論集』すずさわ書店）、二〇〇二年。

喜舎場永珣『八重山民俗誌　上巻』沖縄タイムス社、一九七七年。

金武正紀「ビロースクタイプの白磁碗について」（『貿易陶磁研究』八）、一九八八年。

金武正紀「今帰仁タイプとビロースクタイプの年代的位置付けと貿易港」（『十三～十四世紀の琉球と福建』平成17～20年度科学研究費補助金基盤研究（A）（2）研究成果報告書「13～14世紀海上貿易からみた琉球国成立要因の実証的研究――中国福建省を中心に」）、二〇〇九年。

具志川市教育委員会編『具志川市の針突』具志川市教育委員会、一九八七年。

具志川村教育委員会編『具志川村の遺跡――詳細遺跡分布調査報告書』具志川村教育委員会、一九九四年。

久保康智『日本の美術五三三　琉球の金工』ぎょうせい、二〇一〇年。

久米島自然文化センター編『久米島考古速報展』久米島自然文化センター、二〇〇九年。

クライナー、J・住谷一彦『南西諸島の神観念』未来社、一九七七年。

黒嶋敏「鎌倉幕府と南の境界」（藤原良章編『中世人の軌跡を歩く』高志書院）、二〇一四年。

来間泰男『グスクと按司――日本の中世前期と琉球古代　下』日本経済評論社、二〇一三年。

来間泰男『琉球王国の成立――日本の中世後期と琉球中世前期　下』日本経済評論社、二〇一四年。

黒田日出男『龍の棲む日本』岩波新書、二〇〇三年。

桑江克英訳注『球陽』三一書房、一九七一年。

高正龍「沖縄出土の「癸酉年高麗瓦匠造」銘瓦の製作年代――魚骨文の消滅時期に関連して」（田辺昭三先生古希記念の会編『田辺昭三先生　古希記念論文集』真陽社）、二〇〇二年。

国分直一『考古民俗叢書10　南島先史時代の研究』慶友社、一九七二年。

国分直一『考古民俗叢書15　環シナ海民族文化考』慶友社、一九七六年。

国分直一『東シナ海の道――倭と倭種の世界』法政大学出版局、一九八〇年。

国分直一『海上の道――倭と倭種的世界の模索』福武書店、一九八六年。

国分直一『北の道　南の道――日本文化と海上の道』第一書房、一九九二年。

小島瓔禮「概観」（『イザイホー調査報告――久高島イザイホー民俗文化財特定調査』沖縄県教育委員会）、一九七九年。

小島瓔禮「夜光貝の盃」（『龍譚』琉球大学教育学部国語科）、一九八一年。

小島瓔禮『琉球学の視角』柏書房、一九八三年。

小島瓔禮「海上の道と隼人文化」（大林太良他著『海と列島の文化5　隼人世界の島々』小学館）、一九九一年。

小島瓔禮「首里城――王権を湛える神々」（谷川健一編『新装版　日本の神々――神社と聖域　第一三巻　南西諸島』白水社）、二〇〇〇（一九八七）年。

小林孝二「ドサンコの歩み」（北海道開拓記念館編『北海道の馬文化（第六十一回特別展）』北海道開拓記念館・開拓の村振興会）、二〇〇五年。

後藤明『海を渡ったモンゴロイド』講談社、二〇〇三年。

後藤明『海から見た日本人――海人で読む日本の歴史』講談社、二〇一〇年。

酒井卯作「幻の島――琉球の海上信仰」（吉成直樹編『琉球弧・重なりあう歴史認識』森話社）、二〇〇七年。

狭川真一「城久遺跡群の中世墓」（池田榮史編『古代中世の境界領域――キカイガシマの世界』高志書院）、二〇〇八年。

崎山理「日本語の混合的特徴――オーストロネシア語族的要素について」（佐々木高明・大林太良編『日本文化の源流――北からの道・南からの道』小学館）、一九九一年。

崎山理「アセアニア・琉球・日本の国生み神話と不完全な子――アマンの起源」（『国立民族学博物館紀要』一八―一）、一九九三年a。

崎山理「日本語の系統とオーストロネシア語起源の地名」（埴原和郎編『日本人と日本文化の形成』朝倉書店）、一九九三年b。

崎山理「日本語系統論の歩みと日本語形成論の現状」（吉田金彦編『日本語の語源を学ぶ人のために』世界思想社）、二〇〇六年。

佐々木高明「沖縄本島における伝統的畑作農耕技術――その特色と原型の探究」（『人類科学』二五、九学会連合）、一九七三年。

佐藤洋一郎『稲の来た道』裳華房、一九九二年。

島袋春美「遺跡別に見る奄美・沖縄諸島の貝製品」（高宮廣衛・知念勇『考古資料大観12　貝塚後期文化』小学館）、二〇〇四年。

島袋春美「先史時代の貝類利用――奄美・沖縄諸島を中心に」（『考古学ジャーナル』五九七）、二〇一〇年。

島村幸一『『おもろさうし』と琉球文学』笠間書院、二〇一〇年。

白川静『中国の神話（改版）』中公文庫、二〇〇三年。

鈴木満男『環東シナ海の古代儀礼――巨樹、東海海上、そして水の靈との聖婚』第一書房、一九九四年。

鈴木靖民「南島人の来朝をめぐる基礎的考察」(田村円澄先生古希記念委員会編『東アジアと日本　歴史編』吉川弘文館)、一九八七年。

鈴木靖民「古代喜界島の社会と歴史的展開」(『東アジアの古代文化』一三〇)、二〇〇七年。

鈴木靖民「喜界島城久遺跡群と古代南島社会」(池田榮史編『古代中世の境界領域』高志書院)、二〇〇八年。

鈴木康之「滑石製石鍋のたどった道」(『東アジアの古代文化』一三〇)、二〇〇七年。

鈴木康之「滑石製石鍋の流通と琉球列島」(池田榮史編『古代中世の境界領域』高志書院)、二〇〇八年。

澄田直敏「喜界島城久遺跡群の発掘調査」(クライナー、ヨーゼフ・吉成直樹・小口雅史編『古代末期・日本の境界――城久遺跡群と石江遺跡群』森話社)、二〇一〇年。

澄田直敏・野崎拓司「喜界島城久遺跡群調査」(『東アジアの古代文化』一三〇)、二〇〇七年。

澄田直敏・野崎拓司「喜界島城久遺跡群」(池田榮史編『古代中世の境界領域』高志書院)、二〇〇八年。

新里貴之「中部琉球圏先史時代の社会の変遷」(『考古学ジャーナル』五九七)、二〇一〇年。

新里貴之『徳之島トマチン遺跡の研究(南西諸島葬墓制研究)』鹿児島大学埋蔵文化財センター、二〇一三年。

新里亮人「カムィ焼とカムィ焼古窯跡群」(『東アジアの古代文化』一三〇)、二〇〇七年。

新里亮人「琉球列島出土の滑石製石鍋とその意義」(谷川健一編『日琉交易の黎明』森話社)、二〇〇八年。

中叔舟(田中健夫訳注)『海東諸国紀』岩波文庫、一九九一年。

新東晃一「琉球列島の基層文化」(『沖縄県史　各論編　古琉球』沖縄県教育委員会)、二〇一〇年。

新東晃一『南九州に栄えた縄文文化　上野原遺跡』新泉社、二〇〇六年。

末次智『琉球の王権と神話』第一書房、一九九五年。

末次智『琉球宮廷歌謡論――首里城の時空から』森話社、二〇一二年。

曹永和(外間みどり訳)「明洪武期の中琉関係」(『浦添市立図書館紀要』四)、一九九二年。

孫薇『中国から見た古琉球の世界』琉球新報社、二〇一六年。

高梨修「名瀬市小湊フワガネク（外金久）遺跡の発掘調査」（『鹿児島県考古学会研究発表資料――平成一〇年度』鹿児島県考古学会）、一九九八年。

高梨修『ヤコウガイの考古学　ものが語る歴史10』同成社、二〇〇五年。

高梨修「ヤコウガイ交易――琉球弧と古代国家」（谷川健一編『日琉交易の黎明』森話社）、二〇〇八年。

高梨修「土器動態から考える「日本文化の南漸」」（高梨修・阿部美菜子・中本謙・吉成直樹『沖縄文化はどこから来たか――グスク時代という画期』森話社）、二〇〇九年。

高宮広土『島の先史学』ボーダーインク、二〇〇五年。

高宮広土「喜界島城久遺跡群の意義――琉球列島における農耕のはじまり」（第三〇回国民文化祭・かごしま二〇一五喜界町実行委員会『シンポジウム「境界領域のダイナミズムin喜界島」資料集』）、二〇一五年。

高良倉吉『琉球の時代――大いなる歴史像を求めて』筑摩書房、一九八〇年。

高良倉吉『琉球王国』岩波新書、一九九三年。

高良倉吉『アジアのなかの琉球王国　歴史文化ライブラリー47』吉川弘文館、一九九八年。

高良倉吉「琉球の形成と環東シナ海」（大石直正・高良倉吉・高橋公明『日本の歴史14　周縁から見た中世日本』講談社）、二〇〇九（二〇〇一）年。

嵩元政秀「縄文時代」（『沖縄県史　各論編二　考古』沖縄県教育委員会）、二〇〇三年。

武田幸男「高麗・李朝――慶州にみる朝鮮在地社会の千年史」（三上次男・神田信夫編『民族の世界史三　東北アジアの民族と歴史』山川出版社、一九八九年。

田中健夫「倭寇と東アジア通交圏」（『日本の社会史　第一巻　列島内外の交通と社会』岩波書店）、一九八七年。

田中史生「九～十一世紀東アジアの交易世界と奄美群島」（『東アジアの古代文化』一三〇）、二〇〇七年。

田中史生「古代の奄美・沖縄諸島と国際社会」（池田榮史編『古代中世の境界領域』高志書院）、二〇〇八年。

谷川健一『古代海人の世界』小学館、一九九五年。

谷川健一『日本の地名』岩波新書、一九九七年。

高橋公明「中世の海賊世界と済州島」（網野善彦ほか編『東シナ海と西海文化　海と列島文化4』小学館）、一九九二年。

高橋公明「琉球王国」（朝尾直弘・石井進ほか編『岩波講座　日本通史　第一〇巻（中世四）』岩波書店）、一九九四年。

田畑幸嗣「琉球列島における貿易陶磁の受容に関して」（『人類史研究』一二）、二〇〇〇年。

田畑英勝・亀井勝信・外間守善『南島歌謡大成　奄美篇』角川書店、一九七九年。

田名真之「王府の歴史記述――『中山世鑑』と『中山世譜』」（島村幸一編『琉球　交叉する歴史と文化』勉誠出版）、二〇一四年。

鶴田啓『対馬からみた日朝関係』山川出版社、二〇〇六年。

当山昌直「琉球のオカヤドカリ類に関する民俗的伝承について（試論）」（『史料編集室紀要』二五）、二〇〇〇年。

当山昌直「沖縄島の古風葬とオカヤドカリ類との関連について（予報）」（『史料編集室紀要』三一）、二〇〇六年。

当山昌直「琉球のオカヤドカリ類に関する民俗的伝承について（試論Ⅱ）」（『史料編集室紀要』三二）、二〇〇七年。

富島壮英「久米村」（那覇市企画部文化振興課編『那覇市史　通史編第一巻（前近代史）』那覇市）、一九八五年。

豊見山和行「琉球・沖縄史像の模索」（豊見山和行編『琉球・沖縄史の世界　日本の同時代史18』吉川弘文館）、二〇〇三年。

豊見山和行『琉球王国の外交と王権』吉川弘文館、二〇〇六年。

友寄英一郎「沖縄考古学の諸問題」（『考古学研究』一一―一）、一九六四年。

土肥直美「琉球諸島人の成立」（天野哲也・池田榮史・臼杵勲編『中世東アジアの周縁世界』同成社）、二〇〇九年。

長濱幸男「宮古馬のルーツを探る」（『宮古市総合博物館紀要』一六）、二〇一二年。

仲原善忠・外間守善『おもろさうし　辞典総索引』角川書店、一九七八（一九六七）年。

仲松弥秀『新版　神と村』梟社、一九九〇年。

中山俊彦『玉城村富里誌』私家版、一九九二年。

永山修一「文献から見るキカイガシマと城久遺跡群」（『東アジアの古代文化』一三〇）、二〇〇七年。

永山修一「文献から見たキカイガシマ」（池田榮史編『古代中世の境界領域』高志書院）、二〇〇八年。

名越左源太（国分直一・恵良宏校注）『南島雑話2――幕末奄美民俗誌』平凡社、一九八四年。

西中川駿「先山遺跡出土の自然遺物――とくに出土動物骨について」（『喜界町埋蔵文化財発掘調査報告書』一）、一九八七年。

橋本征治「日本の先史文化と周辺地域――南方の視点から」（『関西大学東西学術研究所紀要』三七）、二〇〇四年。

林文理「博多綱首の歴史的位置――博多における権門貿易」（大阪大学文学部日本史研究室編『古代中世の社会と国家』清文堂出版）、一九九八年。

原田禹男訳注『陳侃　使琉球録』榕樹社、一九九五年。

原田禹男訳注『蔡鐸本中山世譜』榕樹書林、一九九八年。

朴天秀『加耶と倭――韓半島と日本列島の考古学』講談社選書メチエ、二〇〇七年。

比嘉春潮『沖縄の歴史』（『比嘉春潮全集　第一巻・歴史編Ⅰ』沖縄タイムス社）、一九七一（一九五七）年。

比嘉実『古琉球の思想』沖縄タイムス社、一九九一年。

東恩納寛惇『琉球の歴史』（『東恩納寛惇全集　第一巻』第一書房）、一九七八（一九五七）年。

東恩納寛惇「三十六姓移民の渡来」（『東恩納寛惇全集　第三巻』第一書房）、一九七九（一九三七）年。

平田守「琉明貿易における琉球の馬」（『南島史学』二八）、一九八六年。

文化庁編『発掘された日本列島　二〇〇九』朝日新聞出版、二〇〇九年。

ベルウッド、ピーター（植木武・服部研二訳）『太平洋』法政大学出版局、一九八九年。

外間守善「問題討論Ⅱ　垂直と水平の世界観」（『∞無限大』五六、日本アイ・ビー・エム社）、一九八二年。

外間守善『おもろさうし　古典を読む22』岩波書店、一九八五年。

外間守善『おもろさうし　上・下』岩波文庫、二〇〇〇年。

外間守善・西郷信綱校注『日本思想大系18　おもろさうし』岩波書店、一九七二年。

外間守善・玉城政美編『南島歌謡大成　沖縄編　上』角川書店、一九八〇年。

外間守善・桑原重美『沖縄の祖神　アマミク』築地書館、一九九〇年。

外間守善・波照間永吉編著『琉球国由来記』角川書店、一九九七年。

松田正彦「日本のサトイモ――系譜と現在」（吉田集而・掘田満・印東道子編『イモとヒト』平凡社）、二〇〇三年。

真栄平房昭「琉球＝東南アジア貿易の展開と華僑社会」（『九州史学』七六）、一九八三年。

真栄平房昭「琉球の形成と東アジア」（坪井清足・平野邦雄監修『新版　日本の古代3　九州・沖縄』角川書店）、一九九一年。

三上次男『陶磁貿易史研究上』中央公論美術出版、一九八七年。

三島格「南島資料（1）」（『古代文化』二三―九・一〇）、一九七一年。

村井章介『アジアの中の中世日本』校倉書房、一九八八年。

村井章介「中世日本と古琉球のはざま」（池田榮史編『古代中世の境界領域』高志書院）、二〇〇八年。

村井章介「古代末期の北と南」（クライナー、ヨーゼフ・吉成直樹・小口雅史編『古代末期・日本の境界――城久遺跡群と石江遺跡群』森話社）、二〇一〇年。

村井章介「古琉球をめぐる冊封関係と海域交流」（村井章介・三上博編『琉球からみた世界史』山川出版社）、二〇一一年。

村井章介『世界史のなかの戦国時代』ちくま学芸文庫、二〇一二年。

村井章介『中世日本境界史論』岩波書店、二〇一三年。

村上恭通「南西諸島の鉄と喜界島の役割」（第三〇回国民文化祭・かごしま二〇一五喜界町実行委員会『シンポジウム「境界領域のダイナミズムin喜界島」資料集』）、二〇一五年。

村木二郎「八重山・宮古の英雄時代と「琉球帝国」」（『歴博』一九四、国立歴史民俗博物館）、二〇一六年。

村武精一『神・共同体・豊饒』未来社、一九七五年。

村山七郎「日本語のオーストロネシア要素を証明する方法」（『国分直一博士古稀記念論集　日本民族文化とその周辺　歴史・民族編』新日本図書）、一九八〇年。

村山七郎・大林太良『日本語の起源』弘文堂、一九七三年。

諸見友重訳注『訳注　中山世鑑』榕樹書林、二〇一一年。

八重山歴史編集委員会編『八重山歴史』八重山地区教育長事務所内歴史編集委員会、一九五三年。

矢野美沙子「為朝伝説と中山王統」（『沖縄文化研究』三六）、二〇一〇年。

山内晋次『日宋貿易と「硫黄の道」』山川出版社、二〇〇九年。

山崎信二「沖縄における瓦生産」（『奈良国立文化財研究所学報59　中世瓦の研究』）、二〇〇〇年。

山本正昭「グスク時代の石積み囲いについての一考察（上）」（『南島考古学』一八）、一九九九年。

山本正昭「グスク時代の石積み囲いについての一考察（下）」（『南島考古学』一九）、二〇〇〇年。

吉岡康暢「南島の中世須恵器――中世初期環東アジア海域の陶芸交流」（『国立歴史民俗博物館研究報告』九四）、二〇〇二年。

吉成直樹「沖縄久高島祭祀にみる世界観」（『季刊　人類学』一六―一、京都大学人類学研究会、講談社）、一九八五年。

吉成直樹『マレビトの文化史――琉球列島文化多元構成論』第一書房、一九九五年。

吉成直樹『琉球民俗の底流――古歌謡は何を語るか』古今書院、二〇〇三年。

吉成直樹『琉球の成立――移住と交易の歴史』南方新社、二〇一一年。

吉成直樹「本論」（吉成直樹・高梨修・池田榮史『琉球史を問い直す――古琉球時代論』森話社）、二〇一五年。

吉成直樹・庄武憲子「日本における熱帯系根栽農耕文化に関する文化地理的考察」（『高知大学学術研究報告』四六）、一九九七年。

吉成直樹・庄武憲子「南西諸島における根栽農耕文化の諸相」（『沖縄文化研究』二六）、二〇〇〇年。

吉成直樹・福寛美『琉球王国と倭寇――おもろの語る歴史』森話社、二〇〇六年。

吉成直樹・福寛美『琉球王国誕生――奄美諸島史から』森話社、二〇〇七年。

四元延宏「徳之島カムィ焼陶器窯群――窯跡発見とその後の調査成果」（谷川健一編『日琉交易の黎明』森話社）、二〇〇八年。

吉野熙道「サトイモ――進化の一断面と根栽農耕における位置」（吉田集而・掘田満・印東道子編『イモとヒト』平凡社）、二〇〇三年。

湧上元雄『沖縄民俗文化論　祭祀・信仰・御嶽』榕樹書林、二〇〇〇年。

和田久徳『琉球王国の形成――三山統一とその前後』榕樹書林、二〇〇六年。

渡部忠世『稲の大地』小学館、一九九三年。

Meacham, W. "Defining the hundred Yue" *Bulletin of Indo-Pacific Prehistory Association* 15. 1996.

Oppenheimer, S. *Eden in the East: the Drowned Continent of Southeast Asia.* Weidenfeld & Nicolson. 1998.

Pellard, Thomas "The linguistic archeology of the Ryukyu Island" Patrick Heinrich, Shinsho Miyara, Michinori Shimoji（eds.）*Handbook of the Handbook of the Ryukyuan languages: History, structure, and use*, 14-37, Berlin: DeGruyter Mouton, 2015.

Solheim, W. "The Nusantao and north-south dispersals" *Bulletin of Indo-Pacific Prehistory Association* 15. 1996.

あとがき

本書は、わたしの人生のひとつの節目に刊行されることになるが、そのこと自体に特別の感慨があるわけではない。これからも続く研究の一環にすぎない。それにしても教員生活を三十五年以上も続けることができるとは思わなかったが、それもみな次から次に難題を持ち込んでくる学生の皆さんのお蔭である。

原稿を書き終わってすぐに、いつものように編集者の西村篤さんに出版の相談をした。西村さんは折しも、独立して出版社を設立しようとしていた時であり、この本は、そうした経緯で新しい出版社から刊行されることになった。出版社の名前は「七月社」だという。秋田育ちのわたしには、ようやく夏らしくなる七月は好きな季節である。子どもの頃、夏休みが来るのを待ちわびていた七月の心躍る記憶は忘れがたい。本書が西村さんの新たな人生の、ささやかなはなむけになれば幸いである。

出版を快く引き受けてくださった七月社の西村篤さんに深く御礼申し上げたい。

最近、気になっていることがあるので、あえて書いておきたい。

人文学が政治性を帯びるのは間違いないが、この点をめぐって、研究者でさえも勘違いしているのではないかと思われることが少なくない。つまり、ある課題を解決しようとする時、史資料を検討して結論を導き出すことになるが、その議論が結果的に政治性を帯びることと、はじめから特定の政治的なスタンスで議論しようとすることは、まったく異なるということである。後者はただのイデオロギー、政治運動であり、研究ではない。もっとも、ある議論が研究者の心情とまったく関係なく成り立つとは考えないが、そのことを自覚しているかいないかで、まったく別のものになると思う。この問題を議論し始めると新たな一冊になりそうなので、稿を改めて論じたいと思う。

もうひとつは、沖縄という限定された地域を対象とする研究であれば、隣接諸分野の動向を知るくらいの姿勢を持つべきだと考えるが、そのような傾向がきわめて希薄なことである。ここまで専門が細分化されてしまうと、多くの分野の成果を吸収することは確かに困難である。しかし、対話不足のために、それぞれの分野で独自の前提のうえに議論が構築されているように思われる場合もある。議論の前提が崩れると、蓄積された厳密な議論自体も意味のないものになってしまいかねない。

諸分野をある程度包括する研究は必要であり、共同研究によって大きな成果をもたらすこともあるが、本来、包括的な研究とはひとりで担うべきものであろう。ひとりの研究者の中に全体的な像が明瞭に結ぶことのない研究に大きな意味があるとは思えないからである。たとえば、これからの課題ということになるが、本書でも紹介したように（八七〜九〇頁）、琉球諸語が、系統論的にみて日本祖語から分岐した中央日本語派と九州・琉球語派の、さらに九州・琉球語派から十一世紀〜十二世紀頃に分かれた言語であるとすれば、『おもろさうし』や多様な形式の歌謡を形容する言葉である「琉球語固有の言語表現」が一体何を意味するか立ち止まって考える必要が生じることになる。隣接した分野の成果を知ることによってまったく新しい展望が拓けてくるかもしれないのである。

最後に、これまで知的な刺激を与えていただき、また支えていただいた多くの方々に感謝したい。

二〇一七年十二月一日

吉成直樹

◉人名索引

◉地名索引

◉事項索引

［著者略歴］

吉成直樹（よしなり・なおき）

1955年生。秋田市出身。法政大学沖縄文化研究所教授。理学博士（東京大学）。地理学、民族学・民俗学。

『琉球の成立――移住と交易の歴史』（南方新社、2011年）、『琉球史を問い直す――古琉球時代論』（共著、森話社、2015年）、『沖縄文化はどこから来たか――グスク時代という画期』（共著、森話社、2009年）、『琉球王国と倭寇――おもろの語る歴史』（共著、森話社、2006年）

琉球王権《りゅうきゅうおうけん》と太陽《たいよう》の王《おう》

2018年1月25日　初版第1刷発行

著　者……………………吉成直樹

発行者……………………西村　篤

発行所……………………株式会社七月社

〒182-0015　東京都調布市八雲台2-24-6

電話　042-455-1385

印　刷……………………株式会社厚徳社

製　本……………………榎本製本株式会社

Printed in Japan　ISBN 978-4-909544-00-1　C0021